LA FRANCE MERVEILLEUSE ET LÉGENDAIRE

Par H. GAIDOZ et Paul SÉBILLOT

II

CONTES

DES PROVINCES DE FRANCE

AF355948

OUVRAGES DU MÊME AUTEUR

CONTES POPULAIRES DE LA HAUTE-BRETAGNE, 1re série. Bibliothèque Charpentier, 1880, in-18................................. 3 fr. 50
CONTES DES PAYSANS ET DES PÊCHEURS, 2e série des *Contes populaires de la Haute-Bretagne*. Bibliothèque Charpentier, 1881, in-18 .... 3 fr. 50
(*Ouvrages autorisés pour les Bibliothèques populaires et les Bibliothèques de la Marine*).
LITTÉRATURE ORALE DE LA HAUTE-BRETAGNE. Paris, Maisonneuve. 1881, in-12 elzévir.. 7 fr. 50
CONTES DES MARINS, 3e série des *Contes populaires de la Haute-Bretagne*. Bibliothèque Charpentier, 1882, in-18............ 3 fr. 50
TRADITIONS ET SUPERSTITIONS DE LA HAUTE-BRETAGNE. Paris, Maisonneuve, 1882, 2 vol. in-12 elzévir..................... 15 fr.
CONTES DE TERRE ET DE MER. Légendes de la Haute-Bretagne (illustrations de Bellenger, Léonce Petit, Sahib). 1 vol. in-8º. Charpentier, 1883... 10 fr.
GARGANTUA DANS LES TRADITIONS POPULAIRES. Paris, Maisonneuve, 1883, in-12 elzévir.................................... 7 fr. 50

Sous presse :

LES COUTUMES, LES USAGES ET LES FÊTES DE LA HAUTE-BRETAGNE.

En préparation :

LES COUTUMES ET LES SUPERSTITIONS DE LA MER.
LA MINÉRALOGIE POPULAIRE DE LA FRANCE.
LE BLASON POPULAIRE DE LA BRETAGNE.
CHANSONS POPULAIRES DE LA HAUTE-BRETAGNE.
LÉGENDES CHRÉTIENNES DE LA HAUTE-BRETAGNE.
LA MÉDECINE POPULAIRE ET SUPERSTITIEUSE.
GLOSSAIRE GALLO ou Dictionnaire des mots patois et provinciaux en usage dans l'Ille-et-Vilaine et dans la partie française des Côtes-du-Nord.
BIBLIOGRAPHIE DES TRADITIONS ET DE LA LITTÉRATURE POPULAIRE DE LA FRANCE (en collaboration avec M. H. GAIDOZ).

LA FRANCE MERVEILLEUSE ET LÉGENDAIRE
PAR H. GAIDOZ ET PAUL SÉBILLOT

CONTES

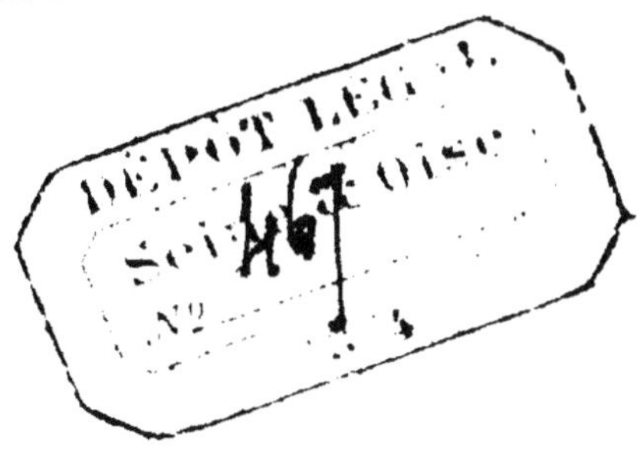
DÉPOT LÉGAL
SEINE OISE
N°

DES

PROVINCES DE FRANCE

PAR

PAUL SÉBILLOT

PARIS

LIBRAIRIE LÉOPOLD CERF

13, RUE DE MÉDICIS, 13

1884

Tous droits réservés.

PRÉFACE

Le trésor légendaire de la France a été formé lentement, et dans cette voie nous avons été devancés par presque tous nos voisins. Tandis que partout en l'Europe on recueillait avec soin les récits populaires, chez nous on ne s'en occupait guère. Si parfois quelque lettré s'avisait d'imprimer un conte, il se croyait obligé de l'enjoliver et de lui faire subir une préparation littéraire; les grossièretés, les défauts de goût disparaissaient sans doute; mais ce n'était plus le récit naïf du peuple, c'était une sorte de création nouvelle. On n'osait être simple, comme l'avait été Perrault, comme le furent les frères Grimm, et l'on semblait généralement persuadé que si jadis il avait pu exister chez nous des récits merveilleux analogues à ceux que nos voisins du Nord et du Midi publiaient à l'envi, le temps de les recueillir était depuis longtemps passé.

On admettait toutefois qu'en certaines provinces reculées, on racontait encore au coin du feu : la Bretagne bretonnante passa longtemps pour le dernier refuge des conteurs. Il paraissait assez naturel qu'un pays qui avait conservé le costume d'un autre âge, qui parlait une langue réputée antique, prît encore plaisir à écouter les fables du temps passé ; mais on aurait été fortement surpris d'apprendre que les paysans en blouses et en pantalons des provinces les plus anciennement françaises conservaient l'amour du merveilleux aussi fidèlement que les hommes à bragou et à longs cheveux.

Grâce à ce préjugé les contes de Souvestre furent bien accueillis du public : c'est lui et ses imitateurs qui marquent la première période du conte populaire en France au XIX° siècle, celle qu'on pourrait qualifier de romantique. Le thème recueilli de la bouche du peuple subissait de profondes modifications : d'une fable simple on faisait une sorte de petit roman, où, au rebours de la narration populaire, les descriptions de paysage et la couleur locale jouaient un grand rôle.

Plus tard une évolution se produisit : les embellissements et les préoccupations littéraires furent laissés de côté, et l'on écouta parler le peuple pour reproduire ses récits avec une scrupuleuse fidélité. On osa être simple, ce qui est plus difficile qu'on ne croit. Il y avait d'ailleurs en France même des précédents : certains contes de Perrault ont l'allure véritablement populaire. Le *Petit Chaperon rouge*, par exemple, a pu être conté au jeune Perrault d'Armancour presque sous la forme que nous connaissons : l'enfant l'aura dit à son père, et, grâce à une légère et discrète mise au point, nous possédons un chef-d'œuvre de narration simple. Au siècle dernier, Restif de la Bretonne inséra dans ses *Contemporaines par gradation* cinq contes, qu'il avait sans doute bien écoutés, et qu'il reproduisit avec le souci du fond et de la forme qu'aurait aujourd'hui un folkloriste de profession. On en trouvera un plus loin, qui n'est pas dépaysé au milieu de ceux dont se compose ce recueil.

Stœber en Alsace, Luzel en Bretagne, furent les premiers à recueillir d'après cette méthode ; mais pendant longtemps les contes populaires français furent goûtés des seuls savants et de quelques délicats qui trouvaient à ces récits une bonne odeur de campagne et de plein air. Le public admirait la poésie des légendes du Nord, mais se refusait à l'admettre dans celles de la France. C'était à grand'peine que certaines revues voulaient bien donner une toute petite place aux écrivains qui s'étaient contentés d'être les sténographes du peuple. Quant aux éditeurs, ils connaissaient trop leur public pour se hasarder à publier des volumes de contes.

Depuis quelques années un revirement semble s'être produit : certains recueils ont eu quelque succès, et la cause des littératures populaires paraît enfin gagnée [1].

Maintenant que l'élan est donné, on songe un peu partout en France à recueillir des contes : ceux qui composent le présent recueil sont empruntés à plus de vingt de nos anciennes provinces. Parmi elles la Bretagne, le pays Basque et la Lorraine ont été les mieux explorées; mais au Nord comme au Midi, à l'Est comme à l'Ouest, on a entrepris la moisson des contes. Souvent, surtout à leur début, ceux qui recueillent les récits du peuple y sont poussés par une sorte de patriotisme local, qui leur fait croire que tel ou tel d'entre eux est particulier à leur pays. C'est une illusion qui part d'un bon naturel; mais il est bien rare de trouver des contes dont les similaires n'existent pas quelque part. S'ils n'ont pas été encore notés, ils le seront bientôt, parfois à l'autre extrémité du globe.

C'est que le fond semble commun aux peuples les plus éloignés, aux civilisations les plus différentes; mais chaque groupe provincial ou national donne au thème primitif un développement qui

---

[1] Depuis 1880, on a fondé deux collections spéciales aux littératures populaires, celle des *Littératures populaires de toutes les nations* (Maisonneuve, éditeur), qui en est déjà à son dix-huitième volume, et celle des *Contes et chants populaires* (Leroux, éditeur), qui, jusqu'à présent, a surtout publié des documents étrangers.

lui est propre, et l'on pourrait presque dire qu'en ce sens les contes sont le miroir fidèle des vices et des vertus d'un peuple et de ses aspirations.

Si l'on excepte les récits comiques, où parfois la ruse peu scrupuleuse triomphe, chaque conte a sa part d'idéal. S'il peut paraître un peu terre à terre, cet idéal n'en existe pas moins. Pour les pauvres gens il consiste à avoir du repos à la fin de leurs jours et le pain quotidien assuré : aussi parmi les présents habituels des fées ou des divinités figure le don d'un pain inépuisable, d'une serviette magique. Quelquefois les aspirations sont plus hautes : un homme sorti du peuple, berger, marin ou soldat, devient prince ou roi ; mais presque toujours il a conquis ce haut rang par son courage ou son intelligence. Souvent le héros véritable, c'est le faible, le dernier enfant, qui vient à bout d'une entreprise dans laquelle ses aînés ou de plus forts que lui ont échoué. C'est lui qui délivre la princesse prisonnière après avoir vaincu les monstres que les rois et les guerriers ont vainement combattus. Et si les puissances supérieures lui viennent en aide, presque toujours il a mérité leur bienveillance en les respectant, alors qu'il les croyait pauvres ou vieilles. A ce point de vue, on peut dire sans paradoxe que les contes pris dans leur ensemble forment une véritable école de morale. Quelquefois même ils l'enseignent dans ce qu'elle a de plus raffiné : bien avant la loi

Grammont les héros du peuple étaient bienveillants « pour les animaux du bon Dieu ».

Dans le présent Recueil, j'ai essayé de former une sorte d'anthologie des contes des provinces de France, en choisissant à la fois les types les plus populaires et les plus caractéristiques de chaque groupe. Pour cela j'ai puisé dans la plupart des recueils français, et sauf deux, tous ceux de quelque importance y sont représentés, au moins par une pièce. Souvestre n'y figure point, parce que ses contes sont avant tout littéraires, et que les arrangements de l'auteur ont parfois porté sur le fond lui-même ; le recueil de Luzel me fournissait d'ailleurs des versions plus pures et plus véritablement populaires. Bien que les contes flamands de Deulin soient d'une lecture très amusante, ils n'ont pu trouver place au milieu de récits recueillis de la bouche du peuple ; l'auteur avoue lui-même qu'ils ne sont flamands que de nom, et que, pour les compléter, il s'est assez fréquemment servi de versions étrangères.

Les savants ont émis bien des systèmes pour expliquer la quasi-universalité de la plupart des contes. Pour les uns, tout vient de l'Orient, patrie primitive de la race aryenne ; mais des doutes sont permis quand on retrouve des mythes semblables à ceux de l'Inde et de l'Europe chez des peuplades très éloignées et qui paraissent ne pas avoir eu de rapports avec ces pays. D'autres veulent que les contes soient une sorte de produit naturel qui se développe d'une manière identique chez les peuples. A un certain degré de civilisation, les mêmes objets, les mêmes aspirations, les mêmes besoins leur inspirent des mythes, qui, en raison de ce point de départ commun, présentent, sous les latitudes les plus diverses, de très grands points de similitude. La tradition orale les transmet de génération en génération, après que la faculté créatrice initiale a été perdue. C'est ainsi qu'ils se transforment quant au développement des épisodes et à la forme, les lignes générales étant conservées fidèlement.

Je n'ai ni la volonté ni le pouvoir d'essayer de trancher des questions si graves. Les contes sont pour le peuple qui les écoute et pour les lettrés qui les lisent, un amusement sans fatigue ; c'est ainsi que je les ai envisagés dans le présent Recueil, et, puisque nous sommes en plein pays légendaire, au lieu de rechercher les voies mystérieuses de leur transmission, j'aime assez à penser que tous ces récits merveilleux, terribles ou charmants, ont été imaginés par notre mère Ève pour amuser ses enfants : ceux-ci les ont transmis aux leurs, et c'est pour cela que, depuis que le monde est monde, petits et grands aiment à les entendre.

TABLE PAR PROVINCES [1]

---

1. ALSACE.

2. ANJOU.

3. AUVERGNE.

4. PAYS BASQUE.

[1] Les contes marqués de deux ** sont inédits, ceux précédés d'un * sont traduits en français pour la première fois.

5. BOURGOGNE.

6. BRESSE.

7. BASSE-BRETAGNE.

8. HAUTE-BRETAGNE.

9. CHAMPAGNE.

10. CORSE.

11. FOREZ.

12. GASCOGNE.

13. GUERNESEY.

14. LANGUEDOC.

15. LORRAINE.

16. NIVERNAIS.

17. NORMANDIE.

18. PICARDIE.

19. POITOU.

20. PROVENCE.

21. QUERCY.

22. CONTES DE MARINS.

BIBLIOGRAPHIE

BEAUVOIS (E.). *Contes populaires de la Norwège, de la Finlande et de la Bourgogne*. Dentu, 1861, in-16.

> Les contes bourguignons sont au nombre de 4.

BLADÉ (J.-F.). *Contes populaires recueillis en Agenais*. Paris, 1874, in-8°.

> Contient 18 contes avec notes comparatives de R. Kœhler.

— *Trois nouveaux contes recueillis à Lectoure*. Agen, Noubel, 1880, in-8° (tiré à 50 exemplaires).

CARNOY (H.). *Littérature orale de la Picardie*. Paris, Maisonneuve, 1883, petit in-12 elzévir.

> Contient 58 contes.

CERQUAND. *Légendes et récits populaires du pays Basque*. Pau, 1876-1882, 4 fascicules in-8°.

> Cette collection, accompagnée de commentaires, se compose de 110 contes : à la fin de chaque partie se trouve le texte basque.

COSQUIN. *Contes populaires lorrains.*

> Cette collection, remarquable surtout par les commen-

taires et les notes comparatives qui l'accompagnent, a paru dans la *Romania* de 1876 à 1882. Les contes sont au nombre de 83.

FLEURY (J.). *Littérature orale de la Basse-Normandie.* Paris, Maisonneuve, 1883, petit in-12 elzévir.
 La première partie se compose de 32 contes.

CLARKE (Louisa-Lane). *Guide to Guernsey and Jersey.* Guernsey, 1852, in-18.

FOUQUET (Dr). *Légendes du Morbihan.* Vannes, Cauderan, 1857, in-12.
 Collection de 27 contes ou légendes.

LUZEL. *Légendes chrétiennes de la Basse-Bretagne.* Maisonneuve, 1882, 2 vol. petit in-12 elzévir.
 Collection de 72 contes, quelques-uns avec commentaires.

MARELLE (Charles). *Contes et chants populaires français* dans Herrig's Archiv für das Studium der neueren Sprachen. Braunschweig, 1876, v. p. 363-82.

ORTOLI (J.-B.). *Contes populaires de l'île de Corse.* Maisonneuve, 1883, petit in-12 elzévir.
 Collection de 53 contes.

MÉLUSINE. *Recueil de mythologie,* publié par H. Gaidoz et E. Rolland. Paris, 1878, in-4°.

SÉBILLOT (Paul). *Contes populaires de la Haute-Bretagne,* 1re série. Charpentier, 1880, in-18.

— *Contes des paysans et des pêcheurs,* 2° série des *Contes populaires de la Haute-Bretagne.* Charpentier, 1881, in-18.

— *Contes des marins,* 3° série des *Contes populaires de la Haute-Bretagne.* Charpentier, 1882, in-18.
 Cette collection de trois volumes se compose de 200 contes environ.

Sébillot (Paul). *Littérature orale de la Haute-Bretagne*. Maisonneuve, 1881, petit in-12 elzévir.

La première partie contient 44 contes, avec des rapprochements limités aux contes français.

— *Traditions et superstitions de la Haute-Bretagne*. Maisonneuve, 1882, 2 vol. petit in-12 elzévir.

Contient un certain nombre de contes relatifs aux superstitions et aux animaux.

Stœber (Auguste). *Elsæssisches Volksbüchlein*. Strasbourg, 1842, in-8°.

Contient dix contes en patois alsacien.

Vinson (Julien). *Le Folk-Lore du pays basque*. Paris, Maisonneuve, 1883, petit in-12 elzévir.

Contient 36 contes.

Webster (W.). *Basque legends*. London, Griffith, 1877, in-8°.

Cette collection se compose de 47 contes, non compris les variantes ; quelques-uns sont accompagnés de commentaires.

I

LES AVENTURES MERVEILLEUSES

I

LE TARTARO RECONNAISSANT

ET LE SERPENT A SEPT TÊTES.

(CONTE BASQUE.)

De même que beaucoup de ceux qui sont, ont été ou seront en ce monde, il y avait un roi, sa femme et leurs trois fils. Un jour que le roi était allé à la chasse, il rencontra un Tartaro[1] : il l'emmena à son palais, l'enferma dans une écurie, et fit publier à son de trompe que tous ceux de sa cour se réuniraient le lendemain à sa demeure, qu'il leur donnerait un grand dîner, et qu'ensuite il leur montrerait un animal tel qu'ils n'avaient jamais vu son pareil.

Le lendemain, deux des fils du roi jouaient à la balle contre les murailles de l'écurie où était enfermé le Tartaro ; leur balle vint à y tomber, et l'un des enfants dit au Tartaro :

— Renvoyez-moi ma balle, je vous prie.

— Oui, répondit-il, si vous voulez me délivrer.

— Oui, oui, dit l'enfant ; et le Tartaro lui renvoya sa

---

[1] Le Tartaro ou Tartare est une sorte d'homme fantastique qui a, comme le cyclope antique, un œil au milieu du front. On verra plus loin, dans le conte du *Tartare et des deux soldats*, que de même qu'à Polyphème cet œil lui fut un jour crevé.

balle. Un moment après, elle roula encore dans la prison du Tartaro ; l'enfant la lui redemanda et il répondit :

— Si vous voulez me délivrer, je vous la donnerai.

L'enfant dit : « Oui, oui », prit sa balle et sortit. Pour la troisième fois il la lança dans la prison du Tartaro ; mais celui-ci déclara qu'il ne la lui rendrait que lorsqu'il serait sorti de sa prison. L'enfant répondit qu'il n'avait pas la clé ; le Tartaro lui dit :

— Va trouver ta mère, et dis-lui de te regarder dans l'œil droit, que tu as quelque chose qui t'y fait mal ; elle a la clé dans sa poche gauche, et pendant qu'elle sera occupée tu la lui prendras.

L'enfant fit ce que le Tartaro lui avait dit : il prit la clé et le délivra ; quand le Tartaro fut sur le point de partir, l'enfant lui dit :

— Que faire maintenant de la clé ? je suis perdu.

— Non, répondit le Tartaro ; retourne à ta mère, dis-lui que ton œil gauche te fait mal ; pendant qu'elle le regardera, tu lui glisseras la clé dans la poche.

Le Tartaro lui dit, toutefois, que bientôt il aurait besoin de lui, mais qu'il n'avait qu'à l'appeler, car le Tartaro serait pour toujours son serviteur.

L'enfant alla reporter la clé ; bientôt chacun arriva pour le dîner ; lorsque les courtisans furent rassasiés, le roi leur dit de sortir avec lui parce qu'il allait leur montrer la curiosité promise. Ils l'accompagnèrent ; mais, en arrivant à l'écurie, le roi vit qu'elle était vide. Qu'on juge de sa colère et de sa honte ; il s'écria :

— Je voudrais manger le cœur, à moitié cuit et sans sel, de celui qui a laissé ma bête s'échapper !

Quelque temps après les deux frères eurent dispute en présence de leur mère, et l'un dit à l'autre :

— J'irai raconter à notre père l'affaire du Tartaro.

Quand la mère entendit cela, elle eut peur pour son fils, et lui dit :

— Prends autant d'argent que tu voudras. Et elle lui donna aussi la Fleur-de-lis, en ajoutant : — Par ce signe, tu pourras faire connaître à tout le monde que tu es fils de roi.

Petit-Yorge s'en alla loin, loin, bien loin : il dépensa et gaspilla tout son argent, et il ne savait plus comment faire. Alors il se souvint du Tartaro, et il l'appela aussitôt. Celui-ci vint, et Petit-Yorge lui dit qu'il était bien malheureux, car il n'avait pas un sou vaillant et ne savait que devenir.

Le Tartaro lui dit :

— Après avoir marché encore quelque temps, tu arriveras à une ville. Un roi y habite : tu iras à son palais, et on te prendra comme jardinier. Tu arracheras tout ce qu'il y a dans le jardin, et le lendemain tout y reviendra plus beau qu'auparavant. Il y poussera aussi trois belles fleurs ; tu les porteras aux trois filles du roi, et tu donneras la plus belle à la plus jeune.

Petit-Yorge se mit en route, ainsi que le lui avait dit le Tartaro, et alla demander si l'on avait besoin d'un jardinier : « Oui, certes, lui répondit-on, nous en avons grand besoin. » Il alla au jardin et se mit à arracher les plus beaux choux et les plus beaux poireaux. La plus jeune des filles du roi le vit et vint raconter à son père ce que faisait le jardinier ; le roi lui répondit :

— Laissez-le tranquille, nous verrons ensuite ce qu'il fera.

Et le lendemain il vit des choux et des poireaux plus beaux que tous ceux qu'il avait vus jusqu'alors. Petit-Yorge porta une fleur à chacune des filles du roi. L'aînée dit :

— J'ai une fleur que le jardinier m'a apportée, et elle n'a pas sa pareille au monde.

La cadette dit qu'elle en avait une aussi, et que jamais personne n'en avait vu de si belle. La plus jeune assura que la sienne était encore plus belle que les leurs, et les autres furent obligées d'en convenir.

La plus jeune des princesses trouvait le jardinier tout à fait à son goût, et chaque jour elle venait lui apporter son dîner. Au bout d'un certain temps elle lui dit :

— Vous devriez m'épouser.

— C'est impossible, répondit le garçon ; le roi ne voudra jamais d'un pareil mariage.

Alors la jeune fille lui dit :

— Bien ! pourtant il m'arrivera quelque chose de pis ; dans huit jours je dois être dévorée par le serpent.

Pendant huit jours elle continua à lui apporter son dîner : le soir du huitième, elle lui dit qu'elle le lui apportait pour la dernière fois, et le jeune homme lui répondit qu'elle le lui apporterait encore et que quelqu'un lui porterait secours.

Le lendemain à huit heures, Petit-Yorge sortit pour appeler le Tartaro et lui raconta ce qui était arrivé. Le Tartaro lui donna un beau cheval, des vêtements superbes et une épée, puis il lui dit d'aller à un certain endroit, d'ouvrir avec son épée la porte d'une voiture qu'il y verrait et de couper deux des têtes du serpent.

Petit-Yorge se rendit à l'endroit désigné ; il vit la jeune dame dans une voiture, et lui dit de lui ouvrir la porte. Elle lui répondit qu'elle ne le pouvait, qu'il y avait sept portes, et elle le supplia de s'en aller en disant que c'était bien assez qu'une seule personne fût dévorée.

Petit-Yorge ouvrit les portes avec son épée et s'assit à côté de la jeune dame; il lui dit qu'il avait à l'œil quelque chose qui lui faisait mal, et la pria de voir ce que c'était; pendant qu'elle le regardait, il coupa, sans qu'elle s'en aperçût, un morceau de chacune des sept robes qu'elle portait. Au même moment le serpent arriva et il cria :

— Au lieu d'un, j'en aurai trois à manger.

Petit-Yorge sauta sur son cheval et dit :

— Tu ne toucheras à aucun; tu n'auras aucun de nous.

Ils commencèrent à se battre; avec son épée, il coupa une des têtes, le cheval en coupa une autre, avec son pied; et le serpent demanda quartier jusqu'au lendemain. Petit-Yorge prit congé de la jeune dame; celle-ci était bien joyeuse, et elle voulait l'emmener avec elle; mais il répondit qu'il ne le pouvait, parce qu'il avait fait vœu d'aller à Rome; mais, ajouta-t-il, « demain mon frère viendra, et il sera aussi capable de faire quelque chose. »

La jeune dame revint au palais et Petit-Yorge à son jardin; à midi, elle vint lui apporter son dîner et il lui dit :

— Vous voyez que ce que je vous avais prédit est arrivé; il ne vous a pas mangée.

— Non, mais demain il me mangera. Comment pourrait-il en être autrement?

— Non, non! demain vous viendrez encore m'apporter mon dîner; il vous arrivera sans doute quelque secours.

Le lendemain à huit heures, Petit-Yorge appela encore le Tartaro qui lui donna un nouveau cheval, un habillement différent, et une belle épée. A dix heures Petit-Yorge arriva à l'endroit où était la jeune dame, et il lui commanda d'ouvrir la porte; mais elle lui répondit qu'il lui était impossible d'ouvrir quatorze portes, qu'il ferait mieux de passer son chemin, que c'était assez d'une victime , et qu'elle était peinée de le voir rester là. Mais aussitôt que Petit-Yorge eut touché les quatorze portes avec son épée, elles s'ouvrirent; il s'assit à côté de la jeune dame, et lui dit de regarder derrière son oreille parce qu'il y avait mal. Pendant ce temps il coupa un morceau de chacune des quatorze robes que portait la princesse. Aussitôt le serpent arriva, disant d'un air joyeux :

— Je n'en mangerai pas seulement un, j'en mangerai trois.

— Pas même un seul! répondit Petit-Yorge.

Il sauta sur son cheval et le combat commença. Le serpent faisait de terribles bonds, et la lutte fut longue; mais, à la fin, Petit-Yorge fut vainqueur. Il coupa une des têtes, le cheval en coupa une autre avec son pied. Le serpent demanda quartier jusqu'au lendemain; Petit-Yorge le lui accorda et le serpent s'en alla.

La jeune dame voulait emmener le jeune homme au palais pour le présenter à son père, mais il ne voulut point y consentir. Il lui dit qu'il devait aller à Rome, et qu'il était obligé de se remettre en route dès aujourd'hui, qu'il avait fait un vœu; mais que le lendemain, il enverrait son cousin, un homme hardi, et qui n'avait peur de rien.

La jeune dame revint au palais de son père et Petit-Yorge à son jardin; le roi était bien joyeux; mais il ne comprenait rien à toute cette aventure. La jeune dame vint apporter le dîner du jardinier qui lui dit :

— Vous voyez que vous êtes encore revenue aujourd'hui : je vous l'avais bien dit ; et demain vous reviendrez encore.

— J'en serai bien aise, répondit la princesse.

Le lendemain matin Petit-Yorge sortit à huit heures pour appeler le Tartaro ; il lui dit qu'il restait encore trois têtes au serpent, et que pour les couper il avait besoin de toute son aide. Le Tartaro lui répondit :

— Sois tranquille, sois tranquille ; tu le vaincras.

Il lui donna un nouvel habit, plus beau que les autres, un cheval plus vigoureux, un chien terrible, une épée et une bouteille d'eau de senteur, puis il lui dit :

— Le serpent va te crier : « Ah ! si j'avais une étincelle entre ma tête et ma queue, comme je te brûlerais, toi, ta dame, ton cheval et ton chien ! » Et toi, tu lui répondras alors : « Moi, si je pouvais respirer l'eau de senteur, je couperais une de tes têtes, le cheval l'autre et le chien la troisième. » Tu donneras cette bouteille à la jeune dame qui la cachera dans son sein, et au moment où tu diras ces paroles, elle en jettera quelques gouttes sur ta tête, sur ton cheval et sur le chien.

Le jeune homme se mit en route sans peur, parce que le Tartaro l'avait rempli de confiance. Il arriva à la voiture, et la jeune dame lui dit :

— Où allez-vous ? bientôt le serpent va venir : c'est bien assez qu'il me mange toute seule.

Il lui répondit : « Ouvrez la porte. »

Elle lui dit que c'était impossible, et qu'il y avait vingt et une portes au carrosse. Il les toucha avec son épée, et elles s'ouvrirent d'elles-mêmes. Alors il lui dit en lui remettant la bouteille :

— Quand le serpent dira : « Si j'avais une étincelle entre ma tête et ma queue, je te brûlerais ! » je lui répondrai : « Et moi si j'avais sur le nez une goutte d'eau de senteur..., » alors vous prendrez la bouteille, et, à l'instant, vous en répandrez quelques gouttes sur moi.

Il la pria de regarder dans son oreille, et pendant qu'elle y jetait les yeux, il coupa un morceau de chacune des vingt et une robes dont la princesse était revêtue. Au même moment, le serpent arriva, en disant avec joie :

— Au lieu d'un seul, j'en aurai quatre à manger.

Le jeune homme lui répondit :

— A aucun prix, vous ne toucherez l'un de nous.

Il sauta sur son cheval plein d'ardeur, et ils se battirent avec plus d'acharnement que jamais. Le cheval sautait aussi haut qu'une maison, et le serpent en colère s'écria :

— Si j'avais une étincelle de feu entre ma tête et ma queue, je te brûlerais, toi, ta dame, ce cheval et ce terrible chien.

Le jeune homme répondit :

— Et moi, si j'avais sur le nez une goutte de l'eau de senteur, je te couperais une de tes têtes, le cheval l'autre et le chien la troisième.

Au moment où il parlait ainsi, la jeune dame se leva, ouvrit la bouteille, et avec beaucoup d'adresse, jeta l'eau juste à l'endroit désigné. Le jeune homme coupa une tête avec son épée, le cheval en coupa une autre et le chien la troisième ; et c'est ainsi qu'ils vinrent à bout du serpent. Le jeune homme ramassa les sept langues et laissa là les têtes. Qu'on juge de la joie de la jeune dame ! Elle voulait, disait-elle, retourner tout de suite chez son père avec son sauveur, afin que son père pût aussi le remercier, puisqu'il lui devait la vie de sa fille. Mais le jeune homme répondit que cela lui était tout à fait impossible, parce qu'il fallait qu'il se trouvât à Rome avec son cousin pour accomplir le vœu qu'ils avaient fait ; mais il promit que tous les trois, à leur retour, se présenteraient au palais du roi.

La jeune dame était contrariée; toutefois, elle alla sans perdre de temps raconter à son père ce qui était arrivé. Celui-ci fut très joyeux d'apprendre que le serpent était désormais détruit, et il fit publier dans tout le pays que celui qui avait tué le monstre pouvait se présenter avec des preuves à l'appui.

La jeune dame vint ce jour-là porter le dîner au jardinier. Il lui dit :

— Ne vous avais-je pas dit la vérité en assurant que vous ne seriez pas dévorée? Sans doute quelqu'un a tué le serpent.

Elle lui raconta comment cela s'était passé.

Mais, hélas! quelques jours après, se présenta un noir charbonnier qui assura que c'était lui qui avait tué le serpent et qui venait pour réclamer la récompense. Lorsque la jeune dame le vit, elle s'écria que sûrement ce n'était pas lui, que son libérateur était un beau gentilhomme à cheval, et non un vilain homme tel que lui. Le charbonnier montra les têtes du serpent, et le roi dit qu'en vérité ce devait être l'homme qui l'avait tué, et il ordonna à sa fille de l'épouser. Elle répondit qu'elle ne le voulait pas ; mais son père voulut l'y forcer en disant qu'aucun autre homme ne s'était présenté. Mais, comme sa fille ne consentait pas au mariage, pour gagner du temps, le roi fit publier dans tout le pays que celui qui avait tué le serpent devait être capable d'accomplir un autre exploit semblable; qu'à un jour fixé, tous les jeunes gens se rassembleraient, qu'on attacherait à une cloche une bague de diamant, et que celui qui, passant au-dessous, en-

filerait son épée à travers la bague, aurait certainement sa fille.

Au jour fixé, il arriva de tous côtés des jeunes gens.
Notre Petit-Yorge appela le Tartaro, lui raconta ce
qui se passait et lui dit qu'il avait encore besoin de lui.
Le Tartaro lui donna un beau cheval, un habit superbe
et une épée splendide. Petit-Yorge, ainsi équipé, vint
se placer parmi les autres et se tint prêt. La jeune
dame le reconnut aussitôt, et le dit à son père. Il eut
la bonne fortune de prendre la bague au bout de son
épée; mais il ne s'arrêta pas là, et se mit à fuir de
toute la vitesse de son cheval. Le roi et sa fille étaient
à leur balcon et regardaient tous ces gentilshommes;
ils virent que le vainqueur s'en allait, elle dit à son
père :

— Papa, appelle-le !

Son père lui répondit d'un ton courroucé :

— S'il s'en va, c'est sans doute qu'il ne désire pas
t'épouser.

Et il lui jeta sa lance. Le jeune homme fut atteint à
la jambe, mais il continua à s'enfuir. Vous pouvez vous
imaginer quel chagrin avait la jeune dame.

Le lendemain, quand elle vint porter le dîner à son
jardinier, elle s'aperçut qu'il avait la jambe enveloppée
d'un bandage, et elle lui demanda ce qu'il avait.

Elle commençait à se douter de quelque chose, et
elle vint dire à son père, que le jardinier avait la jambe
enveloppée et qu'il fallait lui demander pourquoi; car
il lui avait répondu que ce n'était rien.

Le roi n'avait pas envie de s'en informer, et il lui
dit qu'elle ferait bien de laisser le jardinier tranquille;
mais pour plaire à sa fille, il dit qu'il irait lui parler. Il
y alla et dit au jardinier : « Qu'avez-vous? » Celui-ci
répondit qu'il s'était enfoncé une épine noire dans

la jambe. Mais le roi se mit en colère, et dit qu'il n'y avait pas une seule épine noire dans tout son jardin, et qu'il voulait savoir ce qu'il avait.

Sa fille lui dit :

— Demandez-lui de nous montrer son mal.

Le jardinier découvrit sa jambe et ils furent étonnés de voir que le dard était encore dans la plaie. Le roi ne savait trop ce que penser de tout cela ; ce jardinier l'avait trompé, et il était forcé de lui donner sa fille. Mais Petit-Yorge, découvrant sa poitrine, montra la fleur-de-lis qui y était gravée. Le roi ne savait que dire ; mais la princesse s'écria :

— C'est lui mon sauveur, et je n'aurai point d'autre mari que lui.

Petit-Yorge demanda au roi d'envoyer chercher cinq tailleurs, les meilleurs de la ville, et cinq bouchers.

Le roi y consentit, et quand ils furent venus, Petit-Yorge demanda aux tailleurs si jamais ils avaient fait des habits neufs auxquels manquait un morceau, et lorsqu'ils eurent répondu non, il compta les morceaux, et les remit aux tailleurs en leur demandant si c'était comme cela qu'ils avaient livré les vêtements de la princesse.

— Certainement non, répondirent-ils.

Il se tourna alors vers les bouchers et leur demanda si jamais ils avaient tué des bêtes sans langue ? — Non, répondirent-ils. Il leur dit alors de regarder dans les têtes du serpent, et ils virent qu'il n'y avait point de langues dans les bouches ; alors il montra les langues qu'il avait coupées.

Après avoir vu tout cela, le roi n'avait plus rien à dire, et il donna sa fille à Petit-Yorge. Celui-ci le pria d'inviter son père au mariage, mais en lui disant que c'était de la part du père de la jeune fille, et il recommanda de lui servir au repas un cœur de mouton, à moitié cuit et sans sel. On fit un grand festin, et l'on plaça ce cœur devant le père de Petit-Yorge. On le laissa le découper lui-même, et il en fut très offensé. Alors son fils lui dit :

— Je m'y attendais ; et il ajouta : « Ah ! mon pauvre père, avez-vous oublié ce que vous avez dit jadis, que vous vouliez manger à moitié cuit et sans sel le cœur de celui qui avait laissé le Tartaro s'échapper ? Ceci n'est pas mon cœur, mais celui d'un mouton. Je vous l'ai fait servir pour vous rappeler ce que vous aviez dit, et me faire reconnaître à vous. »

Ils s'embrassèrent, puis ils se dirent l'un à l'autre tout ce qui leur était arrivé, et Petit-Yorge raconta tous les services que le Tartaro lui avait rendus. Son père retourna très heureux chez lui, et Petit-Yorge vécut très heureusement dans le palais du roi avec sa jeune femme, et ils ne manquèrent jamais de rien, parce qu'ils avaient toujours le Tartaro à leur service.

Traduit de W. WEBSTER. *Basque Legends*.

II

LE CHATEAU SUSPENDU DANS LES AIRS

(CONTE DE MARIN.)

Il était une fois un pêcheur qui possédait pour tout bien une petite cabane au bord de la mer, son bateau et ses filets. Il avait un fils qui allait avec lui à la pêche, et c'était un garçon de si bonne mine que, lorsqu'il passait, tout le monde se détournait pour le regarder. Il avait aussi trois filles presque du même âge, et toutes les trois jolies comme des jours.

Le pêcheur qui était âgé mourut ; son fils devint le chef de la famille, et à toutes les marées il allait à la pêche dans son bateau, afin de gagner de quoi donner à manger à toute sa maisonnée.

Un jour qu'il sortait pour aller à la grève, il vit devant sa porte trois beaux seigneurs qui lui demandèrent la permission d'entrer dans sa cabane pour s'y reposer quelques instants, car ils venaient de loin et ils étaient fatigués. Il y consentit très volontiers, et les reçut de son mieux. Ils s'assirent dans la cabane, et furent si frappés de la beauté des sœurs qu'ils en devinrent tous les trois amoureux. Quelques jours après, ils se marièrent avec elles, et le lendemain de la noce, les trois seigneurs, qui étaient le roi des Poissons, le roi des Oiseaux et le roi des Rats et des Souris, voulurent emmener leurs épousées dans leur royaume. Avant de quitter leur beau-frère, ils lui firent chacun un présent : deux lui donnèrent de grosses bourses pleines d'or, mais le cadeau du troisième n'était qu'une vieille tabatière ; le pêcheur la mit dans la poche de sa vareuse, sans même avoir envie de l'ouvrir, car il pensait que son beau-frère avait voulu se moquer de lui.

Le pêcheur s'ennuya fort après le départ de ses sœurs, et comme il avait la bourse bien garnie, il quitta sa cabane, s'habilla comme un bourgeois cossu et alla à Paris. Pendant deux ans il y mena joyeuse vie, car il ne manquait de rien, ayant de l'argent plein ses poches ; mais il finit tout de même par voir la fin de ses écus, et quand il n'eut plus rien que des dettes, ses amis lui tournèrent le dos, et il fut mis à la porte de sa maison. Il se souvint alors de son village et de sa petite cabane, et il résolut d'y retourner pour recommencer à mener son métier de pêcheur. Mais quand il arriva à la petite anse où il avait laissé son bateau, il ne le vit plus, car Mistrau [1] l'avait enlevé, et il ne retrouva que son grappin et des bouts d'amarres à moitié pourris. Il entra dans sa cabane qui avait aussi bien souffert du vent et de l'hiver, et il se mit à fouiller dans les poches de sa vareuse pour voir s'il n'y découvrirait pas quelque pièce de cent sous ; mais il eut beau retourner les poches, il n'y avait même pas une pauvre pièce de deux sous : il n'y restait plus que la vieille tabatière que son beau-frère lui avait donnée. Il fut sur le point de la jeter dans un coin ; mais il pensa qu'elle contenait peut-être du tabac, et il l'ou-

---

[1] Le vent du Nord.

vrit. Dès qu'il eut soulevé le couvercle, il entendit une petite voix qui disait :

— Maître, qu'y a-t-il pour votre service ?

— Ce qu'il y a pour mon service? murmura le pêcheur bien étonné d'ouïr parler sans voir personne ; il y a beaucoup de choses ; pour le moment, je voudrais bien une table avec un bon dîner dessus.

Aussitôt se dressa devant lui une table couverte de pain et de viandes ; il y avait aussi des bouteilles de vin et même le café et l'eau-de-vie n'étaient pas oubliés. Le pêcheur, qui avait un peu jeûné depuis quelque temps, mangea de bon appétit, puis, quand il n'eut plus faim, il rouvrit sa tabatière et lui ordonna de le transporter dans la chambre où dormait la fille du roi. Aussitôt il s'éleva doucement au-dessus des nuages, comme s'il était porté sur les ailes des vents ; bientôt il fut déposé sur un lit bien souple, et il vit à côté de lui une princesse belle comme un jour, et qui dormait si tranquillement qu'on entendait à peine son souffle. Le pêcheur resta en extase à la regarder, et au matin il rouvrit sa tabatière pour retourner à sa cabane avant que la princesse fût réveillée. Pendant trois jours, il se fit servir de bons repas, et pendant trois nuits il resta à regarder la fille du roi qui dormait ; mais il ne voulait point la réveiller, de peur de l'effrayer et de lui faire de la peine.

Cependant le père de la princesse fit bannir à son de trompe dans tout son royaume et dans les pays voisins que sa fille était en âge d'être mariée, et qu'il la donnerait à celui qui lui amènerait la plus grande quantité de grains ; car la récolte avait été mauvaise et ses sujets étaient menacés de la famine. De tous côtés on vit sur les routes des charrettes chargées de grains, et dans tous les ports des navires

dont la cale était remplie de blé. Le jeune pêcheur fu
content d'apprendre la promesse du roi, car il pensa
que, grâce à sa tabatière, il pourrait peut-être deveni
le mari de la princesse qui lui plaisait tant.

Il ouvrit sa tabatière, et aussitôt il entendit la petit
voix qui disait :

— Maître, qu'y a-t-il pour votre service ?

— Je voudrais des mille et des mille charrette
chargées de blé, afin que personne ne pût en amene
autant que moi au palais du roi.

Aussitôt, à perte de vue, les routes furent couverte
de chariots, et le pêcheur les amena au roi qui trouv
qu'à lui seul il apportait plus de grain que tous les au
tres ensemble. Huit jours après le pêcheur épousa l
princesse, qui n'en fut point marrie, parce qu'il éta
joli garçon.

Le lendemain de ses noces, il ouvrit sa tabatière, e
lui demanda un beau château qui devait être suspend
du ciel par quatre chaînes d'or auprès du palais de so
beau-père. Aussitôt qu'il eut parlé, il vit dans le cie
un château suspendu aux nuages par quatre chaîne
d'or ; il était si beau que jamais on n'avait vu son pa
reil, et il brillait comme s'il avait été tout en or
Quand le roi vit ce beau palais qui reluisait au soleil
il demanda à son gendre ce que cela pouvait être :

— Sire, répondit le pêcheur, c'est mon château qu
mes ouvriers invisibles ont bâti cette nuit au-dessu
de votre jardin. Si vous voulez venir le visiter, vou
verrez que rien n'y manque.

Le roi embrassa son gendre, car il était ravi de lu
voir un aussi beau château, et, quand il l'eut visité d
la cave au grenier, il lui proposa de faire une parti
de chasse, et ils se mirent en route tous les deux.

Cependant un des anciens amoureux de la princess

entra au château suspendu par des chaînes d'or, et en le visitant, il aperçut dans un coin une vieille tabatière tout usée. Bien étonné de la voir en cet endroit, il voulut l'ouvrir pour savoir ce qu'il y avait dedans : aussitôt il entendit une petite voix qui disait :

— Maître, qu'y a-t-il pour votre service ?

— Ce qu'il y a pour mon service ? répondit le seigneur ; je veux que ce château soit transporté à plus de quatre cent cinquante lieues d'ici.

A l'instant il sentit remuer le château, et il le vit passer au-dessus des grandes forêts et des vastes mers qu'il traversait en un clin d'œil. Enfin il le vit s'arrêter au milieu d'un pays où aussi loin que la vue pouvait porter on n'apercevait âme qui vive.

En revenant de la chasse avec son beau-père, le jeune pêcheur arriva sur un tertre d'où il pensait qu'il apercevrait son château ; mais il fut bien surpris de ne plus le voir. Il tâta ses poches et n'y trouva plus sa tabatière. Quand le roi sut que le château où était sa fille avait disparu, il entra dans une grande colère et jura sa parole de roi que, si avant deux mois, son gendre ne lui ramenait pas la princesse, il le ferait écarteler par quatre chevaux.

Le pêcheur était bien triste d'avoir perdu sa femme et son château ; mais il pensa que ses beaux-frères pourraient l'aider, et il se mit en route pour aller les voir. Il commença par aller trouver le roi des Poissons ; en entrant au palais, il embrassa sa sœur qui était heureuse comme une princesse qu'elle était, puis il raconta son malheur à son beau-frère et lui demanda s'il n'avait pas entendu parler d'un château suspendu au ciel par quatre chaînes d'or.

— Non, répondit le roi des Poissons, je n'en ai pas

eu connaissance ; mais attends, je pense que dans un instant je pourrai te dire où il est.

Il plongea dans la mer, et il assembla tous ses sujets, depuis la baleine jusqu'à la puce de mer, et leur demanda s'ils n'avaient point vu un château suspendu aux nuages par quatre chaînes d'or ; mais ils déclarèrent tous qu'ils en entendaient parler pour la première fois. Comme le roi finissait de les interroger, il vit arriver un vieux marsouin qui avait essuyé bien des coups de feu et bien des tempêtes.

— Et toi, marsouin, lui demanda le roi, n'as-tu pas vu le château suspendu dans les airs par quatre chaînes d'or ?

— Non, répondit-il, je ne l'ai pas vu ; mais comme je me jouais sur les vagues, j'ai rencontré un aigle qui m'a parlé d'un château suspendu par quatre chaînes d'or ; un mariage doit y être célébré dans huit jours, et on y amène tant de viandes pour les invités, que l'aigle m'a dit que jamais il n'en avait vu autant.

Le roi des Poissons remercia le vieux marsouin ; puis il sortit de la mer et vint raconter à son beau-frère ce qu'il avait appris. Le pêcheur en fut bien aise, puis il partit aussitôt pour aller voir son autre beau-frère, le roi des Oiseaux. En arrivant à son palais, il embrassa sa sœur, puis il raconta ses aventures au roi des Oiseaux et lui demanda s'il n'avait pas ouï parler d'un château suspendu dans les airs par quatre chaînes d'or. Le roi assembla ses sujets et leur demanda s'ils avaient vu le château. L'aigle répondit :

— Oui, je l'ai vu, il brille comme de l'or, et un mariage doit y être célébré dans sept jours ; ce sera une belle noce, car, dès maintenant, il y a tant de viandes de toutes sortes qu'hier j'ai pu en manger tant que j'ai voulu.

— Pourrais-tu, demanda le roi, transporter un homme jusque là ?

— Oui, répondit l'aigle ; mais auparavant il faut que je mange beaucoup, car la route sera longue.

Pendant toute la nuit, on servit des viandes à l'aigle, et il s'en reput jusqu'à la pointe du jour. Au matin, il prit le pêcheur sur son dos et s'envola pour aller au château suspendu dans les airs par des chaînes d'or.

Durant plusieurs heures l'aigle vola au-dessus d'une grande mer, si grande qu'on n'y voyait ni terre ni île, rien que le ciel et l'eau ; mais ses forces faiblissaient, et il déposa le pêcheur sur un rocher que la marée venait de laisser à découvert, puis il partit à tire d'aile pour le château aux quatre chaînes d'or, afin de remplir de nouveau son ventre de viandes, et de pouvoir reprendre l'homme sur son dos.

Le pêcheur resta seul sur le rocher, et le temps lui semblait long, car l'aigle ne revenait point, et il savait que la mer haute couvrait le rocher. Cependant, la marée montait, montait, et il avait beau regarder de tous ses yeux, il ne voyait point revenir l'aigle. Il se mit debout sur la pointe la plus élevée du rocher ; bientôt l'eau vint l'y trouver, elle baigna ses pieds, puis son genou, elle atteignit sa taille, puis ses épaules, et il ne voyait rien venir. Au moment où la vague lui arrivait jusqu'au menton, l'aigle parut ; et, l'ayant pris sur son dos, il le déposa dans la cour du château où les noces devaient être célébrées le lendemain.

La femme du pêcheur était à sa fenêtre ; elle reconnut son mari et fut bien aise de le voir, car elle l'aimait bien, et c'était contre son gré qu'elle avait été enlevée. Elle trouva moyen de lui parler secrètement et lui dit :

— Le seigneur qui m'a enlevée ne quitte jamais la tabatière magique, et tous les soirs en se couchant, il

la met sous son oreiller, de sorte qu'il est malaisé de
la prendre sans l'éveiller. Il faut que l'aigle aille trouver le mari de ta troisième sœur, celui qui commande
aux rats et aux souris, et qu'il lui dise d'ordonner à
quelques-uns de ses sujets de venir ici. Quand le seigneur ronflera, une petite souris ira lui fourrer la
queue dans sa bouche entr'ouverte; alors il toussera,
et pendant qu'il sera sur son séant, tu pourras reprendre
la tabatière.

L'aigle se hâta d'aller au pays des rats et des souris,
et il ne tarda pas à en revenir, apportant sur son dos
une petite souris qui avait l'air fin comme tout, et un
gros rat à longue queue. La nuit suivante, dès que
le seigneur qui, avant de se coucher, avait mis sous son
oreiller la tabatière magique, commença à ronfler, la
petite souris lui fourra sa queue dans la bouche; mais
elle n'était pas assez longue pour aller jusqu'à la gorge,
et, sans se réveiller, l'homme la lui serra si fort qu'elle
crut qu'il la lui avait écourtée; elle se mit à cuiter[1] et
il desserra les dents; aussitôt elle courut raconter à la
femme du pêcheur qu'elle n'avait pu réussir parce que
sa queue était trop courte. Alors la dame ordonna au
gros rat d'essayer à son tour; il prit si bien ses
mesures qu'il fourra sa queue jusque dans la gorge du
seigneur. Celui-ci s'éveilla en sursaut, à moitié étranglé, et il se mit sur son séant, toussant et crachant
comme s'il était prêt à rendre l'âme.

Pendant ce temps, le pêcheur qui était caché auprès
du lit, avait passé la main sous l'oreiller, et s'était saisi
de la tabatière. Il l'ouvrit aussitôt et entendit une petite
voix qui disait :

— Maître, qu'y a-t-il pour votre service?

---

[1] Fit entendre un petit bruit plaintif.

— Ce qu'il y a pour mon service? Je voudrais que mon château soit de nouveau transporté dans le jardin de mon beau-père, à la place où il se trouvait avant que ce scélérat m'eût volé ma tabatière.

A l'instant il sentit que le château était soulevé et transporté dans les airs ; il le vit passer au-dessus des vastes mers et des grandes forêts qu'il traversait en un clin d'œil, et bientôt il s'arrêta immobile dans le jardin du roi, en face de son palais.

Le roi, qui s'éveillait en ce moment, se mit à la fenêtre, et quand il revit le château suspendu par quatre chaînes d'or entre le ciel et la terre, il se frotta les yeux, croyant qu'il avait la berlue ; mais il vit venir son gendre et sa fille qui l'embrassèrent et lui racontèrent ce qui leur était arrivé.

Il fut bien joyeux de les revoir, et, pour punir celui qui s'était emparé de la tabatière, il le fit écarteler par quatre chevaux. Il y eut de grandes réjouissances pour célébrer le retour de la princesse, et le pêcheur vécut heureux avec elle. Mais il avait soin de porter toujours avec lui la tabatière magique.

Paul SÉBILLOT, *Contes des marins*, n° XVIII.

III

LES DEUX SOLDATS

(CONTE LORRAIN.)

Il était une fois deux soldats qui avaient bien soixante ans. Obligés de quitter le service, ils résolurent de retourner au pays. Chemin faisant, ils se disaient :

— Qu'allons-nous faire pour gagner notre vie ? Nous sommes trop vieux pour apprendre un métier ; si nous demandons notre pain, on nous dira que nous sommes encore en état de travailler, et on ne nous donnera rien.

— Tirons au sort, dit l'un d'eux, à qui se laissera crever les yeux, et nous mendierons ensemble.

L'autre trouva l'idée bonne. Le sort tomba sur celui qui avait fait la proposition ; son camarade lui creva les yeux, et, l'un guidant l'autre, ils allèrent de porte en porte demander leur pain. On leur donnait beaucoup ; mais l'aveugle n'en profitait guère, son compagnon gardait pour lui-même tout ce qu'il y avait de bon, et ne lui donnait que les os et les croûtes de pain dur.

— Hélas ! disait le malheureux, n'est-ce pas assez d'être aveugle ? Faut-il encore être si maltraité ?

— Si tu te plains encore, répondait l'autre, je te laisserai là.

Mais le pauvre aveugle ne pouvait s'empêcher de se plaindre. Enfin son compagnon l'abandonna dans un bois.

Après avoir erré de côté et d'autre, l'aveugle s'arrêta au pied d'un arbre.

— Que vais-je devenir ? se dit-il ; la nuit approche, les bêtes sauvages vont me dévorer !

Il monta sur un arbre pour se mettre en sûreté.

Vers onze heures ou minuit, quatre animaux arrivèrent en cet endroit : le renard, le sanglier, le loup et le chevreuil.

— Je sais quelque chose, dit le renard, mais je ne le dis à personne.

— Moi aussi, je sais quelque chose, dit le loup.

— Et moi aussi, dit le chevreuil.

— Bah ! dit le sanglier, toi, avec tes petites cornes, qu'est-ce que tu peux savoir ?

— Eh ! repartit le chevreuil, dans ma petite cervelle et dans mes petites cornes il y a beaucoup d'esprit.

— Eh bien, dit le sanglier, que chacun dise ce qu'il sait.

Le renard commença :

— Il y a près d'ici une petite rivière dont l'eau rend la vue aux aveugles. Plusieurs fois déjà dans ma vie, j'ai eu un œil crevé ; je me suis lavé avec cette eau et j'ai été guéri.

— Cette rivière, je la connais, dit le loup ; j'en sais même plus long que toi. La fille du roi est bien malade : elle est promise en mariage à celui qui pourra la guérir. Il suffirait de lui donner de l'eau de cette rivière pour lui rendre la santé.

Le chevreuil dit à son tour :

— La ville de Lyon manque d'eau, et l'on promet quinze mille francs à celui qui pourra lui en procurer. Or, en arrachant l'arbre de la liberté, on trouverait une source, et l'on aurait de l'eau en abondance.

— Moi, dit le sanglier, je ne sais rien.

Là dessus les animaux se séparèrent.

— Ah ! se dit l'aveugle, si je pouvais seulement trouver cette source !

Il descendit de l'arbre et marcha à tâtons à travers la campagne. Enfin il trouva la rivière. Il s'y lava les yeux et il commença à entrevoir ; il se les lava encore, et la vue lui revint tout à fait.

Aussitôt il se rendit près du maire de Lyon et lui dit que, s'il voulait avoir de l'eau, il n'avait qu'à faire arracher l'arbre de la liberté. En effet, l'arbre ayant été arraché, on découvrit une source, et la ville eut de l'eau autant qu'il lui en fallait. Le soldat reçut les quinze mille francs promis et alla trouver le roi.

— Sire, lui dit-il, j'ai appris que votre fille est bien malade, mais j'ai un moyen de la guérir.

Et il lui parla de l'eau de la rivière. Le roi envoya sur le champ ses valets chercher de cette eau ; on en fit boire à la princesse, on lui en fit prendre des bains, et elle fut guérie.

Le roi dit au soldat :

— Quoique tu sois déjà un peu vieux, tu épouseras ma fille, ou bien, si tu le préfères, je te donnerai de l'argent.

Le soldat aima mieux épouser la princesse : il savait bien qu'avec la fille il aurait aussi l'argent. Le mariage se fit sans délai.

Un jour que le soldat se promenait dans le jardin, il vit un homme tout déguenillé qui demandait l'aumône ; il reconnut aussitôt son ancien camarade.

— N'étiez-vous pas deux à mendier autrefois? lui dit-il en l'abordant. Où est votre compagnon ?

— Il est mort, répondit le mendiant.

— Dites la vérité, vous n'aurez pas à vous en repentir. Qu'est-il devenu ?

— Je l'ai abandonné.

— Pourquoi ?

— Il était toujours à se plaindre ; c'était pourtant lui qui avait les bons morceaux : quand nous avions du pain, je lui donnais la mie, parce qu'il n'avait plus de dents, et je mangeais les croûtes ; je lui donnais la viande et je gardais les os pour moi.

— C'est un mensonge ; vous faisiez tout le contraire. Pourriez-vous reconnaître votre compagnon ?

— Je ne sais.

— Eh bien ! ce compagnon, c'est moi.

— Mais n'êtes-vous pas le roi ?

— Sans doute, mais je suis aussi ton ancien camarade. Entre, je te raconterai tout.

Quand le mendiant eut appris ce qui était arrivé à l'aveugle, il lui dit :

— Je voudrais bien avoir la même chance. Mène-moi donc à cet arbre là ; les animaux y viendront peut-être encore.

— Volontiers, dit l'autre ; je veux te rendre le bien pour le mal.

Il conduisit le mendiant auprès de l'arbre, et le mendiant y monta.

Vers onze heures ou minuit, les quatre animaux se trouvèrent là réunis. Le renard dit aux autres.

— On a entendu ce que nous disions l'autre nuit : la fille du roi est guérie et la ville de Lyon a de l'eau. Qui donc a révélé nos secrets ?

— Ce n'est pas moi, dit le loup.

— Ni moi, dit le chevreuil.

— Je suis sûr que c'est le sanglier, reprit le renard ; il n'avait eu rien à dire, et il est allé rapporter ce que nous autres avions dit.

— Ce n'est pas vrai, répliqua le sanglier.

— Prends garde, dit le renard ; nous allons nous mettre tous les trois contre toi.

— Je n'ai pas peur de vous, dit le sanglier en montrant les dents ; frottez-vous à moi.

Tout à coup, en levant les yeux, ils aperçurent le mendiant sur l'arbre :

— Oh ! oh ! dirent-ils, voilà un homme qui nous espionne.

Aussitôt ils se mirent à déraciner l'arbre, puis ils se jetèrent sur l'homme et le dévorèrent.

EMMANUEL COSQUIN, *Contes populaires lorrains*, n° VII.

IV

LE PRINCE DES SEPT VACHES D'OR

(CONTE DE LA GASCOGNE.)

Je sais un conte.

Il y avait une fois un prince, riche comme la mer, et encore plus généreux que riche. On l'appelait le Prince des Sept vaches d'or, parce qu'il avait réellement sept vaches d'or dans ses armes, peintes au-dessus de la porte principale de son château.

Chaque jour, le Prince des Sept vaches d'or faisait de grandes aumônes, en sortant de la messe. Chaque jour il invitait à dîner cent amis, qui s'en retournaient chargés de présents. Aussi les pauvres et les invités lui disaient-ils partout et toujours :

— Prince des Sept vaches d'or, votre pareil est à naître. Pour vous, nous traverserions l'eau et le feu.

— Merci, mes amis.

Un soir que le prince était tout seul dans sa chambre, il vit entrer un jeune homme qui pleurait.

— Que demandes-tu, mon ami ? Pourquoi pleures-tu ainsi ?

— Prince des Sept vaches d'or, je vous demande un grand service, et j'ai bien raison de pleurer. Depuis l'âge de sept ans, j'ai perdu mon père et ma mère ;

mais les aumônes ne m'ont pas manqué, jusqu'à ce qu
j'ai été assez fort pour gagner ma vie. Je m'étais fa
une maîtresse, belle comme le jour et sage comme un
sainte. Dans un mois nous allions nous marier. Mai
ma maîtresse est morte ce matin. Maintenant j'ai fir
de parler aux filles. Si je savais le latin, pour com
prendre ce qui est écrit dans le missel, je me ferai
moine. Prince des Sept vaches d'or, vous êtes riche e
aumônier. Donnez-moi cent écus pour porter le deu
de ma maîtresse et pour lui faire dire des messes.

— Mon ami, tu n'auras pas cent écus. Voici cen
pistoles. C'est à prendre ou à laisser.

— Prince des Sept vaches d'or, que le Bon Dieu et l
Sainte Vierge Marie vous paient votre charité.

Le jeune homme partit avec ses cent pistoles. Troi
jours après il revint, vêtu de deuil.

— Prince des Sept vaches d'or, vous m'avez fait u
grand service. Si vous voulez, je vous servirai tout
ma vie ; mais je ne veux pas de gages. C'est à prendr
ou à laisser.

— Mon ami, je te prends à mon service. Tu n'aura
pas de gages. On t'appellera le Valet noir, et tu aura
un grand pouvoir sur tous les autres serviteurs du
château.

Au bout d'un mois, le Valet noir savait mieux que
personne les affaires de son maître, et il vint lui dire
en secret :

— Prince des Sept vaches d'or, vous donnez et vous
dépensez par dessus vos moyens. Encore un an de cette
vie, et je vous vois sur la paille.

— Valet noir, tu ne sais pas ce que tu dis. Je n'ai ni
femme ni enfant, et mon bien durera plus que moi. Si
par hasard j'étais sur la paille, mes amis ne me laisse-
raient manquer de rien.

— Prince des Sept vaches d'or, ne vous y fiez pas.

Le lendemain, pendant le dîner, le prince dit à ses invités :

— Etes-vous mes amis ?

— Oui, prince des Sept vaches d'or. Votre pareil est à naître. Pour vous, nous traverserions l'eau et le feu.

— Eh bien ! le Valet noir m'a dit de me méfier de vous.

— Le Valet noir est un insolent et une canaille. Il vous pille nuit et jour. Chassez-le.

Le prince chassa donc comme un voleur le Valet noir qui lui avait réellement volé assez d'or et d'argent pour acheter un beau moulin sur la rivière de Gers, et un château avec un bois et sept métairies. Un an plus tard le prince reçut la visite des huissiers et des recors. Il manda tous ses amis.

— Mes amis, vous me dites chaque jour : « Votre pareil est à naître, pour vous nous traverserions l'eau et le feu. » Eh bien ! je n'ai plus rien. Je suis sur la paille. Les huissiers et les recors me chassent de chez moi. Aidez-moi, selon vos moyens.

— Ah ! glorieux, tu t'es ruiné à faire l'aumône. Dis aux pauvres de t'aider.

Le prince sortit insulté par ses anciens amis. Sur la porte du château, les pauvres se mirent à crier :

— Bonjour, prince de la Bourse-Plate. Tes valets nous refusaient un morceau de pain. Ils nous lâchaient tes chiens dans les jambes. Maintenant te voilà gueux. Tu t'es mis sur la paille à ribotter avec des fainéants et des gourmands. Mais il y a un Bon Dieu au ciel. Le Bon Dieu est juste, et tu es à l'aumône comme nous.

Tout cela ne dura guère. Le Valet noir arrivait au

grand galop de son cheval, une barre de chêne à la main, avec une meute de chiens grands comme des taureaux.

— Hardi, mes chiens! Css! css! Mordez-lez! Tiens, ivrogne! Tiens, cochon! Tiens, voleur! Attrapez cela, et mettez-y du sel. Ah! vous insultez le Prince des Sept vaches d'or! Pan! Pan!

Et le Valet noir frappait à grands tours de bras sur les nobles, sur les bourgeois et sur les pauvres. Quand tout ce sale monde fut loin, il descendit de cheval et tira son béret.

— Prince des Sept vaches d'or, vous n'êtes plus ici chez vous. Montez sur ce cheval, qui vous portera au logement que je vous ai préparé.

— Je ne vais pas dans la maison d'un homme que j'ai chassé comme un voleur.

— Prince des Sept vaches d'or, je vous ai volé, c'est vrai. Mais c'était pour vous garder de quoi vivre, quand vous seriez sur la paille.

Le prince monta donc à cheval. Trois jours après il était arrivé. Pendant sept ans, le Valet noir le servit comme autrefois, sans vouloir de gages et ne lui vola plus un liard. Un soir, après souper, le prince le manda dans sa chambre.

— Valet noir, je suis content de toi, et je veux te dire un grand secret.

— Prince des Sept vaches d'or, je sais écouter et je n'ai jamais passé pour bavard.

— Valet noir, si j'avais voulu, il y a longtemps que je serais redevenu encore plus riche qu'autrefois. Mais, sauf moi et toi, la terre n'est habitée que par la canaille. Voilà pourquoi je ne cherche plus d'amis, et pourquoi je ne fais plus d'aumônes. Valet noir, je suis vieux. Dans un an je serai sous terre. Avant de m'en aller, je veux t'apprendre le secret que les hommes de mon sang se léguaient de père en fils. Je veux t'apprendre à faire la flûte, à jouer l'air qui font sortir les Sept vaches d'or de terre la nuit de la Saint Jean, depuis minuit jusqu'au lever du soleil. Va-t'en seller deux chevaux à l'écurie, prends une hachette et viens m'appeler quand tout sera prêt.

Le Valet noir sortit et revint un quart d'heure après.

— Prince des Sept vaches d'or, tout est prêt.

Ils partirent au grand galop. C'était un vendredi soir, le dernier de l'année. Il gelait fort, et le ciel noir était criblé d'étoiles. A minuit juste, les deux cavaliers arrivaient à un carrefour où il y avait un cimetière, au bord d'une mare pleine de grands roseaux.

— Valet noir, si tu tiens à vivre, écoute-moi bien et fais de point en point tout ce que je vais te commander. Tu vas descendre de cheval, prendre ta hachette et couper ras de terre le plus grand de ces roseaux. Le roseau se défendra comme il pourra. Par trois fois, il changera de forme et te fera voir des choses qui ne sont pas. N'y prends pas garde et fais ton travail. Songe bien que tu n'as que trois coups à donner. Si au troisième, le roseau n'est pas à bas, la terre t'avalera tout vif.

— Prince des Sept vaches d'or, vous serez obéi.

Quand le roseau vit que le Valet noir levait sa hachette pour le premier coup, il se changea en grand serpent à sept têtes. Mais le Valet noir se méfiait et il frappa sans peur ni crainte.

Quand le roseau vit que le Valet noir relevait sa hachette pour le second coup, il se changea en petit enfant qui vient de naître et qui n'est pas encore baptisé. Mais le Valet noir se méfiait et il frappa sans peur ni crainte.

Quand le roseau vit que le Valet noir relevait sa hachette pour le troisième coup, il se changea en une jeune fille, pareille à la maîtresse morte du Valet noir. Alors le pauvre homme se mit à trembler comme la feuille. Mais il se souvint de ce que le prince lui avait dit, et il frappa sans peur ni crainte.

— Prince des Sept vaches d'or, le roseau est à bas.

— Coupes-en de quoi faire une flûte et partons.

En rentrant au château, le prince dit :

— Valet noir, chaque nuit, quand les gens du château seront endormis, tu viendras dans ma chambre, et je t'enseignerai l'air qui ne peut être joué que sur la flûte que tu feras avec ce roseau.

Ce qui fut dit fut fait. Le matin de la Saint Jean venu, le prince dit :

— Valet noir, ce soir, quand tous les gens du château dormiront, prends ta flûte, deux grands chaudrons, sept sacs en bonne toile de chanvre, et ne manque pas de te trouver, avant minuit, au bord du Gers, dans la prairie qui est au-dessus de mon moulin.

À l'heure dite, tous deux étaient à l'endroit convenu. Quand les étoiles marquèrent minuit, le prince dit :

— Valet noir, joue de la flûte.

Le Valet noir obéit. Aussitôt, sept grandes vaches d'or sortirent de terre. Elles vinrent saluer le prince et se mirent à paître au clair de la lune.

— Valet noir, prends une vache, moi l'autre et trayons-les chacun dans un chaudron. Après celles-là, ce sera le tour des cinq autres.

Une heure après les deux chaudrons étaient pleins de lait, qui se changea aussitôt en doubles louis d'or et en quadruples d'Espagne. Le prince en remplit deux sacs de bonne toile de chanvre et les noya dans le Gers.

Après les deux premières vaches, ce fut le tour des cinq autres. Avant le lever du soleil, les sept vaches d'or étaient rentrées sous terre, et cinq autres sacs de doubles louis d'or et de quadruples d'Espagne étaient aussi noyés dans le Gers.

— Valet noir, tu sais où sont les sept sacs. Je te les donne. Pêche-les à ton loisir, et prends garde que nul ne te voie. Chaque année, tu pourras ainsi recommencer ta récolte. Maintenant rentrons au château.

Un mois après la Saint Jean, le Prince des Sept vaches d'or était mort. Le Valet noir n'épargna rien pour l'enterrement, ni pour les messes hautes et basses. Cela fait, il partit pour le pays où le prince s'était mis sur la paille, à combler ses amis de dîners et de présents et à faire de grandes aumônes. Une heure après la venue du Valet noir, le tambour du village criait partout.

— Ran plan plan, ran plan plan, ran plan plan. Vous êtes prévenus que le Prince des Sept vaches d'or est mort. Il était devenu plus riche que jamais et le Valet noir est son héritier. Pour obéir à ce que le prince lui a dit, l'héritier comptera mille pistoles à chacun des amis du mort et cent écus à chaque pauvre du pays. Demain matin, tout le monde sera payé.

Le lendemain matin, les amis et les pauvres étaient si nombreux qu'on eût dit un grand jour de foire au village.

— Pauvre Prince des Sept vaches d'or ! Il ne nous a pas oubliés. Pour lui nous aurions traversé l'eau et le feu.

Tout cela ne dura guère. Le Valet noir arrivait au grand galop de son cheval, une barre de chêne à la main, avec une meute de chiens grands comme des taureaux.

— Hardi, mes chiens ! Css ! css ! Mordez-les ! Tiens, ivrogne ! Tiens, cochon ! tiens, voleur ! Attrapez cela et mettez-y du sel. Voilà le legs du Prince des Sept vaches d'or. Pan ! pan !

Et le Valet noir frappait à grands tours de bras sur les nobles, sur les bourgeois et sur les pauvres. Quand tout ce sale monde fut loin, le Valet noir repartit pour le pays où son maître était enterré. Là, il apprit le latin, et tout ce qu'il faut pour être moine. Alors, il fit bâtir un couvent où l'on priait Dieu nuit et jour pour l'âme du Prince des Sept vaches d'or.

Et tric tric,
Mon conte est fini ;
Et tric trac,
Mon conte est achevé.

J.-F. BLADÉ, *Trois nouveaux contes.*

V

LA PRINCESSE DE TRONKOLAINE

Il y avait une fois un pauvre charbonnier qui avait déjà fait baptiser vingt-cinq enfants. Dieu lui en envoya un vingt-sixième, et il se mit en route pour lui chercher parrain et marraine. Il vit passer le roi dans son carrosse et se mit à genoux, dans la boue, pour le saluer. Le roi lui jeta une pièce d'or.

— Ce n'est pas ce que je cherche pour le moment, bien que j'en aie grand besoin, dit le charbonnier; c'est un parrain qu'il me faut pour un vingt-sixième enfant que ma femme vient de me donner.

— Vingt-six enfants, mon pauvre homme! s'exclama le roi; eh bien, trouvez-vous demain à l'église avec l'enfant et une marraine, et je serai le parrain, moi.

Le charbonnier fut fidèle au rendez-vous; il emmena une marraine et le roi arriva aussi à l'heure convenue. L'enfant fut baptisé et nommé Louis. Le parrain donna au père une bourse pleine d'or et lui dit d'envoyer son filleul à l'école, quand il aurait dix ans. Il lui donna encore la moitié d'une platine, dont il garda l'autre moitié, en lui recommandant de la donner à son filleul, quand il aurait atteint l'âge de dix-huit ans, pour qu'il la lui rapportât à sa cour, à Paris. Il le reconnaîtrait à ce signe. Il partit ensuite.

L'enfant fut mis à l'école, à dix ans, et, comme il était intelligent, il fit des progrès rapides. Quand il eut dix-huit ans, son père lui remit la demi-platine et lui dit d'aller la porter à son parrain, le roi de France, dans son palais, à Paris. Jusque-là, il lui avait caché qui était son parrain. Il lui donna aussi un de ses chevaux à porter le charbon, une rosse, et le jeune homme partit.

Comme il passait dans un chemin étroit et profond, il y rencontra une petite vieille femme, courbée sur son bâton, et qui lui dit :

— Bonjour, Louis, filleul du roi de France.

— Bonjour, grand'mère, répondit Louis, étonné d'être connu de la vieille.

— Tout à l'heure, mon enfant, reprit celle-ci, tu arriveras à une fontaine, au bord de la route, et tu y verras quelqu'un qui t'invitera à descendre de cheval et à te désaltérer ; mais ne l'écoute pas, et continue ton chemin.

— Merci, grand'mère, répondit le jeune homme. Et il passa.

Il arriva en effet, tôt après, à une fontaine, près de laquelle se tenait un personnage de mauvaise mine qui lui cria :

— Eh! Louis, arrête-toi un peu et descends de cheval.

— Je n'ai pas le temps, répondit Louis, je suis pressé.

— Viens, te dis-je, te désaltérer à cette fontaine, dont l'eau est délicieuse, et causer un peu ; tu ne me reconnais donc pas, un camarade d'école ?

Louis, en entendant ces derniers mots, descendit de

son cheval; mais il ne reconnut pas le prétendu camarade d'école. Il voulut boire néanmoins à la fontaine, et, comme il se penchait sur l'eau pour boire dans le creux de sa main, l'autre, d'un coup d'épaule, le jeta dedans, puis il lui enleva sa demi-platine, monta sur son cheval et partit. Le pauvre Louis sortit de l'eau comme il put et se mit à courir après le voleur. Le cheval était vieux et fourbu, de sorte qu'il finit par l'atteindre, et ils entrèrent ensemble dans la cour du palais du roi. Celui-ci, à la vue de la demi-platine, ne douta pas que celui qui en était porteur ne fût son filleul, et l'accueillit très bien, quoiqu'il lui trouvât mauvaise mine. Il lui demanda aussi ce qu'était le jeune homme qui l'accompagnait.

— C'est, répondit-il, parrain, un jeune homme de mon pays qui m'a suivi, dans l'espoir de trouver un emploi à votre cour.

— C'est bien, répondit le roi, on trouvera à l'occuper.

Il fut, en effet, employé comme valet d'écurie, tandis que l'autre suivait partout le roi, habillé comme un prince, et n'avait rien autre chose à faire, tous les jours, que manger, boire et se promener.

Tôt après, le faux filleul, voulant se débarrasser de Louis, dont la vue l'importunait, dit un jour au roi :

— Si vous saviez, parrain, ce dont s'est vanté le valet d'écurie, mon pays ?

— De quoi s'est-il donc vanté? demanda le roi.

— D'aller demander au Soleil pourquoi il est si rouge, quand il se lève, le matin.

— Vraiment? Eh bien, il faut alors qu'il y aille, car je suis, en effet, bien curieux de savoir cela.

Et le pauvre Louis dut se mettre en route pour aller trouver le Soleil, bien qu'il protestât qu'il n'avait jamais dit rien de semblable.

Comme il se dirigeait, tout triste, du côté de la mer, il rencontra un vieillard vénérable qui lui demanda :

— Où allez-vous ainsi, mon fils ?

— Ma foi, grand-père, répondit-il, je n'en sais trop rien. On m'a dit que, sous peine de mort, il me faut savoir du Soleil pourquoi il est si rouge, quand il se lève, le matin, et je ne sais où aller trouver le Soleil.

— Eh bien ! mon fils, je vous aiderai à le trouver, moi. Et lui montrant un cheval de bois : — Montez sur ce cheval de bois, qui s'élèvera en l'air à votre commandement, et vous portera au pied d'une montagne sur le sommet de laquelle est le château du Soleil. Vous laisserez le cheval au bas de la montagne, où vous le retrouverez, au retour, et vous irez seul jusqu'au château.

Louis monta sur le cheval de bois, qui s'éleva aussitôt en l'air et le déposa au pied d'une haute montagne. Il gravit péniblement la montagne, et, arrivé sur le faîte, il vit un palais si beau, si resplendissant qu'il en fut ébloui. C'était le palais du Soleil. Il frappa à la porte. Une vieille femme vint lui ouvrir.

— Monseigneur le Soleil est-il à la maison ? lui demanda-t-il.

— Non, mon enfant, mais il arrivera sans tarder, répondit la vieille.

— Je l'attendrai alors.

— Mais, mon pauvre enfant, mon fils aura grand' faim, quand il arrivera, il pourrait bien te manger.

— Je vous en prie, madame, faites qu'il ne me mange pas, car il faut que je lui parle.

— Eh bien ! entre toujours, mon garçon, et je tâcherai d'arranger cela.

Et il entra. Le Soleil arriva peu après en criant :

— J'ai faim ! j'ai grand'faim , mère ! Puis, ayant

flairé l'air : — Je sens odeur de chrétien ! Il y a un chrétien ici, et je veux le manger !

— Oui, comptez là-dessus, lui dit sa mère, que je vais vous le donner à manger, ce pauvre enfant qui est si gentil ! Voilà votre souper qui est prêt, mangez-le vite, et faites silence ou gare à mon bâton !

Le Soleil courba la tête, à cette menace, comme un enfant craintif, et se mit à manger en silence. Quand il eut fini, Louis, enhardi en le voyant si doux, lui adressa sa question :

— Je voudrais bien savoir, monseigneur le Soleil, pourquoi vous êtes si rouge, si beau, quand vous vous levez, le matin ?

— Je veux bien te le dire, répondit le Soleil ; c'est que le château de la princesse de Tronkolaine est ici près, et elle est si belle qu'il faut que je me montre aussi dans tout mon éclat, pour n'être pas éclipsé par elle.

— Merci bien, monseigneur le Soleil, répondit Louis.

Et il salua profondément et partit alors. Il redescendit la montagne, remonta sur son cheval de bois, qui l'attendait, et il fut bien vite rendu à la cour du roi.

— Eh bien ! lui demanda celui-ci, as-tu été jusqu'au Soleil, et peux-tu me dire, à présent, pourquoi il est si rouge, quand il se lève, le matin ?

— Oui, Sire, je peux vous le dire.

— Voyons donc cela.

— C'est afin de n'être pas éclipsé par la princesse de Tronkolaine, dont le château est voisin du sien, et qui est la plus merveilleuse beauté qui existe nulle part.

Le roi parut satisfait de l'explication.

Mais, à quelque temps de là, le faux filleul lui dit encore :

— Si vous saviez, parrain, ce dont s'est encore vanté le valet d'écurie?

— De quoi s'est-il donc vanté? demanda le roi.

— D'être capable de vous amener à votre cour la princesse de Tronkolaine elle-même, pour que vous l'épousiez !

— Vraiment, il s'est vanté de cela ? Eh bien ! il faut qu'il le fasse, ou il n'y a que la mort pour lui.

Et le pauvre Louis dut encore tenter cette aventure, malgré ses protestations de n'avoir jamais dit rien de semblable. Heureusement pour lui qu'il rencontra encore sur son chemin, le vieillard inconnu, qui lui dit :

— Retournez auprès du roi et dites-lui que, pour accomplir votre entreprise, il vous faut un bâtiment chargé de blé, de lard et de viande de bœuf, pour distribuer ces provisions aux rois des fourmis, des éperviers et des lions, que vous rencontrerez sur votre route, et qui, si vous les régalez bien, vous seront utiles plus tard.

Il obtint le bâtiment chargé de ces provisions. Alors le vieillard lui donna encore une baguette blanche, pour obtenir un vent favorable du côté où il la tournera. Il s'embarqua, passa par les royaumes des fourmis, des éperviers et des lions, il régala tous ces animaux de son mieux, et tous lui promirent de lui venir en aide, sitôt qu'il les appellerait.

Il aborda alors dans une île. Au milieu de l'île, il y avait un château magnifique. C'est là que demeurait la princesse de Tronkolaine. Il la vit, au bord d'une fontaine, peignant ses cheveux blonds avec un peigne d'or et un démêloir d'ivoire. Il cueillit une orange à un oranger qui était là près et la jeta dans la fontaine. La princesse se détourna, l'aperçut, lui sourit et lui dit d'avancer. Puis elle le conduisit à son château, le régala de mets exquis et de fruits délicieux, et l'invita à rester avec elle.

Au bout de quinze jours de séjour dans le château, Louis demanda à la princesse si elle consentirait à le suivre à la cour de France.

— Volontiers, répondit-elle, quand vous aurez fait tout le travail qu'il y a à faire ici.

— Dites, princesse, ce que vous désirez de moi, et si c'est possible, je le ferai ?

Le lendemain matin, la princesse le conduisit dans le grenier du château, et lui montrant un grand tas de grains mélangés :

— Voilà, dit-elle un tas de grains mélangés, froment, seigle et orge. Il faut mettre chaque sorte de grain dans un tas à part, sans vous tromper d'un seul grain, et que ce soit fini pour le coucher du soleil ? Puis elle s'en alla.

Louis appela à son secours les fourmis, et le triage fut fait on ne peut mieux, pour l'heure dite. Aussi, quand la princesse vint, au coucher du soleil, fût-elle bien étonnée. Elle examina de près, et ne trouvant pas un seul grain d'une espèce différente dans chacun des trois tas :

— C'est fort bien ! dit-elle.

— Viendrez-vous avec moi, à présent, princesse ? lui demanda encore Louis.

— Pas encore ; j'ai autre chose à vous demander, auparavant.

En effet, le lendemain matin, elle lui donna une cognée de bois, et, l'ayant conduit dans la grande avenue du château, elle lui dit, en lui montrant les grands chênes :

— Il faut m'abattre tous ces arbres, avant le coucher

du soleil, avec votre cognée de bois. Puis elle s'en alla.

Dès que la princesse fut partie, Louis appela les lions à son secours, et, quand elle revint, au coucher du soleil, il n'y avait plus un seul arbre debout dans l'avenue. Son étonnement ne fit qu'augmenter.

— Me suivrez-vous, à présent, princesse? lui demanda Louis.

— J'ai encore un autre travail, une dernière épreuve à vous donner, répondit-elle, et si vous vous en tirez aussi heureusement que des deux autres, rien ne s'opposera plus à ce que je vous suive.

Le lendemain matin, la princesse le conduisit au pied d'une grande montagne et lui dit :

— Voici une montagne qui offusque mon palais et m'empêche de voir au loin, et je désire qu'elle ait disparu pour le coucher du soleil. Et elle s'en alla encore.

Louis appela, cette fois, les éperviers à son secours, et avec leurs becs et leurs griffes, ils eurent bientôt, tant ils étaient nombreux, fait disparaître la montagne et aplani le terrain. Quand la princesse revint, au coucher du soleil :

— Eh bien! princesse, êtes-vous satisfaite? lui demanda Louis.

— Oui, répondit-elle, vous n'avez pas votre pareil au monde, et, à présent, je vous suivrai, quand vous voudrez.

Et elle lui donna alors un baiser. Ils se dirigèrent ensuite vers la mer. Le bâtiment sur lequel Louis était venu dans l'île était toujours là, l'attendant. Ils montèrent dessus et abordèrent sans encombre au continent. Pendant le trajet, la princesse laissa tomber dans la mer la clef de son château, sans en rien dire à Louis.

Le vieillard les attendait de l'autre côté de l'eau.

— Eh bien ! mon fils, demanda-t-il à Louis, avez-vous réussi ?

— Oui, grand-père, grâce à vous, et que Dieu vous bénisse.

Quand la princesse arriva à la cour, le vieux roi fut tellement charmé de sa beauté qu'il voulut l'épouser sur-le-champ.

— Holà ! dit-elle alors, je ne suis pas venue ici pour un vieux barbon comme vous, ni pour cet autre, — et elle montrait le faux filleul, — que vous croyez être votre filleul, et qui n'est qu'un démon ! Votre vrai filleul, le voici, et c'est lui qui sera mon époux.

Et elle montrait Louis.

— A présent, faites chauffer un four, et qu'on y jette ce diable !

Ce qui fut dit fut fait. Et comme le démon, autrement le faux filleul, poussait des cris affreux et essayait de sortir du feu, on fit venir une jeune femme portant son premier enfant, et, avec son anneau de mariage, qu'elle lui présentait, à l'ouverture du four, quand il voulait sortir, elle le força d'y rester. Alors il s'écria :

— Si j'étais resté à la cour, un an seulement, j'aurais réduit le royaume à un état désespéré !

Louis fut alors marié à la princesse de Tronkolaine, et il remplaça sur le trône le vieux roi, son parrain, qui n'avait pas d'enfants. Il fit venir à la cour son vieux père et sa vieille mère, ainsi que ses frères et ses sœurs, qu'il établit tous honorablement.

F. M. Luzel, *Cinquième rapport sur une mission en Bretagne.*

VI

HISTOIRE DU BONHOMME MAUGRÉANT

Il était une fois un paysan qui avait autant d'enfants qu'il y a de pierres dans les champs. On l'appelait le père Maugréant, et il était bien nommé, car le pauvre homme maugréait toujours entre ses dents.

Il allait au cabaret plus souvent qu'à l'église ; mais c'était pour chasser le souci, disait-il. Un jour qu'il y était depuis des heures et des heures, et que le souci ne voulait pas s'en aller, il se dit tout à coup en se frappant le front :

— Mieux vaut s'adressé' au bon Guieu qu'à sés saints, j'irai l'trouvé' et j'y d'mand'rai pou'quouè qu'toute la chance éé toujou's pou' lés aut'es et tout l'guignon pour mouè.

Et là-dessus il se lève et se met à chercher le chemin du paradis. A force de chercher et de marcher, de tourner et de virer, il finit par y arriver. Il frappe à la porte : Pan ! pan !

— Qui est là, dit Saint Pierre.

— C'éé mouè, grand saint, v'savez ben, l'péeze Maugréant.... qu'a autant d'enfants qu'y a d'piér's dans lés champs.

— Et que voulez-vous ?

— Parlé' au bon Guieu. J'vou'rais y démandé' pou'quoué qu'tout' la chance éé toujou's pou' lés aute's et tout l'guignon pour moué.

— Le Seigneur est dans sa vigne, et il n'aime pas les questions. Passez votre chemin.

— Grand saint... j'suis in pauv'e pér' eud' famille ; si vous vouliez, vous qui faisez des miràques...

— Allons ;... attendez, bonhomme, dit saint Pierre, je m'en vais voir par là si j'ai quelque chose pour vous.

Saint Pierre referme sa porte, mais il revient bientôt.

— Tenez, voilà un panier qui en fait des « miràques ». Quand vous voudrez vous en servir, vous n'avez qu'à dire comme ça : *Petit panier, petit panier, fais ton métier!* et vous verrez ce qui arrivera. Mais quand vous en aurez assez, n'oubliez pas de dire : *Suffit, suffit pour aujourd'hui!* Ah!... encore.... vous n'avez pas besoin de le montrer à tout le monde, ni de dire que c'est moi qui vous l'ai donné. Vous entendez ?

Le bonhomme ne savait trop si c'était pour rire ou pour de bon ; il prit le panier en secouant les oreilles et sans songer à remercier ; mais dès qu'il se vit seul, il essaya si les paroles feraient leur effet. Aussitôt, voilà que le panier commence à grouiller, à bouillonner, puis à déborder de petits pains de toutes façons et de toutes sortes de petits poissons qui grossissaient en s'élevant dans leurs plats et redescendaient ensuite à terre en cascade sans se renverser. Et il en venait, il en venait ! c'était comme un torrent. La route en fut bientôt toute couverte. Le bonhomme ne savait plus où poser le pied, et il commençait à s'effrayer ; heureusement il se rappela qu'il fallait crier : *Suffit, suffit pour aujourd'hui!* et le torrent s'arrêta.

Il s'assit alors sur un tas de cailloux et se régala on peut penser comment. Il n'avait que l'embarras du choix ; anguilles, truites, saumons, turbots, tous les poissons de la mer et des rivières nageaient devant lui dans la sauce. Cependant le bonhomme commença bientôt à hocher la tête et à maugréer tout bas. Quelque chose lui manquait : « J'mange, j'mange... et je n'bois rien ! »

Et comme il levait les yeux en disant cela, il se retrouva justement devant le cabaret et il y entra tout droit :

— Apportez du meilleûr, la p'tit' mèze, et deux verres, dit-il en clignant de l'œil au cabaretier, qui, d'ordinaire, lui tenait compagnie. Et si vous voulez vous régaler d'poisson, en v'là pou' tout' la maison. Seul'ment... v'navez pas b'soin d'dire à tout l'monde c'que v's allez voir... V's entendez ? « *P'tit pagnier, p'tit pagnier, fais ton méquier !* »

Et voilà que le panier se remet à grouiller, à bouillonner et puis à déborder de petits pains de toutes façons et de toutes sortes de petits poissons sur la table, sur les chaises, sur le plancher et jusque dans la rue.

— Ramassez, ramassez! disait le bonhomme, n'vous gênez point ; quand gn'y en a p'us, gn'y en a encô'.

Et il fallait voir le cabaretier et la cabaretière courir après les plats ! Mais tout en travaillant ainsi des pieds et des mains, ils se disaient tout bas : « Si j'pouvions aussi attraper l'pagnier, c'ée' ça qui nous convien'rait dans not'e méquier.... »

Ils essayèrent d'abord de savoir du bonhomme où l'on pourrait bien en avoir un pareil ; mais il tenait à garder ce secret-là pour lui seul, et il n'en desserra pas les dents. Cependant ils lui versèrent si souvent et si bien qu'il finit par s'endormir. La bonne pièce de femme alla chercher alors dans sa cuisine un panier à peu près pareil, qui avait justement servi la veille à rapporter du poisson dont on voyait encore des écailles, et elle le mit à la place du panier merveilleux qu'elle cacha soigneusement. Quand le bonhomme se réveilla, l'heure de la soupe sonnait ; il se leva en sursaut, prit son panier sans se méfier de rien et se hâta de chercher le chemin de la maison.

Il arriva juste au moment où sa femme mettait une pauvre soupe sur la table, entourée d'une ribambelle d'enfants, petits et grands, affamés et maugréants...... avec des yeux !... Le bonhomme, qui avait passé la nuit dehors, allait être reçu comme il le méritait ; mais, dès le seuil de la porte, il se hâta de dire, en brandissant son panier :

— N'vous gâtez pas l'appétit, l's enfants ! j'apport' eud'quoi vous régalé' tous. Vous voyez ben c'pagnier-là !... bon ; maint'nant, vous allez tous dire comme ça : *P'tit pagnier, p'tit pagnier, fais ton méquier !* et vous voirrez c'qu'arriv'ra !

Et ils firent comme il leur disait, pour voir ce qui arriverait. Mais ils eurent beau dire et crier, le petit panier ne savait qu'un métier, qui était de rester petit panier.

Le bonhomme n'y comprenait plus rien ; il tournait, tournait autour de la table, et regardait de tous côtés son panier, en maugréant, maugréant, comme de sa vie il n'avait maugréé. Sa femme et ses enfants ne savaient s'ils devaient rire ou pleurer et le croyaient fou.

— Attendez, attendez ! s'écrie-t-il soudain ; i' sent déjà l' poisson... sentez-vous ?

Il le sentait en effet, terriblement ; mais le pauvre homme n'en put tirer autre chose.

— Est-c' que ça n' s'rait pas l' mien ? se dit-il enfin. Est-c' que par hasàrd ?... Ah ! sarpejeu !

Et sans écouter sa femme ni ses enfants qui veulent le retenir, il court demander à la cabaretière s'il ne s'est pas trompé.

— Impossib'e, répond-elle, vous voyez, gn'y a ici ni pagnier, ni corbeille. Ben sûr vous aurez oublié comme i' faut dire.

— C'est ben sûr ça, dit-il.

Elle lui verse là-dessus un verre du meilleur, et le voilà reparti pour le Paradis, où cette fois il arriva bientôt. Il frappe à la porte : Pan ! pan !

— Qui est-là ? dit Saint Pierre.

— C'ée' moué, grand saint, v' savez ben... l' péeze Maugréant... qu'a autant d'enfants qu'y a d' pierr's dans les champs...

— Mais, bonhomme, on vous a déjà donné hier.

— Voui, grand saint ; mais c'ée' vot' pagnier ; j' sais pas c' qu'il a, i' n' veut p'us aller.

— Eh bien, laissez-le reposer. Je m'en vais voir par là si j'ai autre chose pour vous.

Saint Pierre referma sa porte, mais il revint bientôt :

— Tenez, voilà un coq, mais un coq !... Vous n'avez qu'à lui dire comme ça : *Coq de Saint Pierre, coq de Saint Pierre, montre un peu ce que tu sais faire!* et vous verrez ce qui arrivera... Ah ! encore... Vous n'avez pas besoin de le montrer à tout le monde.

— Oh ! j' suis pas si béete que j'suis mal habillé.

— Ni de dire que c'est moi qui vous l'ai donné, vous entendez ? Je n'en ai pas comme ça à la douzaine à distribuer.

Et Saint Pierre referma sa porte sans attendre d'autre remercîment.

Quand le bonhomme se revit seul sur la route, c'était justement devant le cabaret, et il y entra tout droit.

— D'où v'nez-vous donc comm' ça avé' c' biau cô rouge dans vot' pagnier, p'pa Maugréant, lui demanda la cabaretière de sa voix la plus douce.

— Ah ! voélà... je r'viens d' là voù n' y en a pas comm' ça à la douzaine à distribuer, répondit-il d'un air finaud en s'asseyant devant la table.

On lui servit du meilleur, et tant qu'il voulut ; et bientôt l'envie de faire admirer sa nouvelle merveille commença à le démanger.

— *Coq eud' Saint Pierre, coq eud' Saint Pierre, montre in peu c' que tu sais faire !*

Et voilà le coq qui se dresse sur ses ergots en battant des ailes et qui chante : Coquerico ! d'une voix de trompette. Et à chaque cri, il lui tombait du bec des grains d'or et des diamants gros comme des petits pois, que le bonhomme recevait en clignant de l'œil dans son chapeau, mais cette fois sans rien laisser ramasser à personne.

Cependant le cabaretier et la cabaretière échangèrent un coup d'œil qui voulait dire : « V'là un cô' à mett' avé' not' pagnier. » — Buvez donc, p'pa Maugréant ! — Et ils versaient toujours, si bien qu'il finit par s'endormir encore.

La fine mouche de femme prit alors tout doucement le coq merveilleux : « Viens, mon bellot, viens, mon bellot », et s'en alla l'enfermer dans son poulailler, d'où elle rapporta un coq tout pareil qu'elle mit à la place dans le panier.

Quand le bonhomme se réveilla, la nuit tombait ; il jeta quelques grains d'or sur la table, prit son coq et son panier sans se méfier, et bien fier de ce qu'il apportait, il se hâta d'arriver à la maison. Sa femme l'attendait devant la porte avec toute sa couvée de petits Maugréants :

— N'es-tu pas honteux d' perd' ainsi à boire ton temps et ton argent?

— Bah ! dit-il, de l'argent?... j'ons maint'nant d' l'ôr et des guiamants. Venez, l's enfants ; vous voyez ben c' cô'-là su' la tab'e ? Bon... à présent, v's allez tous dire comme ça : *Coq eud' Saint Pierre, coq eud' Saint Pierre, montre in peu c' que tu sais faire!* et vous voirrez c' qu'arriv'ra.

Ils n'avaient pas grande confiance cette fois, cependant ils firent comme il leur disait pour voir ce qui arriverait. Prr ! voilà le coq qui se sauve par la chambre en criant, mais sans laisser tomber le moindre grain d'or, ni le plus petit diamant.

Le bonhomme n'en pouvait croire ses yeux, il maugréait, maugréait : « Mais j' suis pourtant ben sûr. ·. . Faut qu' j'aie encore oublié comme i' faut dire. Satanée caboche ! » disait-il en se prenant aux cheveux à pleins poings.

Soudain le voilà qui court après son coq, qu'il rattrape et fourre dans son panier ; puis, sans rien entendre, il part raide comme balle. Il ne s'arrêta qu'une minute en passant au cabaret, et il arriva tout courant au Paradis avec ses gros sabots qui faisaient un bruit de tonnerre.

Les étoiles commençaient justement à s'allumer.
— Pan ! pan ! pan !

— Eh bien ! qui donc frappe ainsi? dit Saint Pierre.

— Ouf! c'eé moué, grand saint, v'savez ben... l'péeze...

— Ah çà !... mais, mon brave homme, vous venez

plus souvent qu'à votre tour, et à pareille heure !

— V's excuserez, grand saint, mais c'ée' vot' cô : j'sais pas c'qu'il a..., i' fait comm' vot' pagnier, voyez.

— Ça... mon coq ! ça... mon panier ? Vous vous les êtes laissé changer, bonhomme.

— Changer ! dit le père Maugréant qui commençait à comprendre... Mais alors c'ée' donc cés deux...

— Je vous avais pourtant dit de ne les montrer à personne, reprit Saint Pierre... Mais non..., attendez, j'ai encore par là quelque chose pour vous.

Saint Pierre étend le bras et décroche quelque chose à la muraille.

— Tenez, dit-il, voilà un sac ; quand vous aurez besoin d'une baguette pour votre jaquette ou pour celle d'un ami, vous n'avez qu'à dire comme ça : *Flic, flac, baguette, hors du sac !* et vous verrez ce qui arrivera. Je ne vous dis que ça !

Et Saint Pierre referma sa porte d'un air malin.

— Ah ! ah ! j'vois d'quoi qu'i' r'tourne maint'nant, se dit le bonhomme, mais j'vous quiens, més deux filous.

Et il se hâta de regagner le cabaret avec son coq, son sac et son panier.

— Faites-moi rôti' c'coquin-là, dit-il en entrant, et n'me l'changez pas ! entendez-vous, la p'tit' mèze ? Vous pouvez allumer l'feu avè' l'pagnier. Après ça, j'vous f'rai voir c'que j'ai là dans mon sac, ajouta-t-il du même air goguenard qu'il avait vu à Saint Pierre.

— Il va se passer quelque chose, pensait la cabaretière. Et elle se mit à préparer son coq sans faire semblant de le reconnaître, tandis que le cabaretier, qui n'était pas plus tranquille, essayait, mais en vain cette fois, d'endormir le paysan.

Lorsqu'il eut fini de se restaurer, ce qu'il ne fit pas

sans maugréer, car la volaille n'était pas très tendre,
le bonhomme frappa comme ça du plat de la main sur
la table et dit :

— A présent, j'vons voir si j'nous comprénons. C'éc'
mon cô et mon pagnier qu'i' m'faut, et vite et tôt !

— Vot' cô' et vot' pagnier, p'pa Maugréant ! Mais
vous v'nez...

— Mon cô' et mon pagnier, que j'dis... Et si v'n'entendez pas de c't'oreille-lè, v'là d'quoi vous ouvri' l'entend'ment des deux côtés : *Flic, flac, bayette, hors
du sac !*

Et flic, flac ! comme l'éclair, une baguette blanche
part du sac et se met à houspiller le cabaretier et la
cabaretière et devant et derrière, puis, aussitôt après,
le bonhomme Maugréant et derrière et devant, de
façon à les faire sauter tous les trois par la chambre,
comme des flocons de laine sous les coups d'un cardeur
de matelas.

— Arrêtez-la ! arrêtez-la donc ! J'vons vous rend'e
vot' cô' et vot' pagnier ! s'écriaient l'homme et la
femme en se cachant la tête l'un contre l'autre.

— Halte ! halte donc ! tu bats ton maître ! Satanée
bayette, s'écriait le bonhomme en s'aplatissant contre
la muraille ! Arrêteras-tu ! Suffit, suffit pour aujour-
d'hui !

Mais la « bayette » n'entendait à rien, elle ne connaissait ni valet ni maître et allait toujours son train : flic,
flac, et par ci et par là, en veux-tu, en voilà : aïe ! aïe !
aïe ! ho làlà !

Heureusement Saint Pierre entendit leurs cris du
haut du Paradis, et il descendit encore à temps pour
les empêcher d'être roués de coups.

— *Flic, flac, baguette, vite au sac !* dit-il en entrant. Et la baguette obéit aussitôt.

— Allez me chercher le coq et le panier.

Quand le coq et le panier furent sur la table, Saint Pierre parla ainsi :

— Vous avez tous les trois ce que vous méritez. Vous le gros dodu de cabaretier et sa petite ménagère, qui vous entendez si bien ensemble, retenez cette leçon : contentez-vous désormais d'écorcher les gens sans les voler, sinon gare la corde après le bâton. Pour toi, mon pauvre « péeze Maugréant, qu'as autant d'enfants qu'y a d'piérres dans les champs », et qui maugrées toujours contre le sort et le temps, tu vois qu'il y a aussi de ta faute dans ton affaire, et que tu ne sais pas mieux profiter du bien que du mal qui t'arrive. Tu as eu entre les mains les pains et les poissons miraculeux de l'Évangile, qui servirent à Notre Seigneur à nourrir quatre mille et je ne sais combien de personnes dans le désert, et qui auraient bien pu suffire à te nourrir, toi et ta famille. Quant à ce brave coq — le même qui chanta si à propos chez Pilate — il pouvait te rendre riche pour la vie et l'éternité. Tu n'as pas su garder un seul jour ces dons du ciel. Je reprends mon panier, mon coq et ma baguette — la propre baguette de Moïse — qui ne sait pas seulement épousseter les habits, qui tire aussi l'eau du rocher, dompte les dragons, découvre les trésors cachés dans les montagnes, et qui aurait pu faire bien d'autres merveilles encore pour toi.

A présent, mon bonhomme, ne te plains que de toi-même, et tâche au moins de retenir ceci :

Aide-toi, le ciel t'aidera.

Et le conte finit là.

Charles MARELLE, *Contes et chants populaires français.*

VII

IL FAUT MOURIR

Il y avait un jour un grand savant, si savant, que personne au monde ne pouvait lui être comparé.

Après avoir beaucoup étudié à Rome, il voulut une dernière fois revoir sa mère qui était bien vieille, et qui était restée dans un village fort éloigné.

Et le savant s'appelait Grantesta, et un jour il se mit en route.

Après avoir longtemps marché, il rencontra un pauvre vieillard qui lui demanda :

— Où vas-tu ?

— Que t'importe ?

— C'est que si tu allais de mon côté, je voudrais suivre la route avec toi.

— Je ne marche pas avec un misérable mendiant de ton espèce.

— Je suis vieux et tu es jeune, aide-moi à marcher.

— Suis-je ton domestique ? Marche ou reste, qu'est-ce que cela me fait ; ne sais-tu pas que je suis Grantesta le savant ?

— Oui, je le sais, orgueilleux insensé, dit le mendiant transformé aussitôt en un beau jeune homme, mais sache que ta science ne te servira de rien. Tu te moques des pauvres, tu méprises les vieillards : eh bien ! je te le dis, tu n'es pas immortel et de ton nom il ne restera même pas le vague souvenir.

— Que dis-tu? s'écria le savant, et quelles paroles viens-tu de prononcer ? Moi, mourir ! moi, périr comme le plus misérable des hommes après m'être élevé si fort au-dessus des plus intelligents! Non, je n'accepte point ton arrêt! A l'instant même je cours à la recherche d'une terre où l'on ne succombe point, où tout soit éternel.

— Grantesta, tu mourras.

Mais le savant ne l'écoutait déjà plus. Oubliant sa mère qu'il n'avait point encore vue, le voilà fuyant, fuyant toujours pendant des semaines et des mois.

Il s'arrête enfin dans un endroit entouré de hautes montagnes, où, la nuit, il voit ces mots écrits en caractères de feu :

« Ici l'on ne meurt jamais. »

— J'ai trouvé! s'écria le savant. J'ai fini par découvrir cette terre tant désirée; me voilà immortel.

Et, joyeux, il se prit à admirer ce pays béni, où la richesse du sol n'avait d'égal que la douceur du climat.

Les jours, les mois, les années s'écoulèrent. Grantesta, heureux, se croyait immortel.

Un matin, pourtant, il fut réveillé par une tempête effroyable.

Dans cette vallée charmante si tranquille d'habitude, on voyait les arbres qui se tordaient sous les efforts du vent, d'épaisses nuées toutes noires tourbillonnaient dans le ciel; on aurait dit que la terre devait être anéantie.

Tout à coup, le vent cessa, le ciel devint clair et le soleil se remit à briller de tout son éclat.

Grantesta était encore émerveillé de ce changement subit, lorsqu'au loin, bien au loin, il aperçut un être informe qui s'approchait de lui avec la rapidité de l'éclair.

C'était un monstre hideux, ayant les ailes de l'aigle, la tête du lion et les pattes du tigre.

Il arrivait les ailes largement déployées et tenant dans ses griffes un cadavre aux chairs encore palpitantes.

Arrivé près de Grantesta, le monstre se laissa tomber à terre, prit un grain de sable dans son bec et disparut aussi rapidement qu'il était venu.

Étonné, le savant demanda :

— « Que viens-tu faire ici, monstre horrible, qui jette l'épouvante dans mon cœur, et pourquoi ce grain de sable que tu viens d'enlever?

A peine avait-il achevé ces mots, qu'un énorme rocher lui répondit :

— Il vient accomplir son œuvre de destruction et disperser aux quatre coins du monde les débris de ces montagnes. Tout ici-bas ne périra que lorsque ces monts qui élèvent encore leur tête dans les nues seront au niveau de l'immense plaine qui est à leurs pieds !

— Eh quoi! tout ici n'est donc point éternel? s'écria Grantesta étonné.

— Non ; mais ne t'inquiète de rien, mortel fortuné ; des millions de millions d'années s'écouleront avant que tes yeux ne se ferment à la lumière.

— Cela ne me suffit pas. Je veux l'éternité et non une vie plus ou moins longue. Que m'importe l'existence, si ces montagnes doivent disparaître un jour !

Et à travers les monts et les vallées, le voilà de nouveau marchant, courant, fuyant toujours, Grantesta le savant !

Il cherche encore le pays où l'on ne meurt jamais.

Depuis déjà bien longtemps il voyageait ainsi, lorsqu'il arriva sur les bords d'un lac immense qui était plus grand qu'une mer.

Jamais on ne peut rêver quelque chose d'aussi beau que ces rives fortunées; les fleurs avaient plus d'éclat, et les arbres chargés de fruits délicieux pliaient à se rompre.

En parcourant ce pays, Grantesta trouva un chêne immense, si grand que toute une ville aurait pu être à son ombre.

Il était là, plein d'admiration pour cette puissante nature, lorsqu'une voix stridente se fit entendre; une branche du colosse parlait ainsi :

— Et depuis quand, vil mortel, oses-tu fouler le sol où toute chose est aussi immuable que le monde ?

— Chêne orgueilleux, tout ce qui est ici est donc immortel !

— Oui.

— Eh bien ! alors je ne te crains point; tu ne peux m'arracher la vie.

A peine avait-il prononcé ces paroles, qu'un bruit terrible se fit entendre.

Le ciel fut traversé par des éclairs, et de longues bandes noires se montrèrent au-dessus de sa tête. Une tempête effroyable éclata, la terre trembla, et ce beau pays fut dévasté en un instant.

Grantesta eut peur. Il levait vers le ciel ses regards suppliants, lorsqu'au milieu d'un tourbillon de feu, il aperçut tournoyant, effrayant à voir, un oiseau noir qui vint tomber à quelque distance de lui, sur les bords du lac.

Cet oiseau prit une goutte d'eau dans son bec et se

disposait à partir, quand le savant lui adressa ces paroles :

— Qui que tu sois, réponds au plus malheureux des hommes ; dis-moi pourquoi, seul entre tous les animaux de ces vallées, viens-tu t'abreuver de ces eaux ? Pourquoi aussi, pourquoi ta venue est-elle annoncée d'une manière aussi terrible ?

— Je suis le messager de la mort. Je viens ici tous les mille ans enlever à cette mer une goutte de son eau, et il est écrit que tout ce qui est ici ne périra que le jour où tout sera complètement desséché.

— L'arbre a donc menti ? ne m'a-t-il pas dit que l'éternité était promise à tout ce qui habiterait ces lieux ?

— Non, l'arbre n'a pas menti ; la masse d'eau que je dois enlever goutte à goutte et tous les mille ans est tellement grande que l'on peut, sans mentir, se croire immortel.

— Mais un moment viendra où ton dernier voyage sera le signe de ma mort.

— Oui.

— Eh bien ! moi, je ne veux pas mourir ! Je ne veux point reconnaître ta puissance ! Dis-moi, y a-t-il un lieu que tu ne puisses visiter, un lieu où tout soit éternel, éternel !

— Il y en a un ; mais je ne puis te dire où il se trouve.

— Je le chercherai.

Et Grantesta se mit en route.

Les jours et les nuits ne se comptaient déjà plus depuis son départ des bords du lac enchanté, lorsqu'un soir le pauvre savant rencontra une dame charmante qui lui demanda :

— Où vas-tu ?

— A la recherche du pays où l'on ne meurt point.

— Veux-tu me suivre, si je t'y conduis ?

— Volontiers.

Un superbe carrosse, traîné par sept chevaux ailés parut au même instant, et Grantesta et la fée, car il avait rencontré une fée, disparurent dans les airs.

— Où me conduis-tu, puissante magicienne ?

— Ne cherches-tu pas le pays où l'on ne meurt jamais ?

— Oui.

— Eh bien ! nous y allons.

— Cette contrée après laquelle j'ai tant couru n'était donc pas sur terre, et il fallait parcourir le ciel pour la rencontrer ?

— Oui, et jamais tu ne l'aurais trouvée si je n'étais venue à ton secours.

Grantesta et la fée arrivèrent enfin dans le pays où l'on ne meurt jamais.

Là se trouvaient toutes sortes d'animaux doux et pleins d'intelligence ; au moindre signe ils accouraient, et l'on pouvait se faire conduire dans toutes les parties de ces lieux enchantés.

Pendant longtemps, Grantesta et sa compagne vécurent heureux. Des années s'étaient écoulées, et le savant se croyait encore aux premiers jours.

Une fois pourtant il se souvint encore de sa mère et il voulut la revoir.

La fée essaya, mais vainement de le détourner de son projet, Grantesta voulait toujours partir.

— Eh bien ! dit un jour la fée, prends ce cheval ailé, c'est le plus beau de tous ceux que je possède. Rapidement, il te conduira sur terre.

En te laissant conduire, tu pourras aller chercher ta mère et revenir bientôt ici. Mais prends garde, prends garde surtout de quitter ta monture si tu ne veux périr sur l'heure.

Grantesta monta à cheval et partit aussi rapidement que le vent.

Après trois jours et trois nuits, il arriva sur terre : là, il n'eut plus qu'à se laisser conduire pour arriver à son village qu'il eut bien de la peine à reconnaître tant il était changé.

Il s'informa de sa mère : aucun ne put lui répondre, personne ne l'ayant jamais connue.

— Quoi ! disait-on, les Grantesta ? il n'y a jamais eu dans le pays de famille s'appelant ainsi.

— Vous ne vous rappelez pas du grand savant dont on a tant parlé il n'y pas bien longtemps, et qui est né ici ?

— Vous voulez rire, mon bon monsieur, cet homme n'a jamais existé.

Bien triste, Grantesta se remit en route pour aller retrouver la fée.

Il marcha, marcha, lorsqu'un soir il aperçut sur le revers d'une montagne sept forts chevaux traînant avec peine un chariot pesamment chargé.

S'étant approché du lourd véhicule, Grantesta le vit engagé dans une ornière d'où il lui était impossible de sortir.

— Hé ! le cavalier, demanda le conducteur, voulez-vous me donner un coup de main ? autrement, je serais forcé de passer ici la nuit en attendant quelqu'un de plus obligeant que vous.

— Volontiers, répondit Grantesta, et, sans plus réfléchir, il descendit de cheval.

Mais à peine avait-il mis les pieds à terre, qu'il aperçut à ses côtés le squelette de la mort, sa faux à la main, et criant d'une voix stridente :

— « Enfin j'ai pu te saisir ! Voilà bien longtemps que je cours après toi. Regarde les souliers que j'ai usés à ta poursuite.

Et la mort montra sa voiture toute pleine de chaussures informes.

— Laisse-moi continuer ma route. Que t'ai-je fait, ô mort ?

— Que m'as-tu fait, malheureux ! Et n'est-ce point la plus grande des insultes que celle de braver ma puissance ?

— Grâce ! grâce !

— Non, tu n'as que trop vécu et il est bien temps que tu meures.

L'implacable faux s'abatit sur le pauvre savant et Grantesta disparut pour toujours.

ORTOLI, *Contes populaires de l'île de Corse*, n° XXVIII.

VIII

L'ORIGINE DES VENTS

Il y avait une fois un capitaine qui fut envoyé pour chercher les vents dans le pays où ils étaient et les mettre à souffler sur l'Océan. En ce temps-là il ne faisait ni vent ni vague sur la mer, et les marins étaient obligés d'aller toujours à la rame, ce qui était bien fatigant pour les pauvres matelots.

Le capitaine débarqua tout seul au pays des vents, les enferma dans des sacs bien clos, et les apporta à bord de son navire où il les mit à fond de cale. Les matelots ne savaient point quel chargement ils avaient et le capitaine leur avait bien défendu d'y toucher; mais un jour qu'ils s'ennuyaient parce qu'ils n'avaient point d'ouvrage à bord, l'un d'eux dit à ses camarades :

— Il faut que j'ouvre un des sacs pour voir quel est le chargement du navire; dès que je le saurai, je fermerai bien vite et le capitaine ne s'apercevra de rien.

Le matelot descendit à fond de cale et ouvrit un des

sacs. C'était celui où était Surouàs[1], qui s'échappa aussitôt et se mit à souffler si fort, qu'en un clin d'œil le navire fut enlevé en l'air et brisé en mille pièces. Les autres sacs furent crevés et les sept vents sortirent de leur prison. Ils se dispersèrent sur l'Océan et depuis ils y ont toujours soufflé.

Paul SÉBILLOT, *Contes des marins*, n° XXIII.

[1] Sud-ouest.

IX

LES TROIS FRÈRES ET LE GÉANT

(CONTE PICARD.)

Une bonne femme avait trois enfants, tous garçons;
le premier nommé Jean, le second Jeannot et le troisième Jeannois. Ces trois enfants passaient pour les
plus malins du canton et la bonne femme en était heureuse, comme bien vous pensez. Un beau jour, elle se
rendit au bois avec eux pour y ramasser du bois mort
et en faire des fagots pour l'hiver qui s'approchait. Les
enfants eurent bientôt assez de rechercher des morceaux de bois sec et, préférant cueillir des mûres, des
noisettes et des cornouilles, ils quittèrent leur mère et
s'enfoncèrent dans le taillis, si loin et si loin qu'ils
n'entendirent point les cris et les appels de la bonne
femme, qui bientôt les crut retournés au village et
rentra à la maison.

Le soir arriva bientôt, et Jean, Jeannot et Jeannois
s'aperçurent avec terreur qu'ils étaient perdus dans le
bois.

— Que faire ? dit Jean. « Que faire ? » reprit
Jeannot. « Que faire ? » ajouta Jeannois.

Ils n'en savaient trop rien, et ils commençaient à
entendre les hurlements des renards et des loups dans

l'épaisseur de la forêt. A la fin, Jean l'aîné eut une inspiration. Il grimpa au haut d'un grand chêne qui poussait près de là et se tourna dans toutes les directions pour observer le voisinage. Il découvrit une lumière qui brillait dans le lointain et en ayant bien observé la direction, il descendit du chêne et marcha avec ses frères dans le sens de la lumière.

Arrivés hors du bois, ils virent un palais devant eux et ils allèrent frapper à la porte.

— Pan ! Pan !

— Qui est là à cette heure ?

— Nous sommes trois petits enfants égarés dans la forêt et nous désirerions passer la nuit dans ce beau palais. Voulez-vous nous y donner l'hospitalité ?

Une jeune femme entrebâilla la porte.

— Vous ne savez donc pas que c'est ici le palais du Géant à la Barbe d'Or ? Il est sorti en ce moment et il ne tardera pas à rentrer. Si vous m'en croyez, hâtez-vous de vous enfuir, car il pourrait vous tuer et vous manger, comme il l'a fait à bien des personnes.

— Mais, madame, nous ne savons où aller par cette nuit noire. Cachez-nous bien quelque part et demain, à la pointe du jour, nous partirons sans que le Géant se doute de rien.

La femme se laissa attendrir et fit entrer les enfants dans le château. Elle les fit descendre à la cave et leur donna de bons gâteaux à manger. Puis entendant dans le lointain le pas du Géant, elle recommanda aux petits égarés de se bien cacher derrière un gros tonneau et remonta comme si de rien n'était.

Le Géant à la Barbe d'Or avait fait une longue course et se mourait de soif. Il descendit à la cave pour se rafraîchir, malgré sa femme qui l'engageait à aller se coucher.

— On sent ici la viande fraîche, grommela le Géant en arrivant près du tonneau derrière lequel se tenaient blottis les enfants.

Comme il avait grand'soif, il enleva la bonde, souleva le tonneau comme une paille et but à même. En déposant la grande pièce de vin sur le sol, il blessa le petit Jeannois qui ne put s'empêcher de pousser un cri.

— Ah! ah! s'écria le Géant à la Barbe d'Or, je le disais bien que je sentais la viande fraîche! C'est bon, c'est bon! je vais vous remonter et vous tuer; j'aurai un excellent déjeuner pour demain.

Il prit les trois malheureux garçons par une main et les remonta dans sa cuisine.

Mais la femme, qui avait entendu ce que venait de dire le Géant, s'était hâtée de cacher son grand couteau, et son mari eut beau le chercher, il ne put parvenir à le trouver.

— C'est bien! c'est bien! Vous ne perdrez rien pour attendre !

— Femme, mets ces trois enfants dans la chambre de mes filles et donne-leur un lit. Je les tuerai demain. La chair sera plus fraîche.

La femme obéit en tremblant et tout le monde se coucha.

— Nous sommes dans une bien mauvaise position, pensa Jeannot. Et il descendit du lit pour voir quelles étaient les filles du Géant qui dormaient dans le lit voisin.

La lune s'était levée, et Jeannot s'aperçut que les jeunes filles portaient une couronne d'or sur la tête et que, comme eux, elles étaient trois.

— Si le Géant se levait et venait nous tordre le cou pendant la nuit, pensa Jeannot. Ce serait bien possible tout de même ! Je vais enlever les trois couronnes et les placer sur ma tête et sur celle de mes frères. Le Géant pourra s'y tromper.

Il fit comme il venait de penser et se recoucha. Il était temps. Le Géant à la Barbe d'Or avait bu trop de vin et se trouvait fort mal dans son lit. Pour tuer le temps, il se résolut à se lever et à aller tuer les trois petits garçons que le hasard lui avait envoyés.

Il vint au lit où ces derniers faisaient semblant de dormir et prit la tête de Jean.

— Imbécile, se dit-il, j'allais tuer mes filles. Je me suis trompé de lit.

Et il alla à l'autre lit et tordit le cou à ses propres enfants.

Puis, satisfait de son ouvrage, il alla se recoucher.

Jean, Jeannot et Jeannois s'habillèrent à la hâte et s'échappèrent par une fenêtre.

Jugez de la stupéfaction et de la colère du Géant s'apercevant le lendemain, à son réveil, de ce qu'il avait fait pendant la nuit. Il en devint plus méchant que par le passé et se mit à voyager par tout le pays, tuant les voyageurs, massacrant les paysans et bravant les armées que le roi envoyait contre lui.

Quant à Jean, Jeannot et Jeannois, ne sachant de quel côté se diriger, ils prirent enfin une grande route qui, au bout de deux jours de marche, les conduisit à la capitale du royaume. Ils demandèrent à parler au roi et lui racontèrent leurs aventures dans le palais du Géant à la Barbe d'Or. Le roi voulut les avoir pour pages à partir de ce jour.

J'ai dit que le Géant, rendu furieux par la mort de ses enfants, s'était mis à ravager tout le royaume. Ceci dura pendant deux ou trois ans. Bien des chevaliers étaient partis pour le combattre et aucun d'eux n'était revenu. Aussi le roi tremblait dans son palais, craignant que quelque jour il ne prit fantaisie à cet homme redoutable de venir l'attaquer dans sa ville.

Un jour, Jean, l'aîné des trois pages, vint trouver le roi et lui demanda la main de sa fille aînée avec le titre de chevalier. Le roi refusa d'abord, puis, en réfléchissant, il dit au page :

— Je consens tout de même à t'accorder ce que tu désires, à la condition que tu t'en montreras digne. Tu n'a pas oublié ce fameux Géant à la Barbe d'Or, qui manqua de vous tuer tous, tes frères et toi. Eh bien ! rapporte-moi sa barbe d'or et je te jure de te nommer chevalier et de te donner ma fille en mariage.

Jean accepta. Le roi voulut lui donner des armes comme celles des chevaliers, mais il refusa. Il prit la route que ses frères et lui avaient suivie autrefois et il se rendit au château du Géant. C'était en plein jour, et le page sonna du cor.

— Que veux-tu? demanda l'homme à la Barbe d'Or.

— Je veux me mesurer avec toi demain matin. J'ai battu tous les géants que j'ai pu rencontrer jusqu'ici et je veux te battre comme les autres.

— Tu es bien jeune, beau page ; mais qu'importe. Entre dans mon château et demain nous nous battrons.

Jean ne se fit pas prier et entra dans le palais du Géant à la Barbe d'Or, qui voulut le faire dîner avec lui. Le page accepta, et pendant que le Géant avait le dos tourné, il lui versa une liqueur ayant la propriété d'endormir pour plusieurs jours.

— A ta santé !

— A ta santé !

Et le page et le Géant vidèrent leur verre d'un seul trait. Au même instant, le dernier tomba sous la table et se mit à ronfler si fort que tout le château en tremblait. Sans perdre de temps, le jeune homme prit des ciseaux qu'il avait apportés et coupa la barbe d'or du Géant. Puis il quitta le palais et retourna à la capitale où il arriva deux jours après.

Le roi fut bien étonné ; il avait promis sa fille au page et il la lui accorda, lui disant qu'il le nommerait chevalier plus tard. À quelque temps de là, Jeannot vint, lui aussi, trouver le roi.

— Monsieur le roi, dit-il, j'aime votre fille Marie et je crois qu'elle m'aime. Voulez-vous me nommer chevalier et m'accorder sa main ?

— Mais tu n'as rien fait, à ma connaissance, pour mériter cet honneur.

— Je suis prêt à m'en montrer digne. Commandez, et je vous obéirai.

Le roi réfléchit, et enfin :

— C'est bien. Tu auras ce que tu me demandes quand tu m'auras apporté le sabre du Géant que tu connais bien.

Jeannot accepta et partit pour le château du Géant, n'emportant ni armes ni bouclier.

Il y arriva au bout de deux jours et sonna du cor.

— Ah ! ah ! s'écria le Géant, encore un qui veut me voler ! C'est bon, je vais y mettre ordre.

— Je ne viens pas pour cela ; on m'a dit seulement que vous pouviez boire plus de vin que personne au monde, et je suis venu pour me mesurer avec vous.

— Est-ce bien vrai ?

— Tout ce qu'il y a de plus vrai ! Mais je crois fort que je vous battrai. Je puis boire cinquante pièces de vin sans en être incommodé.

— Nous verrons, nous verrons. Entre au château,

je suis prêt à lutter avec toi. Mais qui commencera le premier ?

— A vous l'honneur !

— Entendu !

Jeannot descendit à la cave du Géant, et celui-ci voulant boire du plus qu'il pouvait, avala tant et tant de vin que bientôt il chancela et tomba ivre-mort. Jeannot lui prit son sabre et le reporta au roi, plus étonné encore que lorsque Jean était revenu avec la barbe d'or.

Jeannot épousa la princesse Marie, mais le roi ne le nomma pas de suite chevalier.

Il ne restait plus que Jeannois.

— Monsieur le roi, vint-il dire un jour au roi, j'aime votre fille cadette ; elle m'aime aussi et je viens vous demander sa main et le titre de chevalier.

— Tout cela est fort bien. Mais il faut le mériter.

— Commandez, et je ferai ce que vous ordonnerez.

Le roi réfléchit encore, et enfin :

— Tes frères ont pris la barbe et le sabre du Géant. Pourrais-tu me l'apporter au palais dans une cage de fer ?

— Je vais essayer, Monsieur le roi ; adieu !

Jeannois fit faire une grande voiture de fer et se rendit au château du Géant. Là, il sonna du cor.

— Que veux-tu ? ver de terre ! poussière du néant !

— Laissez-moi entrer dans votre château et je vous le dirai.

— Ah ! tu es de ces pages qui m'ont volé ma barbe d'or et mon sabre. Je vois ce que tu veux et je vais te tuer.

— Un instant, s'il vous plaît. Ne vous emportez pas. Je viens justement vous chercher pour reprendre ce qu'on vous a volé. Les deux pages sont seuls dans un château

lointain, et j'ai amené ma voiture pour nous y transporter plus vite.

Le Géant se laissa encore duper et monta dans la
voiture de fer où il se trouva enfermé. Et vite Jeannois
revint à la cour. Le roi fut tout heureux, comme de
juste, d'être débarrassé du brigand, qui fut brûlé dans
un immense bûcher élevé sur la grande place de la
ville. Jeannois épousa la princesse qu'il aimait et le
roi nomma les trois frères chevaliers de son royaume.
Pendant les fêtes qui furent données, la mère de Jean,
Jeannot et Jeannois arriva à la ville, toujours à la recherche de ses enfants. Jugez de son bonheur et de
celui de ses fils.

E.-H. CARNOY, *Littérature orale de la Picardie.*

X

L'HISTOIRE DU P'TIT COLINET

(CONTE DE GUERNESEY.)

Au temps jadis, lorsque les fées se montraient souvent sur terre et parlaient quelquefois aux hommes, une bonne femme nommée Lizabeau, qui demeurait au Moulin du Roi, fut réveillée une nuit, au milieu de son premier somme ; on frappait de grands coups à sa porte, et une voix d'homme lui cria de se lever bien vite, parce qu'on avait besoin d'elle.

Lizabeau était une veuve qui souvent allait garder ses voisins lorsqu'ils étaient malades ; aussi elle ne fut ni surprise ni effrayée, elle s'habilla en toute hâte et ouvrit la porte.

L'homme qui lui avait parlé était de très petite taille ; il était enveloppé d'un manteau, et quand elle avança une lumière, il se tourna de côté en disant qu'on avait besoin d'elle pour un enfant malade. La bonne femme n'avait jamais vu ce petit homme, et elle hésita d'abord à le suivre ; mais il se mit en route, en marchant vite, et elle le suivit. Elle vit qu'il allait du côté de la baie Vazon : cela lui parut singulier, parce que cette côte n'était habitée que par des pêcheurs, et son guide, quoique de très petite taille, était habillé comme un monsieur. Elle attendit d'être arrivée en face de la ville ou de Saint-Georges ; alors, ayant fait quelques pas auprès de lui, elle lui dit :

— Monsieur, vous avez pris le mauvais chemin : celui-ci conduit à la mer.

— Non, répondit-il, je suis dans la bonne route, suivez-moi.

Ils se remirent en marche, et bientôt ils arrivèrent sur la plage. Alors, Lizabeau lui parla encore :

— Il n'y a point de maison par ici, monsieur, vous avez sûrement perdu votre chemin... Si vous voulez me dire où vous demeurez...

Elle se sentit tout effrayée d'avoir parlé ; mais il lui répondit d'une voix douce et basse :

— Vous le verrez tout-à-l'heure, bonne femme, suivez-moi.

Ils se remirent en route, et après avoir traversé les sables, ils arrivèrent aux rochers qui sont auprès de la Tour du Houmet. Il faisait tout à fait noir, et elle voyait à peine où poser ses pieds ; elle s'arrêta et dit :

— Je ne puis aller plus loin ; car nous allons tomber dans la mer.

— Donnez-moi votre main, répondit le singulier petit homme.

Elle lui obéit, et sa main était douce et petite comme celle d'un enfant. Il la conduisit si doucement et si bien qu'elle cessa d'avoir peur ; mais elle se demandait tout de même où on pouvait bien aller.

Ils entrèrent dans une caverne où elle ne voyait pas à un pied devant elle ; ils marchèrent assez longtemps, dans une obscurité profonde, jusqu'au moment où le petit homme lui dit de s'arrêter et lui demanda si elle ne voyait pas quelque chose. . . . .

Lizabeau ne dit jamais à personne ce qu'elle avait

vu ; mais le lendemain, elle portait sur les bras un petit enfant très délicat, et à toutes les questions qu'on lui faisait elle répondait : « C'est un monsieur qui me l'a donné. »

Les voisins jasèrent beaucoup, et se creusèrent la tête pour savoir à qui l'enfant pouvait bien être ; mais ils finirent par se lasser de parler, et lorsque le petit Colin eut sept ans, tout le monde avait oublié qu'il n'était pas l'enfant de Lizabeau.

C'était un très bel enfant, avec des yeux éveillés, et de beaux et longs cheveux ; mais il était si petit que beaucoup d'enfants de paysans étaient à l'âge de trois ans aussi grands que lui et bien plus forts. Du reste, il ne ressemblait point aux autres enfants ; jamais il ne jouait avec eux ; il n'allait point à l'école, et toute la journée il se promenait sur le bord de la mer, d'où il rapportait tantôt quelque poisson, tantôt des coquillages ou des herbes marines, et souvent il parlait à « sa mère Lizabeau », ainsi qu'il l'appelait, d'un homme étrange, habillé de vert, qui le regardait pendant qu'il jouait tout seul, et qui parfois le veillait aussi pendant son sommeil. Lizabeau n'aimait pas à l'entendre parler ainsi, et elle lui ordonna de se taire. En avançant en âge, Colin cessa tout à fait de lui en parler, parce qu'il aimait bien sa nourrice, et qu'il voyait que ce sujet lui déplaisait.

Lorsque Colin eut environ quinze ans, le pasteur de la paroisse gronda Lizabeau de ne pas avoir l'envoyé à l'école et de le laisser à rien faire. Lizabeau ne savait trop ce que répondre, et elle ne voulait pas lui dire combien son nourrisson était d'humeur sauvage ; mais les yeux de Colin s'étant fixés sur la tête bienveillante du pasteur, celui-ci lui demanda s'il voulait venir avec lui et travailler.

Colin y consentit volontiers. Il y avait à peu près douze mois qu'il vivait avec son nouvel ami, se conduisant aussi sagement et aussi tranquillement qu'il le pouvait, lorsqu'une nuit, il arriva à son maître de s'en revenir tard de la paroisse de Saint-Sauveur, et comme il passait devant une grande pierre appelée la Rocque-où-le-Coq-chante, il entendit une voix qui disait :

— Jean de Marecq! Jean de Marecq! dites-donc au petit Colin que le grand Colin est mort.

Le pasteur fut très surpris et très effrayé ; dès qu'il fut de retour à la maison, il appela l'enfant et lui dit :

— Colin, j'ai entendu cette nuit une voix qui me disait : « Dites-donc au petit Colin que le grand Colin est mort. »

— Ah! s'écria aussitôt l'enfant ; alors, adieu, maître, il faut que je parte.

— Partir! pour aller où? demanda le maître.

— Je ne puis vous le dire, répondit Colin ; adieu, ne me retenez pas.

— Bien, répondit le pasteur ; mais je vous dois des gages ; attendez que je vous les paie.

L'enfant se mit à rire :

— Ne vous embarrassez pas de cela, dit-il ; où je vais, on n'a besoin ni d'argent, ni d'or.

Et s'élançant par la porte, il disparut dans l'obscurité de la nuit, laissant le bon pasteur dans une grande perplexité.

La même nuit, Lizabeau s'éveilla, et vit auprès d'elle son fils adoptif qui pleurait. Elle tressaillit et lui dit :

— Colinet, mon fils, pourquoi avez-vous du chagrin ?

— Ah! répondit-il, c'est qu'il faut que je m'en aille bien loin, et jamais je ne verrai plus ma mère terrestre : et je sais que dans le pays où je vais, ni l'or ni l'argent ne pourraient me donner une affection comme la tienne. Donne-moi ta bénédiction, ma chère mère, car il faut que je parte.

Alors, si promptement qu'elle n'eut pas le temps de penser à lui répondre, il s'évanouit et elle ne le vit plus. Lizabeau pensa qu'elle avait rêvé ; mais dès qu'il fit jour, elle alla à la maison du pasteur et demanda où était son cher enfant. Il n'était plus là, et il ne revint jamais. Sa mère nourrice le pleura peu de mois ; car bientôt elle mourut, et à son lit de mort elle raconta comment il lui avait été confié.

Traduit de Louisa LANE CLARKE.

L'auteur a recueilli cette légende, probablement vers 1850, la 2ᵉ édition du *Royal guide to Guernesey and Jersey* étant de 1852. La grotte où pénétra Lizabeau se nomme le *Creux des Fées* ; elle s'étend, dit-on, jusque sous l'église de Saint-Sauveur, à deux milles de son ouverture.

Sur la côte de la Manche bretonne se trouvent aussi des grottes portant le nom de *Houles*, qui sont aussi l'objet de nombreuses légendes. M. Sébillot en a raconté une trentaine dans ses trois séries des *Contes populaires de la Haute-Bretagne*.

XI

LE TARTARE ET LES DEUX SOLDATS

(CONTE BASQUE.)

Deux soldats du même village, libérés du service, regagnaient gaiement leurs foyers. La nuit les surprit dans une vaste forêt. Mais comme ils avaient aperçu au loin de la fumée, ils se dirigèrent de ce côté et arrivèrent enfin à une chaumière. Ils heurtent à la porte et une voix de dedans s'écrie : « Qui est là ? — Deux amis, disent les soldats. — Que désirez-vous ? — Le logement pour cette nuit. » Le maître ouvre la porte, et les soldats étant entrés, la referme aussitôt.

Or le maître était un Tartare, ayant la forme humaine, mais tout le corps velu, avec un seul œil au milieu du front. Les deux soldats, quoique braves, furent saisis d'effroi à sa vue.

Le Tartare les fait souper, les pèse l'un après l'autre et dit : « Toi, le plus léger, pour demain ; toi, le plus lourd, pour ce soir. » Aussitôt, prenant une grande broche, il en perce celui-ci de part en part, sans enlever les habits, le trousse comme un poulet, le rôtit devant un grand feu et le mange. Lorsqu'il est rassasié, il s'endort profondément.

Le soldat survivant, malgré son horreur et son

effroi, s'ingénie pour sauver sa vie. Après avoir bien réfléchi, il saisit la grande broche, la fait rougir au feu et, de la pointe, crève l'œil du Tartare. Le Tartare se lève en poussant des cris effroyables et cherche à saisir le soldat, qui se cache heureusement parmi des moutons qui reposaient dans la bergerie.

Le lendemain, le Tartare ouvre sa porte, s'y place debout, les jambes écartées et fait sortir un à un tous ses moutons, en les tâtant soigneusement sur le dos. Mais le soldat avait pris ses précautions. Il avait écorché un mouton pendant la nuit et s'était revêtu de la peau. Comme il se glissait entre les jambes du Tartare, celui-ci saisit la peau qui lui resta entre les mains.

Le soldat s'échappe et s'éloigne en courant. Le Tartare le poursuit en trébuchant, et désirant l'arrêter, lui crie : « Tiens cette bague, afin que tu puisses raconter avec preuves tes prouesses. » Et il jette la bague. Le soldat la ramasse et la passe à son doigt : « Je suis ici, je suis ici ! » criait la bague. Le Tartare, suivant la voix, talonnait le soldat qui courait de toutes ses forces. Il allait l'atteindre, lorsque le soldat, après avoir essayé en vain de retirer la bague de son doigt, prit le parti de se le couper et de le jeter à l'eau avec la bague.

Le Tartare, suivant toujours la voix, se jeta dans l'eau et se noya.

·CERQUAND, Légendes et récits populaires
du pays basque, n° LII.

XII

LE MORGAN ET LA FILLE DE LA TERRE

(CONTE DE L'ILE D'OUESSANT.)

Il y avait au temps jadis, — il y a bien longtemps de cela, peut-être du temps que saint Pol vint d'Hibernie chez nous dans une auge de pierre, — il y avait donc une jeune fille de seize à dix-sept ans, aux cheveux blonds, aux yeux bleus et aux joues rouges comme deux pommes, et qui s'appelait Mona Kerbili. Elle était si jolie, que tous ceux qui la voyaient s'arrêtaient pour l'admirer et disaient à sa mère, la vieille Jeanne Kerbili, une pauvre femme comme moi :

— Vous avez là une bien jolie fille, Jeanne ! Elle est jolie comme une Morgane ! Jamais on n'en a vu d'aussi jolie dans l'île, et il y en a même qui disent qu'elle doit être la fille d'un Morgan.

— Ne croyez pas ceux qui parlent de la sorte, répondait la bonne femme, car c'est bien moi qui suis sa mère, et Fanch Kerbili, mon mari, qui est son père.

Le père de Mona était pêcheur, et passait presque tout son temps sur l'eau, et sa mère travaillait un petit coin de terre qu'elle avait, comme tous les gens de l'île, ou filait dans sa chaumière quand le temps était trop mauvais. Mona allait, comme toutes les jeunes

filles de son âge, chercher des *brinik* (coquilles de pa-
tèle), des moules, des *bigorno* et autres coquillages,
sur le rivage. Il faut croire que les Morgans, qui
étaient alors très nombreux dans l'île, l'avaient remar-
quée et avaient été frappés, eux aussi, de sa beauté.
Un jour qu'elle était, comme d'habitude, au rivage,
avec ses compagnes, elles parlaient de leurs amoureux. Chacun vantait l'adresse du sien à prendre le
poisson et à gouverner une barque et à la diriger
parmi les nombreux écueils dont l'île est entourée.

— Toi, Mona, lui dit Marc'harit Ar Fur, tu as tort
de rebuter comme tu le fais Fanch Kerdudal, car c'est
un garçon de bonne conduite, adroit, et nul ne revient le soir avec plus de poissons que lui, et ne dirige mieux sa barque dans les passes difficiles de la
Vieille Jument ou de la pointe du Stiff.

— Moi, répondit Mona avec dédain, car à force de
s'entendre dire qu'elle était jolie, elle était devenue va-
niteuse et fière, je ne prendrai jamais un pêcheur pour
mari, je suis trop jolie pour cela. Je suis aussi jolie
qu'une Morgane : on me le dit tous les jours, et je ne
me marierai qu'avec un prince, ou pour le moins le
fils d'un grand seigneur.

Il paraît qu'un vieux Morgan, caché derrière
quelque rocher ou sous une touffe de goëmon, l'entendit, et que, jaloux de voir qu'une fille de la terre pût
rivaliser de beauté avec les enfants des Morgans, il
conçut le projet de l'enlever et de l'emmener avec lui
dans sa demeure, sous l'eau. Il n'osa pas essayer de le
faire ce jour-là, car Mona était au milieu de ses compagnes. Mais le lendemain, vers le coucher du soleil,
comme elle était encore à la pêche aux coquillages
avec deux autres filles de son village, s'étant un peu
écartée de ses amies, le vieux Morgan sortit subitement

de derrière un rocher où il la guettait, se jeta sur elle
et l'emmena au fond de l'eau. Elle cria bien et appela
ses amies à son secours, mais, hélas ! celles-ci ne
purent lui venir en aide ; elles ne purent que courir à
la maison et raconter à sa mère ce qu'elles avaient vu.
La vieille Jeanne était à filer sur le pas de sa porte.
Elle jeta là sa quenouille et son fuseau et courut au
rivage, et appela sa fille à haute voix, et entra même
dans l'eau aussi loin qu'elle put, à l'endroit où on lui
dit que Mona avait disparu avec le Morgan. Mais tout
fut inutile, et aucune voix ne répondit à ses cris et à
ses pleurs.

Le bruit de l'aventure se répandit vite dans l'île, et
tout le monde fut d'avis que ce qui était arrivé à la
belle Mona, c'était en punition de sa fierté et de sa va-
nité ; car, quelque jolie que soit une jeune fille, elle
n'en doit être ni fière, ni vaine, car Dieu donne la
beauté et la laideur, et la richesse et la pauvreté aussi,
comme il lui plait.

Le vieux Morgan était le roi des Morgans de ces pa-
rages, et il avait emmené la jeune Ouessantine avec lui
au fond de la mer, dans un beau palais fait de coquillages et de coraux.

Le vieux Morgan avait un fils, le plus beau Morgan
qu'il fût possible de voir, et il devint amoureux de
Mona, et demanda à son père de la lui laisser épouser.
Mais le vieux roi lui répondit qu'il ne consentirait jamais à lui laisser prendre pour femme une fille des
hommes qui se vantait d'être aussi belle que la fille
d'un Morgan. Il ne manquait pas de Morganes des plus
belles, et qui seraient heureuses de l'avoir pour époux
et il ne refuserait pas son consentement quand il aurait
fait son choix parmi elles.

Voilà notre jeune Morgan au désespoir. Il dit à son

père qu'il ne se marierait jamais, s'il ne lui était pas permis d'épouser la fille des hommes, qu'il aimait. Son père, le voyant dépérir de tristesse et de chagrin, le força à se marier à une jeune Morgane, fille d'un grand seigneur parmi les Morgans, et qui était renommée pour sa beauté. Le jour des noces fut fixé, et l'on invita beaucoup de monde. Les deux fiancés se mirent en route pour l'église, suivis d'un riche et nombreux cortège, — car il paraît que ces hommes de mer ont aussi leur religion et leurs églises comme nous, bien qu'ils ne soient pas chrétiens ; ils ont même des évêques, assure-t-on, et c'est un vieil évêque de mer qui devait célébrer la cérémonie. La pauvre Mona reçut ordre du vieux Morgan de rester à la maison pour préparer le repas de noce. Mais on ne lui donna pas ce qu'il fallait pour cela, rien absolument que des pots et des marmites vides (qui étaient de grands coquillages), et on lui dit encore que si tout n'était pas prêt et si elle ne servait pas un bon repas quand on reviendrait de l'église, elle serait mise à mort aussitôt. Jugez de son embarras et de sa douleur, la pauvre fille ! Mais le jeune fiancé lui-même n'était pas moins embarrassé ni moins désolé.

Comme le cortège était en marche vers l'église, il s'écria soudain :

— J'ai oublié l'anneau de la fiancée !

— Dites où il est et je le ferai chercher, lui dit son père.

— Non, non, j'y vais moi-même, car nul autre que moi ne pourrait le trouver là où je l'ai mis. J'y cours et je reviens à l'instant.

Et il lâcha le bras de sa fiancée et courut à la maison. Il trouva la pauvre Mona qui pleurait et se désolait dans la cuisine.

— Ne pleurez pas, lui dit-il, votre repas sera prêt et cuit à point ; soyez sans inquiétude à cet égard.

Et, allant au foyer, il dit :

— Bon feu dans le foyer !

Et le feu s'alluma dans le foyer. Puis, touchant successivement de la main tous les pots et toutes les marmites, il dit :

— De la viande de bœuf dans cette marmite, du veau ou du mouton dans cette autre ; ici un mouton à la broche ; du cidre et du vin dans ces pots !... Et ainsi de suite.

Et les marmites et les pots s'emplissaient aussitôt, à la surprise et à la joie de Mona, qui ne pleurait plus.

Puis il se hâta de rejoindre sa fiancée et son cortège, et l'on se rendit à l'église, et la cérémonie fut célébrée par un évêque de mer. On revint ensuite à la maison.

Le vieux Morgan, en y arrivant, n'eut rien de plus pressé que de se rendre à la cuisine et de demander à Mona :

— Nous voici de retour ; tout est-il prêt pour le repas ?

— Oui, tout est prêt, répondit Mona tranquillement.

Et il découvrit toutes les marmites, examina tous les pots, et dit ensuite d'un air mécontent :

— Vous avez été aidée ; mais n'importe, je ne vous tiens pas pour quitte !

Les gens de la noce se mirent alors à table, et l'on mangea et l'on but à discrétion, puis l'on chanta et l'on dansa jusqu'à la nuit.

Après le repas du soir, les deux nouveaux mariés se retirèrent dans leur chambre, et le vieux Morgan dit à Mona de les y accompagner et d'y rester, tenant à la main un cierge allumé pour les éclairer. Quand le cierge serait consumé jusqu'à sa main, elle devait être mise à mort.

La pauvre Mona dut obéir. Le vieux Morgan était dans une chambre à côté, et de temps en temps il demandait :

— Le cierge est-il consumé ?

— Pas encore, répondait Mona.

Il fit cette demande plusieurs fois. Enfin, lorsque le cierge fut presque entièrement consumé, le jeune marié dit à la nouvelle mariée :

— Allez à présent tenir le cierge, à votre tour.

Comme elle ne connaissait pas les intentions de son beau-père, elle se leva et prit le cierge des mains de Mona, qui se mit au lit à sa place.

Le vieux Morgan demanda encore :

— Le cierge est-il consumé jusqu'à votre main ?

— Répondez oui, lui dit le nouveau marié.

— Oui, répondit la jeune Morgane.

Et aussitôt le vieux Morgan entra dans la chambre, se précipita sur celle qu'il vit tenant à la main un reste de cierge, et lui abattit la tête. Puis il s'en alla.

Au matin, le jeune Morgan, aussitôt levé, se rendit auprès de son père, et lui parla de la sorte :

— Je viens vous demander de me laisser me marier, mon père.

— Te laisser te marier ? Ne t'es-tu donc pas marié hier ?

— C'est vrai, mais ma femme est morte, mon père.

— Ta femme est morte ? comment cela ? Tu l'as donc tuée, malheureux ?

— Ce n'est pas moi qui l'ai tuée, mon père, mais vous-même.

— Moi qui l'ai tuée ?...

— Oui, mon père : n'avez-vous pas, hier soir, abattu la tête à la femme qui tenait le cierge allumé auprès de mon lit ?

— Oui, mais c'était la fille de la terre.

— Non, mon père, c'était la jeune Morgane que je venais d'épouser, et, si vous ne le croyez pas, il vous est facile de vous en assurer, car son corps est encore dans ma chambre.

Le vieux Morgan courut à la chambre de son fils et reconnut son erreur. Sa colère fut grande, et peu s'en fallut qu'il ne tuât son fils lui-même.

— Qui donc veux-tu prendre pour femme ? demanda-t-il le lendemain à son fils, quand il se fut un peu apaisé.

— La fille de la terre, mon père.

Le père comprit enfin qu'il cherchait en vain à guérir son fils de cet amour, et il finit par le laisser épouser la fille de la terre.

Le jeune Morgan était plein d'attentions pour sa femme. Il la nourrissait de petits poissons délicats et lui faisait des colliers et des bracelets de perles fines, et lui procurait tous les jours de jolis coquillages et les plantes marines les plus belles et les plus rares. Malgré tout cela, Mona s'ennuyait et désirait revenir sur la terre pour revoir son île et son père et sa mère dans leur petite chaumière au bord de la mer. Le Morgan ne voulut pas la laisser partir, car il craignait qu'elle ne revînt pas. Elle tomba alors dans une grande tristesse, et ne faisait que pleurer nuit et jour. Voyant cela, son époux lui dit un jour :

— Souris-moi un peu, et je te conduirai jusqu'à la maison de ton père.

Mona sourit, et le Morgan, qui était aussi magicien, dit alors :

— *Pontrail*, élève-toi !

Et aussitôt un beau pont s'éleva, pour aller du fond de la mer jusqu'à la terre. Le vieux Morgan voyant cela, et sentant que son fils en savait déjà aussi long que lui, en fait de magie, dit :

— Je veux aller aussi avec vous.

Ils s'engagèrent tous les trois sur le pont, le vieillard derrière et les deux autres le précédant de quelques pas. Mais le jeune Morgan ayant mis pied à terre, avec sa femme, se détourna et dit :

— *Pontrail*, retourne.

Et aussitôt le pont redescendit au fond de l'eau et avec lui le vieux Morgan, qui était encore dessus.

Le Morgan ne pouvant accompagner sa femme dans la maison de son père, la laissa aller seule et lui fit ces recommandations, avant de se séparer d'elle :

— Reviens au coucher du soleil et tu me trouveras ici t'attendant. Mais ne te laisse embrasser, ni même prendre la main par aucun homme, autrement tu me rendras bien malheureux...

Mona promit, et courut à la maison de son père, qui n'était pas éloignée du rivage. C'était l'heure du dîner, et toute la famille se trouvait réunie.

— Bonjour, père et mère, bonjour, frères et sœurs, dit-elle, en entrant dans la pauvre chaumière.

Les bonnes gens ouvraient de grands yeux, et la regardaient, étonnés, et aucun d'eux ne la reconnaissait pour sa fille ou sa sœur. Elle était si belle, si grande et si bien parée !... Cela lui fit beaucoup de peine, et les larmes lui en vinrent aux yeux : puis elle se mit à faire le tour de la maison, touchant chaque objet de la main et disant :

— Voici pourtant le galet sur lequel je m'asseyais au foyer, voici le lit où je couchais, voici le pichet avec lequel j'allais puiser de l'eau à la fontaine, voici le balai avec lequel je balayais la maison, voici l'écuelle de bois où je mangeais ma soupe.

Son frère, en entendant tout cela, finit par la reconnaître, et il se jeta à son cou pour l'embrasser, et son père et sa mère et ses sœurs en firent autant. Et les voilà tous heureux. Mais à partir de ce moment Mona perdit complètement le souvenir de son mari le Morgan, et de son séjour sous les eaux. Elle resta avec ses parents, et bientôt les amoureux ne manquèrent pas de fréquenter sa maison et d'aspirer à sa main. Mais elle ne les écoutait guère et ne désirait pas se marier.

La famille avait, comme tous les habitants de l'île, un coin de terre où l'on mettait des pommes de terre et semait de l'orge, et cela leur suffisait pour vivre bien modestement, mais contents de leur sort, avec la contribution journalière qu'on prélevait sur la mer, poissons et coquillages. Il y avait devant la maison une petite aire, avec une meule de paille d'orge. Souvent, quand elle était couchée dans son lit, pendant que le vent mugissait et que les vagues hurlaient en se brisant contre les rochers du rivage, Mona avait cru entendre des gémissements plaintifs près de sa porte : mais elle croyait que c'étaient de pauvres âmes de naufragés qui demandaient des prières aux oublieux vivants, et elle récitait quelques *De profundis ;* puis elle plaignait les pauvres matelots qui étaient en mer et se rendormait.

Mais, une nuit, elle entendit distinctement ces paroles, prononcées par une voix plaintive, à fendre l'âme :

— O Mona, vous avez donc oublié votre époux le Morgan, qui vous aime tant ; qui vous a sauvée de la mort et vous a ramenée du fond de la mer, pour voir votre père et votre mère, vos frères et vos sœurs ? Vous m'aviez pourtant bien promis de revenir ; et je vous attends depuis si longtemps, et je suis si malheureux sans vous... !

Alors Mona se rappela tout subitement. Elle se leva à la hâte, sortit, et trouva le Morgan qui se lamentait ainsi près de la meule de paille. Elle se jeta dans ses bras... et depuis on ne la revit plus !

F. M. Luzel.

Ce conte est extrait d'un article intitulé *Voyage à l'île d'Ouessant*, publié dans la *Revue de France*, mars et avril 1874.

XIII

SOEUR ET MI-SOEUR

(CONTE DE MULHOUSE.)

Il y avait une fois une femme qui avait deux filles, l'une était née du premier mariage de son mari, et l'autre était son propre enfant à elle. Mi-sœur était un jour à filer près du puits, quand son fuseau tomba dans l'eau et la mère la battit cruellement. Elle retourna au puits et voulut rattraper son fuseau, mais la marâtre lui donna une poussée, si bien que la pauvre petite fille tomba dans le puits.

Et au fond elle arriva dans un grand et magnifique jardin. Comme elle s'en allait toute en pleurs, le poirier lui dit : — Fillette, pourquoi pleures-tu ainsi ? La fillette répondit : — N'ai-je pas raison de pleurer ? Ma petite mère m'a donné une poussée, si bien que je suis tombée dans le puits !

Le poirier lui dit : — Fillette, étends ton tablier, je vais te donner quelques poires. Et la fillette reçut de lui les plus belles poires.

Ensuite elle arriva au prunier : le prunier lui dit : — Fillette, pourquoi pleures-tu ainsi ? La fillette répondit : N'ai-je pas raison de pleurer ? Ma petite mère m'a donné une poussée, si bien que je suis tombée dans le puits. Le prunier lui dit : — Étends ton tablier : je vais te donner des prunes. Et il secoua dans son giron ses plus belles prunes. Et la bonne petite fille en eut autant avec les autres arbres.

Finalement elle arriva à un grand Château tout d'or. et elle pleurait toujours à chaudes larmes. Une blanche madame regardait par la fenêtre : elle lui demanda : — Fillette, pourquoi pleures-tu ? — N'ai-je pas raison de pleurer ? Ma petite mère m'a donné une poussée, si bien que je suis tombée dans le puits. — Sais-tu quoi ? dit la dame : tu peux passer la nuit chez moi ; mais d'abord dis-moi, où préfères-tu manger : avec le petit chien et avec le petit chat ? ou avec le monsieur et la dame ?

La fillette répondit modestement : — Avec le petit chien et le petit chat. Je voudrais ne gêner personne.

Et puis pourtant on lui permit de manger avec le monsieur et la dame.

La dame lui dit : — Où préfères-tu coucher ? avec le petit chien et le petit chat ? ou avec le monsieur et la dame ? La petite fille répondit : — Avec le petit chien et le petit chat.

Et justement on lui permit de coucher avec le monsieur et la dame.

Le lendemain la dame lui dit : — Comment préfères-tu être voiturée chez toi ? Dans une voiture barbouillée de poix et de résine ? ou dans une toute d'argent et d'or ? La fillette répondit : — Dans une barbouillée de poix et de résine. Mais il lui fut permis de s'en retourner dans un carrosse d'argent et d'or.

Comme elle arrivait à la maison, sa petite sœur qui regarde par la fenêtre, se met à frapper des mains et s'écrie :

O Bidi bidi boum !
Ma petite sœur arrive,
Et lourdement chargée,
Avec argent et or.
Je veux aller l'aider à décharger.
O Bidi bidi boum !

Quand la méchante mère eut vu que Mi-sœur était arrivée à de si grands honneurs, elle dit à son propre enfant : — Sais-tu quoi, Annette ? Jette-toi aussi, ton fuseau dans le puits et saute après ! Qui sait ? Peut-être t'en arrivera-t-il là en bas comme à ta petite sœur, et pourras-tu revenir dans une voiture d'or.

Mais celle-ci était une enfant méchante et opiniâtre. A peine la mère a-t-elle fini de parler que déjà le fuseau est en bas dans le puits et que la petite fille saute après et arrive dans le beau grand jardin dont je vous ai déjà parlé. Le soleil brillait d'un éclat d'or et les roses et les lis.... non ! c'était une vraie splendeur. La petite fille arrive au poirier et dit : — Allons, toi ! donne-moi aussi quelques poires! Mais elle attendit longtemps et le poirier ne bougeait pas. Elle va plus loin et arrive au prunier et elle dit : — Allons, prunier, donne-moi aussi quelques prunes. Mais qui ne lui donna rien ? Ce fut le prunier, et ce que les autres arbres firent, je n'ai pas besoin de vous le raconter.

Tout au fond du jardin, la blanche dame regarde de nouveau hors de son palais et dit : — Fillette, où vas-tu ? D'où viens-tu ? Que demande ton petit cœur. — Je veux entrer, je veux manger, je veux dormir dans un petit lit d'or et je veux m'en retourner dans un petit carrosse d'or.

La madame peut à peine retenir son rire, et continue ses questions. — Avec qui préfères-tu manger: avec chien et chat ou avec maître et dame ? — Eh mais ! avec maître et dame, cela s'entend. Et là-dessus elle fut obligée, par punition, de manger avec chien et chat.

Un peu plus tard la madame demande de nouveau : — Auprès de qui aimes-tu mieux dormir ? auprès de chien et chat, ou auprès de maître et dame ? — Eh mais ! auprès de maître et dame, cela s'entend. — Mais qui fut obligé de dormir avec chien et chat ? Ce fut ma méchante fillette.

Le lendemain, quand elle se lève, la madame lui dit : — Comment préfères-tu rentrer chez toi ? dans le carrosse barbouillé de poix et de résine, ou dans le carrosse d'or et d'argent ? — Eh mais ! dans le carrosse d'or, s'écrie-t-elle. Mais en punition, elle fut obligée de rentrer dans le carrosse barbouillé de résine.

Ce que la mère dit, quand son enfant revint dans la voiture barbouillée de poix, avec honte et moquerie, et quelle figure elle fit alors ? Oui ; j'aimerai bien vous le dire, mais mon arrière-grand'mère, qui a été assez bonne pour me raconter la petite histoire, commençait à avoir mauvaise mémoire et elle n'a pas pu s'en rappeler davantage.

Auguste STŒBER, *Elsœssisches Volksbüchlein*.

XIV

LE PAYS DES MARGRIETTES

(CONTE DE LA BASSE-NORMANDIE.)

Il y avait une fois un roi et une reine qui n'avaient pas d'enfant, mais qui tenaient beaucoup à en avoir. A la fin il leur en vint un. On célébra le baptême avec une grande solennité. Toutes les fées du voisinage y furent invitées, mais l'une d'elles qu'on avait oubliée se vengea en donnant à l'enfant un visage de singe. Toutefois cette difformité ne devait durer que jusqu'à son mariage et quinze jours après.

Le roi et la reine étaient au désespoir ; on attendait avec impatience le temps où on pourrait le marier. Ce moment arriva enfin…, enfin pour les parents, car le prince n'y mettait pas d'empressement, sachant que sa figure de singe n'était guère propre à le faire aimer.

Ses parents, qui tenaient beaucoup à le voir changer de figure, lui remirent une pomme d'orange.

— Tu la donneras à celle des filles du pays qui te conviendra le mieux.

Puis le roi fit battre par le tambour de ville que toutes les filles à marier eussent à se présenter devant le palais, pour que le prince pût se choisir une épouse, entre elles.

Les jeunes filles n'étaient pas trop contentes, les riches surtout, à l'idée d'avoir pour mari un homme à tête de singe, comme était le fils du roi. Mais il n'y avait rien à faire, il fallait obéir. Elles arrivèrent donc toutes dans la cour du palais. Le prince les passa en revue ; celles devant lesquelles il avait passé sans leur donner la pomme d'orange se sauvèrent bien vite, heureuses d'être débarrassées. Le prince, qui lisait ce sentiment sur les visages, refusa de choisir entre elles et les congédia toutes.

Cela ne faisait l'affaire ni du roi ni de la reine, puisque ainsi, leur fils courait risque de rester singe toute sa vie. Comme ils lui faisaient des remontrances, deux militaires amenèrent une jeune fille, une pâtoure, fort mal habillée, qui n'avait pas osé désobéir au roi en ne se montrant pas, mais s'était dissimulée derrière un arbre pour n'être pas aperçue. On la dénonçait comme s'étant soustraite à l'ordre qui avait été donné à toutes les filles du pays.

Le prince la regarda ; il n'y avait dans ses yeux ni dégoût ni dédain. Il y avait de la modestie et de la sympathie. Son regard semblait dire : « Je ne suis pas digne que le prince me choisisse, mais je le plains et je me sens toute disposée à l'aimer. » Le prince lui donna la pomme d'orange.

Il fallut la décrasser d'abord. On lui fit prendre un bain, on lui donna une belle robe de princesse, des colliers, des chaînes d'or. Ses compagnes ne l'auraient pas reconnue, mais elle avait toujours ce bon et doux regard qui avait séduit le prince au premier abord. Il accepte avec joie cette charmante épouse. On fait une noce solennelle, une belle noce. Il n'y avait personne qui ne se mît aux portes pour la voir passer.

La jeune femme aurait été la plus heureuse des

femmes, n'eût été le visage de son mari; il était empressé, attentif; du reste, elle sentait qu'elle l'aimait beaucoup, mais elle l'eût aimé encore bien davantage sans sa figure de singe.

Quand il était couché la nuit auprès d'elle dans l'obscurité, il lui semblait qu'il n'avait plus cette affreuse figure. Une nuit, elle n'y tint plus, elle résolut de s'en assurer. Elle se lève tout doucement nu-pieds, va chercher une bougie, et sûre que son mari dort, elle le regarde.

C'était le plus beau prince du monde. Elle n'aurait jamais osé rêver tant de beauté et tant de grâce dans un mari. Dans sa joie elle fait un mouvement, une goutte brûlante de bougie tombe sur la figure du prince, il se réveille.

— Malheureuse, lui dit-il, je n'avais plus que quinze jours de pénitence à faire et j'aurais toujours été tel que tu me vois. Ta curiosité nous fait bien du mal à tous deux. Maintenant il faut absolument que je parte.

— Il faut que tu partes? Où vas-tu donc?

— Dans le pays des Margriettes [1]. Adieu!

— Et tu ne m'emmènes pas?

— Non, tu ne peux pas me suivre.

Il partit donc, mais sa jeune femme ne pouvait plus vivre sans lui, et un beau jour elle se mit en route pour aller le rejoindre au pays des Margriettes. Mais elle ne savait pas de quel côté était ce pays. Elle rencontra une vieille petite bonne femme toute courbée et appuyée sur son bâton.

— Ma bonne dame, ne pourriez-vous pas me dire où se trouve le pays des Margriettes?

[1] Des marguerites.

— Ma pauvre petite, ce doit être loin, bien loin, car je n'en ai jamais entendu parler. Mais tenez, voilà trois noisettes ; quand vous aurez besoin de quelque chose, cassez-les, cela pourra vous servir.

La jeune femme remercie la vieille et poursuit son chemin. Après avoir marché bien longtemps encore, elle rencontre une autre vieille.

— Pourriez-vous m'enseigner le pays des Margriettes, ma bonne dame ?

— Ma chère petite, je ne connais pas ce pays-là. Il faut qu'il soit bien loin, bien loin, car je n'en ai jamais entendu parler. Mais prenez ces trois noix-là. Cela pourra vous servir, seulement ne les cassez qu'en cas de besoin.

La jeune femme remercia la vieille et continua son chemin. Mais il y avait bien longtemps qu'elle marchait. A un certain moment elle se sentit lasse et s'assit sur le bord d'une haie. Une bonne femme qui passait par là lui dit :

— Vous avez l'air bien fatigué. Vous venez de loin, sans doute ?

— Oh oui ! de bien loin. Je voudrais aller au pays des Margriettes. Ne pourriez-vous pas m'indiquer le chemin ?

— Non, lui répondit la vieille. Je ne sais pas ce que c'est que le pays où vous voulez aller. Mais prenez toujours ces trois marrons. Cela pourra vous servir.

Ces trois vieilles étaient les fées protectrices de la jeune femme ; seulement, elle n'en savait rien.

Elle remercia la vieille et voulut reprendre son chemin à travers la forêt ; mais elle était si fatiguée, si fatiguée, qu'elle ne savait plus mettre un pied l'un devant l'autre. Le soir, elle aperçoit une chaumière où il y avait du feu. Elle se dirige de ce côté. Une vieille femme était assise devant la porte.

— Je n'en puis plus de fatigue. Ne pourriez-vous pas me permettre de me reposer chez vous et d'y coucher ?

— Certainement, ma brave femme. Entrez et reposez-vous.

On lui sert une bonne soupe, on lui donne un bon lit.

— Dormez bien et reposez-vous, lui dit la vieille, vous reprendrez votre route demain matin.

La pauvre jeune femme tombait de sommeil ; elle s'endormit tout de suite. Le lendemain, on lui demanda où elle allait.

— Au pays des Margriettes. Savez-vous où c'est ?

— Non, mais mon cochon le sait. Il y va souvent et revient chargé de toutes sortes de choses précieuses. Seulement, il part tout seul le matin, tantôt à une heure, tantôt à une autre, et l'on ne peut savoir d'avance à quel moment précis il fera le voyage.

— Eh bien ! mettez-moi à coucher avec votre cochon. Quand il bougera, je m'éveillerai et je le suivrai.

On lui dit que cela n'est pas raisonnable. On l'engage à se coucher dans un bon lit ; la vieille l'éveillera le lendemain. La jeune voyageuse s'obstine. Il faut céder à la fin. On lui fait un lit avec de la paille fraîche ; elle se couche sans se déshabiller et s'endort, mais d'un œil seulement. Dans le haut de la nuit, elle entend le cochon qui s'éveille, se secoue et s'en va en faisant : tron ! tron !

La jeune femme sort avec lui ; elle le suit, et, de bon matin, ils arrivent devant un magnifique château où tout plein de gens allaient et venaient, comme s'il s'y passait quelque chose d'extraordinaire. Elle aperçoit une petite pâtoure et lui dit :

— Ma petite, ne pourriez-vous me dire ce que c'est que ce château et ce qu'on y va faire ?

— Madame, c'est le château des Margriettes, et la demoiselle va se marier avec un jeune et beau prince qui est arrivé ici il n'y a pas longtemps.

— Si c'était mon mari ? pensa-t-elle. Veux-tu changer d'habit avec moi, ma petite ?

— Oh ! Madame, ne vous moquez pas de moi.

— Je ne me moque pas, je parle sérieusement. Veux-tu troquer tes habits contre les miens ?

— Une princesse comme vous !

— J'ai été pâtoure avant d'être princesse. Changeons d'habits, te dis-je. Crains-tu de perdre au change ?

La paysanne toute confuse se déshabille. La jeune dame se revêt du costume de la bergère, en lui laissant le sien, puis elle va se présenter au château, et demande si on n'a pas besoin d'une servante.

— Nous avons assez de serviteurs, lui répondit-on.

Elle insiste. Pendant cette discussion, la demoiselle passe et ordonne que l'on retienne la petite pâtoure.

— Mais elle dit qu'elle n'a encore servi nulle part ! Elle ne saura rien faire.

— Elle saura toujours bien tourner la broche.

La voilà admise dans la cuisine en qualité de tourne-broche. Elle va et vient dans le château. Les apprêts de la noce se poursuivent. Elle a reconnu son mari. Mais comment s'approcher de lui ? comment se faire reconnaître ?

Elle se souvient alors des présents qui lui ont été faits par les vieilles. Elle pèle ses trois châtaignes. Elles se transforment en un beau rouet tout en or, diamants et pierreries. L'une devient le corps du rouet, la seconde la quenouille, la troisième la tête avec la

broche, le fuseau et tout ce qui s'ensuit. La princesse
voit ce rouet et l'admire.

— Qui a apporté cela ? dit-elle.

— Moi, dit la tourneuse de broche.

— Veux-tu me le vendre ?

— Je ne le vends pas, il faut le gagner.

— Que veux-tu qu'on fasse pour le céder ?

— Je veux coucher avec le prince cette nuit même
à la place de la mariée.

Vous jugez comme on se récrie ! La jeune femme
n'en démord pas. On se consulte, on voudrait bien ne
pas laisser échapper ce rouet. Mais la mariée ne veut
pas consentir à laisser son mari coucher avec cette
fille de cuisine.

— Tu as tort, lui dit sa mère. Nous ferons prendre
au prince de l'*endormillon*. Il s'endormira aussitôt
qu'il sera couché, et le rouet nous restera.

— Eh bien, soit ! dit-on à la fille de cuisine. Donne-
nous ton rouet et tu coucheras avec le prince.

Pendant le souper, on fait prendre au prince un
breuvage soporifique ; aussitôt qu'il est au lit, il s'endort. La jeune femme fait du bruit, chante, crie ; elle
le pince, rien n'y fait, il dort jusqu'au jour. Seulement ceux qui couchaient tout près de là se plaignent
du tapage qu'on a fait dans la chambre du prince et
demandent en grâce qu'une autre fois on les laisse
dormir.

La jeune femme, dépitée, mais non découragée, se
retire dans le petit réduit qu'on lui a assigné, et là elle
casse ses trois noisettes. Il en sort un superbe trô [1]
tout en or et en pierreries. La première noisette four-
nit le pied, la seconde les quatre bras, la troisième la

---

[1] Sorte de dévidoir.

manivelle pour le faire tourner. On parle de ce superbe trô à la dame du château. Elle vient le voir.

— Qui a apporté cela ? demande la dame.

— Moi, Madame, répond l'aide de cuisine.

— Veux-tu me le vendre ?

— Je ne le vends pas, il faut le gagner.

— Que faut-il faire pour le gagner ?

— Me permettre de coucher encore aujourd'hui avec le prince.

On lui objecte que c'est extravagant. La mariée déclare qu'elle se repent d'avoir consenti une première fois ; elle ne consentira pas une seconde. Sa mère parvient à la calmer. On fera prendre cette fois encore de l'endormillon au prince, et le trô sera gagné.

La princesse cède encore cette fois, et cette nuit se passe comme la première. Le prince dort d'un sommeil de plomb, et la jeune femme essaie en vain de le réveiller en pleurant, en criant, en faisant tout le bruit possible.

Les domestiques, que cela empêche de dormir, sont fort mécontents. Ils se plaignent au chef de cuisine, qui se charge de faire entendre leurs doléances. Il va en effet trouver le prince.

— Prince, lui dit-il, il se passe quelque chose de bien extraordinaire la nuit dans votre chambre. Ce n'est pas votre femme qui couche avec vous, mais sa petite aide de cuisine, et elle fait toutes les nuits un bruit à empêcher tout le monde de dormir.

— En effet, pense le prince. Je me sens tellement lourd tous les soirs, quand je me mets au lit, qu'il doit y avoir quelque chose là-dessous. Certainement, on me fait prendre de l'endormillon. Mais si l'on m'en apporte la prochaine fois, je ne dirai rien, je le jetterai dans la ruelle du lit, je ferai semblant de dormir, et je verrai ce qui arrivera.

La jeune femme voulut faire une troisième tentative. Il lui restait les trois grosses noix ; elle les cassa et elle vit apparaître devant elle un superbe dévidoir, plus riche encore et plus beau que le rouet et le trô. La première forma le pied, la seconde les quatre bras et la troisième les quatre fillettes. Le rouet et le trô n'étaient rien auprès du dévidoir.

La dame en fut émerveillée, et proposa de nouveau à la petite tourne-broche de le lui vendre.

— Je ne le vends ni pour or, ni pour argent.

— Que veux-tu donc ?

— Coucher une troisième fois avec le prince.

— Tu y as déjà couché deux fois, et tu n'en es pas plus avancée.

— Je veux essayer une troisième.

Après avoir longtemps hésité, la mère et la fille consentirent encore une fois, la dernière, se promettant bien d'user de l'endormillon comme les deux premières nuits.

A peine le prince était-il au lit, qu'on lui apporta la liqueur soporifique. Il ne dit rien, et fit semblant de l'avaler, mais il la jeta à la ruelle et ferma les yeux comme s'il dormait.

Sa femme, l'ancienne, vint alors se placer à côté de lui. Dès les premiers mots qu'elle prononça, il la reconnut. Jusqu'alors il ne l'avait pas regardée sous ses vêtements d'aide de cuisine.

— Comment, ma femme chérie, c'est toi qui viens me retrouver ici ! Comment as-tu fait pour me découvrir ? Elle lui raconta tout ce qui s'était passé et comment elle était parvenue à trouver le pays des Margriettes.

Le prince fut aussi enchanté de ce témoignage d'amour que de la beauté de la jeune femme, qu'il trouvait fort supérieure à celle de la fille du château. Il s'était marié avec elle par complaisance et ne s'était jamais donné la peine ni de connaître ses sentiments, ni même de la bien regarder. Il ne voulut plus dès lors entendre parler de son second mariage. Mais comment se libérer ?

— Ne dis rien, dit-il à sa femme, je tâcherai d'arranger tout.

Le lendemain, quand tout le monde fut assemblé, parents de la fiancée, invités à la noce et autres, le prince leur dit :

— Messieurs et mesdames, il m'arrive aujourd'hui une drôle d'aventure. J'avais fait faire dans le temps une clé pour mon secrétaire, puis je l'avais perdue. Comme je ne pouvais pas rester sans ouvrir mon secrétaire, j'avais fait faire une nouvelle clé. Mais voilà que je viens de retrouver la vieille, au moment où je me suis pas encore servi de l'autre. Laquelle vaut-il mieux garder, de la vieille ou de la neuve ? La vieille, n'est-ce pas, dont j'ai fait usage et que je connais bien. N'êtes-vous pas de cet avis-là ?

— Certainement, répondit-on ; il vaut beaucoup mieux garder la vieille, celle dont on avait l'habitude de se servir, et qui convient le mieux à la serrure.

— Je suivrai votre conseil. Ma vieille clé que j'avais perdue, la voilà, dit-il, en montrant la jeune aide de cuisine. Je l'ai retrouvée, et je la reprends, suivant le conseil que vous m'avez donné.

JEAN FLEURY, *Littérature orale*
de la Basse-Normandie.

XV

LE NAVIRE DES FÉES

(CONTE DE MARIN.

Inédit.

Il était une fois à Saint-Cast un jeune capitaine qui n'avait pas de navire à commander. Il faisait pourtant démarches sur démarches, allait voir les armateurs et leur proposer ses services ; mais bien qu'il fût connu pour un bon marin, il ne trouvait pas de commandement. Un jour qu'il était encore allé à Saint-Malo sans avoir mieux réussi que les autres fois, il se mit tard en chemin pour retourner à pied à son village, et quand la nuit vint à tomber il n'était pas loin du bois que traverse la grande route.

— Ah ! dit-il, j'aurais mieux fait de rester à coucher à Saint-Malo ; car il faut que je passe par le bois de Pontual, et on raconte qu'à la nuit close on est exposé à y faire de mauvaises rencontres.

Il força le pas, et entra dans le bois ; quand il fut au milieu, il entendit du bruit, et s'étant arrêté pour écouter, il ouït une voix qui criait : « A mon aide ! à mon aide ! au secours ! »

— Ah ! pensa-t-il, c'est peut-être quelqu'un que les voleurs veulent tuer ; mais il ne sera pas dit que j'aurai laissé périr une créature sans essayer de la secourir.

Il courut à l'endroit d'où partaient les cris, et vit une bonne femme qui se défendait de son mieux contre cinq hommes qui essayaient de la tuer. Il se mit à côté d'elle, et à eux deux ils tuèrent les voleurs.

Quand ils furent sortis du bois, la vieille, qui était une fée, lui dit :

— Capitaine, vous avez bon cœur, et vous en serez récompensé : si j'avais voulu, j'aurais bien tué toute seule les cinq voleurs ; car j'ai assez de pouvoir pour cela ; mais je voulais voir si vous étiez courageux et secourable aux pauvres gens.

Aussitôt elle disparut ; le capitaine continua sa route et arriva à Saint-Cast sans accident.

Le lendemain, il vit entrer dans sa maison une belle dame qu'il ne connaissait point, et qui lui dit :

— C'est moi qui suis la bonne femme d'hier, que vous avez secourue dans les bois de Pontual. Je suis fée, et je sais que vous reveniez de Saint-Malo où vous aviez vainement cherché un navire à commander. Il est inutile que vous fassiez de nouvelles démarches : je vous donnerai le commandement d'un navire, d'un beau, et jamais personne n'aura vu son pareil.

Le capitaine remercia la dame de son mieux, puis il l'invita à dîner avec lui. Quand le repas fut fini, elle lui dit :

— A votre tour venez avec moi ; je suis une des fées de la Houle[1] de Saint-Briac, et c'est auprès de ma grotte que vous verrez votre navire.

Le capitaine suivit la dame, et quand ils furent au bord de la mer, elle lui prit la main, et tous les deux marchaient sur les vagues comme sur une grande

---

[1] Caverne au bord de la mer.

route, l'eau ne mouillait pas même les semelles de leurs souliers. Ils arrivèrent à la Houle, et la fée montra au capitaine le navire qui lui était destiné. La coque était toute en or, les mâts aussi, ainsi que les vergues et les poulies, et les cordages étaient tressés en fil d'or. Il n'était pas encore tout à fait prêt, et les orfèvres de la Houle étaient occupés à le terminer.

Il était si brillant que le capitaine pouvait à peine le regarder.

— Quand sera-t-il fini, ce beau navire ? demanda-t-il à la fée qui l'avait amené.

— Pourquoi me faites-vous cette question ?

— C'est afin d'avoir le temps de former un équipage pour monter le navire lorsqu'il sera achevé.

— Ne vous inquiétez pas, dit la fée, votre équipage est fait, et je vais vous le montrer.

Elle lui frotta le tour des yeux avec de la pommade ; aussitôt il vit au moins trente petits fions [1] qui étaient habillés comme des amiraux, et elle lui dit en les montrant du doigt :

— Capitaine, ce sont ces petits hommes qui seront vos matelots ; dans trois jours le navire sera paré, vous pourrez partir, et ils vous aideront à le conduire, car ce sont de fins marins. En attendant, venez dîner avec moi et les autres habitants de la Houle.

Le capitaine suivit la fée : elle lui fit traverser une longue suite d'appartements brillants comme de l'or, et ils finirent par arriver dans une grande salle où était dressée une belle table ; c'était autour d'elle que les fées, les faitauds [2] et les fions venaient s'asseoir pour prendre leurs repas. Le capitaine regarda par la fenêtre, et vit dans une cour des fions et des faitauds armés

---

[1] Les fions sont des fées mâles de petite taille.
[2] On appelle faitauds les maris ou les fils de fées.

d'épées et de baïonnettes, et qui faisaient l'exercice :

— Pourquoi, demanda-t-il, s'exercent-ils ainsi?

— Ce sont nos soldats, répondit la fée, et ils se préparent à aller se battre avec les fées de Chêlin[1] qui nous ont déclaré la guerre.

Lorsque les faitauds et les fions eurent fini de manœuvrer, ils jouèrent de la musique avec leurs épées, puis tout le monde entra dans la salle pour y dîner. Ce jour-là il y avait une grande fête à la Houle, car la reine des fées venait d'avoir un garçon et on célébrait sa naissance.

Le repas terminé, le capitaine voulut s'en aller; la fée qui l'avait amené et qui se nommait la fée Gladieuse, vint le conduire jusqu'à la porte de la grotte, et avant de le quitter elle lui dit :

— Voici des bottes que vous mettrez pour passer la mer; tant que vous en serez chaussé, vous pourrez aller sur terre et sur mer, partout où vous voudrez. Demain vous reviendrez ici, pour prendre le commandement du navire.

Le capitaine remercia la fée, puis ayant chaussé les bottes il marcha sur les vagues de la mer comme sur une grande route, et il arriva à Saint-Cast. Mais quand il entra dans sa maison, il n'y trouva plus rien : ses parents qui l'avaient vu passer la mer, le croyaient noyé et ils avaient enlevé son mobilier. Il alla le leur demander, mais ils le prirent d'abord pour un revenant; quand il leur eut montré qu'il était un homme en chair et en os, il leur raconta qu'il avait trouvé un navire à commander. Il leur fit cadeau de son mobilier, puis après avoir embrassé son père et sa mère, il partit.

Il se rendit à la pointe de l'Isle, et ayant chaussé ses bottes, il traversa la mer sans se mouiller. Son

---

[1] Chêlin est une houle ou grotte de Saint-Cast.

navire était tout près de la Houle, appareillé et prêt à partir. Il monta à bord, et la fée Gladieuse qui était sur le pont, lui dit :

— Ce navire naviguera sous la mer comme sur la mer, dans l'air comme dans l'eau, à votre volonté.

Elle descendit ensuite à terre, et les matelots de la Houle arrivèrent à bord ; à l'instant le vent gonfla les voiles, et le vaisseau partit comme l'éclair.

Il marchait aussi vite que le vent qui soufflait toujours derrière lui : jamais ils ne couraient de bordées, jamais ils n'avaient vent debout, et personne n'avait besoin de tenir la barre ni d'amurer les voiles : un faitaud que personne ne voyait, dirigeait tout comme il voulait. Au bout de quinze jours, il conduisit le navire dans un port, et l'ancre fut aussitôt jetée.

Ce port était dans une île où demeuraient des fées et des faitauds, et ils accueillirent de leur mieux le capitaine et son équipage.

Le lendemain de l'arrivée à l'île, pendant que tous les matelots étaient à terre et que seul le capitaine se trouvait à bord, le faitaud se montra à lui et lui dit :

— C'est moi qui, par mon souhait, ai fait entrer le navire dans ce port ; c'est moi qui l'ai conduit jusqu'ici, et vous n'avez pas eu grand mal à le gouverner, puisqu'il marchait toujours vent arrière. Maintenant vous allez embarquer des faitauds pour nous aider à combattre les fées de Chêlin.

— Très bien, Monsieur le faitaud ; à l'instant je vais descendre à terre, et prendre des passagers suivant vos ordres.

— Dès qu'ils seront à bord, dit le faitaud, vous ferez voile pour Saint-Briac ; mais je vais quitter le navire, qui désormais ne marchera que par votre commandement. Voici un petit sifflet que je vous donne : aussitôt que vous serez à terre, vous n'aurez qu'à siffler, et aussitôt vos matelots et les faitauds qui doivent prendre part à la guerre, se rendront à votre bord.

Le capitaine descendit dans l'île, et, dès qu'il eut sifflé, cinq cents faitauds et les trente fions qu'il avait amenés sautèrent à bord. En moins de dix minutes, le navire fut appareillé, et il sortit du port. Pendant toute la traversée, il eut encore vent arrière, et moins de trois semaines après le départ, il arriva à Saint-Briac.

Les cinq cents faitauds débarquèrent et entrèrent dans la Houle où ils furent bien reçus. Trois jours après ils partirent en guerre contre les fées de Chélin ; mais elles ne furent pas les plus fortes et elles demandèrent la paix.

La guerre fut terminée et il y eut de grandes réjouissances à la Houle de Saint-Briac ; le capitaine ramena les faitauds dans leur île, puis il alla à Anvers prendre pour les fées un chargement de charbon de terre. Elles étaient bien contentes de lui, et quand il revint, elles lui payèrent cent mille francs pour son voyage.

Deux jours après, le navire reprit le large ; pendant trois ans il navigua sur les mers sans toucher à aucune terre, et parfois il n'y avait plus de vivres à bord ; mais alors le capitaine se servait de la baguette que la fée Gladieuse lui avait donnée, et il s'en procurait autant qu'il fallait.

A la fin de la troisième année, ils se trouvèrent en vue d'une petite île, et le capitaine et les fions ses matelots y débarquèrent. Il y avait dans les arbres des fruits de toute sorte, les ruisseaux étaient de vin, de cidre et de tout ce qui était bon à boire, et la terre était couverte de pierres d'or et de diamants. Les fions goûtèrent à tout, puis ils chargèrent le navire de diamants et de pierres d'or. Comme ils étaient prêts à partir, ils virent venir un bonhomme si vieux, si vieux qu'il paraissait avoir plus de mille ans. C'était le seul habitant de l'île, et il les pria de l'embarquer pour aller à Saint-Briac.

Il était si vilain, si vilain que le capitaine lui-même en avait peur, et il avait raison, car c'était le diable. Dès que le bonhomme fut à bord, il voulut prendre le commandement du navire ; mais le capitaine lui résista et le força à obéir.

Ils remirent à la voile, et quand ils furent en pleine mer, ils furent attaqués par des pirates, qui depuis longtemps couraient après le navire d'or. Deux cents au moins sautèrent à l'abordage, et le vieux diable se mit de leur côté ; mais les fions les tuèrent tous et ils tuèrent aussi le vieux diable. Ils jetèrent les cadavres à la mer ; mais les pirates qui étaient restés à bord de leur navire voulaient mettre le feu aux poudres et se faire sauter avec le navire d'or. Alors le capitaine dit :

— Par la vertu de ma baguette, que mon navire navigue sous les flots comme dessus.

Aussitôt le navire d'or s'enfonça sous la mer, et les pirates ne purent lui faire aucun mal,

Depuis ce temps-là, le diable à qui était soumise la race des fées, et qui se rendait à Saint-Briac pour les punir, ayant été coupé en morceaux par les fions, n'osa plus leur commander, et depuis les fées et les faitauds ne lui appartiennent plus.

Le navire d'or continua son voyage, et il revint à la Houle de Saint-Briac. Les fées et les faitauds furent si contents du chargement que leur apportait le capitaine, qu'ils lui firent épouser la fée Gladieuse, et il vécut heureux avec elle dans la grotte.

J'ai recueilli ce conte au petit port de Saint-Cast
(Côtes-du-Nord).

XVI

LA BOURSE, LE SIFFLET ET LE CHAPEAU

(CONTE LORRAIN.)

Il était une fois trois frères, le sergent, le caporal et l'appointé [1], qui montaient la garde dans un bois.

Un jour que c'était le tour de l'appointé, une vieille femme vint à passer près de lui et lui dit :

— L'appointé, veux-tu que je me chauffe à ton feu?

— Non, car si mes frères s'éveillaient, ils te tueraient.

— Laisse-moi me chauffer et je te donnerai une petite bourse.

— Que veux-tu que je fasse de ta bourse ?

— Tu sauras, l'appointé, que cette bourse ne se vide jamais. Quand on y met la main, on y trouve toujours cinq louis.

— Alors, donne-moi-la.

Le lendemain, c'était le caporal qui montait la garde, la même vieille s'approcha de lui.

— Caporal, veux-tu que je me chauffe à ton feu ?

---

[1] Avant la Révolution, on appelait appointés les soldats qui touchaient une paie plus grosse que les autres.

— Non, car si mes frères s'éveillaient, ils te tueraient.

— Laisse-moi me chauffer, et je te donnerai un
petit sifflet.

— Que veux-tu que je fasse de ton sifflet ?

— Tu sauras, caporal, qu'avec mon sifflet, on fait
venir en un instant cinquante mille hommes d'infan-
terie et cinquante mille hommes de cavalerie.

— Alors, donne-le-moi.

Le jour suivant, pendant que le sergent montait la
garde, il vit aussi venir la vieille.

— Sergent, veux-tu que je me chauffe à ton feu ?

— Non, car si mes frères s'éveillaient, ils te tueraient.

— Laisse-moi me chauffer, et je te donnerai un
beau petit chapeau.

— Que veux-tu que je fasse de ton chapeau ?

— Tu sauras, sergent, qu'avec mon chapeau on
se trouve transporté partout où l'on veut être.

— Alors, donne-le-moi.

Un jour l'appointé jouait aux cartes avec une princesse ; celle-ci avait un miroir dans lequel elle voyait
le jeu de l'appointé : elle lui gagna sa bourse. Il s'en
retourna au bois bien triste, et il sifflait en marchant.
La vieille se trouva sur son chemin.

— Tu siffles, mon ami, lui dit-elle, mais tu n'as
pas le cœur joyeux.

— En effet, répondit-il.

— Tu as perdu ta bourse ?

— Oui.

— Eh bien ! va dire à ton frère de te prêter son
sifflet ; avec ce sifflet tu pourras peut-être ravoir ta
bourse.

— Mon frère, dit l'appointé au caporal, je crois que

si j'avais ton sifflet, je pourrais ravoir ma bourse.

— Et si tu perdais aussi mon sifflet ?

— Ne crains rien.

L'appointé prit le sifflet et retourna jouer aux cartes avec la princesse. Grâce à son miroir, elle gagna encore la partie et l'appointé fut obligé de lui donner son sifflet. Il revint au bois en sifflottant.

— Tu siffles, mon ami, lui dit la vieille, mais tu n'as pas le cœur joyeux.

— En effet, répondit-il.

— Tu as perdu ton sifflet ?

— Oui.

— Eh bien ! demande à ton frère de te prêter son chapeau ; avec ce chapeau tu pourras peut-être ravoir ta bourse et ton sifflet.

— Mon frère, dit l'appointé au sergent, je crois que si j'avais ton chapeau, je pourrais ravoir ma bourse et mon sifflet.

— Et si tu perdais aussi mon chapeau ?

— Ne crains rien.

L'appointé retourna jouer aux cartes avec la princesse, et elle lui gagna son chapeau. Il revint très chagriné et trouva la vieille dans le bois.

— Tu siffles, mon ami, dit-elle, mais tu n'as pas le cœur joyeux.

— En effet, répondit-il.

— Tu as encore perdu ton chapeau ?

— Oui.

— Eh bien ! tiens, voici des pommes ; tu les vendras un louis pièce ; il n'y aura que la princesse qui pourra en acheter.

L'appointé alla crier ses pommes devant le palais. La princesse envoya sa servante voir ce que c'était.

— Ma princesse, dit la servante, c'est un homme qui vend des pommes.

— Combien les vend-il ?

— Un louis pièce.

— C'est bien cher, mais n'importe.

Elle en acheta cinq, en donna deux à sa servante et mangea les trois autres ; aussitôt il leur poussa des cornes, deux à la servante, et trois à la princesse. On fit venir un médecin des plus habiles pour couper les cornes, mais plus il coupait, plus les cornes grandissaient.

La vieille dit à l'appointé.

— Tiens, voici deux bouteilles d'eau, l'une pour faire pousser des cornes, l'autre pour les enlever. Va-t'en trouver la princesse.

L'appointé se rendit au palais et s'annonça comme un grand médecin. Il employa pour la servante l'eau qui faisait tomber les cornes ; mais pour la princesse, il prit l'autre bouteille, et les cornes devinrent encore plus longues.

— Ma princesse, lui dit-il, vous devez avoir quelque chose sur la conscience.

— Rien, en vérité.

— Vous voyez pourtant que les cornes de votre servante sont tombées, et que les vôtres grandissent.

— Ah ! j'ai bien une méchante petite bourse...

— Que voulez-vous faire d'une méchante petite bourse, ma princesse ? donnez-la-moi.

— Vous me la rendrez ?

— Oui, ma princesse, certainement je vous la rendrai.

Elle lui donna la bourse, et il fit tomber une des trois cornes.

— Ma princesse, vous devez encore avoir quelque chose sur la conscience.

— Rien en vérité... J'ai bien un méchant petit sifflet...

— Que voulez-vous faire d'un méchant petit sifflet, ma princesse ? donnez-le-moi.

— Vous me le rendrez ?

— Bien certainement.

Il fit tomber la seconde corne, mais il en restait encore une.

— Vous devez encore avoir quelque chose sur la conscience.

— Plus rien en vérité... J'ai bien un méchant petit chapeau...

— Que voulez-vous faire d'un méchant petit chapeau, ma princesse ? donnez-le-moi.

— Vous me le rendrez ?

— Oui, oui, je vous le rendrai... Par la vertu de mon petit chapeau, que je sois avec mes frères.

Aussitôt il disparut, laissant la princesse avec sa dernière corne. Quand je la vis l'autre jour, elle l'avait encore.

Emmanuel Cosquin, *Contes populaires lorrains*,
n° XI.

XVII

LA BELLE ET LA BÊTE

(CONTE BASQUE.)

Comme souvent dans le monde, il était un roi qui avait trois filles. Il avait l'habitude d'apporter toujours de beaux présents à ses deux aînées ; mais il ne faisait aucune attention à la plus jeune, et pourtant c'était la plus jolie et la plus aimable.

Le roi continuait d'aller de foire en foire, de fête en fête, et à chaque fois il avait l'habitude de rapporter quelque chose pour ses deux filles aînées. Un jour qu'il était sur le point de partir pour une fête, il dit à sa plus jeune fille :

— Jamais je ne vous ai rien rapporté ; dites-moi ce que vous désirez, et vous l'aurez.

Elle répondit à son père :

— Je n'ai besoin de rien.

— Si, si, je veux vous rapporter quelque chose.

— Hé bien ! alors, apportez-moi une fleur.

Le roi partit et il s'occupa à acheter beaucoup de choses : pour l'une un chapeau, pour l'autre une belle pièce d'étoffe pour s'habiller ; à l'aînée il acheta encore un châle, et il revenait à la maison, lorsqu'en passant devant un beau château, il vit un jardin rempli de fleurs. Alors il se dit :

— Quoi ! je revenais sans rapporter une fleur à ma fille ; ici j'en trouverai en quantité.

Il en cueillit quelques-unes ; mais aussitôt qu'il l'eut fait, il entendit une voix qui lui disait :

— Qui vous a donné la permission de prendre ces fleurs ? Vous avez trois filles ; si vous ne m'amenez pas l'une d'elles avant la fin de l'année, vous serez brûlé, en quelque lieu que vous soyez, vous et tout votre royaume.

Le roi revint chez lui : il donna à ses deux filles aînées les présents qu'il apportait et le bouquet à la plus jeune, et celle-ci remercia beaucoup son père. Au bout de quelque temps le roi devint triste ; et sa fille aînée lui dit :

— Qui vous fait avoir du chagrin ?

— Si l'une de mes filles ne veut pas aller à tel endroit avant la fin de l'année, je serai brûlé.

— Soyez brûlé si vous voulez, lui répondit sa fille aînée ; pour moi je n'irai pas. Je n'ai aucune envie d'y aller. Arrangez-vous avec mes deux sœurs.

La seconde lui dit aussi :

— Vous semblez chagrin, papa ; dites-moi ce que vous avez ?

Il lui répondit qu'il était obligé d'envoyer l'une de ses filles à tel endroit avant la fin de l'année, car autrement il serait brûlé. Elle lui dit aussi :

— Arrangez vos affaires comme vous voudrez, mais ne comptez pas sur moi.

Quelques jours après, la plus jeune des filles lui dit :

— Qu'avez-vous, mon père, pour être si chagrin ? quelqu'un vous a-t-il fait du tort ?

— Lorsque j'eus cueilli votre bouquet, une voix me dit : il faut que j'aie une de vos filles avant que l'année soit complète, et maintenant je ne sais comment faire, et elle ajouta que je serais brûlé si je n'obéissais pas.

— Mon père, lui répondit la fille, cessez de vous chagriner à ce sujet. C'est moi qui irai.

Et elle monta en voiture et se mit en route aussitôt. Elle arriva au château, et quand elle y entra, elle entendit de la musique et des sons joyeux qui éclataient de tous côtés ; pourtant elle ne voyait personne. Le matin elle trouva son chocolat tout prêt, et son dîner aussi. Elle alla se coucher et ne vit encore personne. Le lendemain matin une voix lui dit :

— Fermez les yeux : je désire poser un moment ma tête sur vos genoux.

— Venez, venez, répondit-elle ; je n'ai pas peur.

Alors apparut un énorme serpent ; sans le vouloir, la jeune dame ne put s'empêcher de trembler un peu. Un instant après le serpent s'en alla ; et la jeune dame vivait très heureuse, et rien ne lui manquait. Un jour la voix lui demanda si elle ne désirait pas aller chez ses parents.

— Je suis très heureuse ici, répondit-elle, je n'ai aucun désir de m'en aller.

— Hé bien, si vous voulez, vous pouvez vous absenter trois jours.

Le serpent lui donna un anneau et lui dit :

— S'il change de couleur, c'est que je serai malade, et s'il devient couleur de sang, c'est que je serai en grand danger.

La jeune dame partit pour la maison de son père. Celui-ci fut très content de la revoir, et ses sœurs lui dirent :

— Vous devez être heureuse là-bas : vous êtes plus jolie qu'auparavant : avec qui vivez-vous ?

Elle répondit : « Avec un serpent » ; mais elles ne voulurent pas la croire. Les trois jours passèrent comme un songe, et elle oublia son serpent. Le quatrième jour, elle regarda son anneau, et elle vit qu'il avait changé. Elle le frotta avec son doigt, et il commença à devenir couleur de sang. A cette vue, elle courut dire à son père qu'elle partait.

Quand elle arriva au château, elle trouva tout en tristesse : la musique ne jouait plus, et tout y était fermé. Elle appela le serpent (son nom était Azor et le sien Fifine) ; elle se mit à l'appeler et à crier, mais Azor ne se montrait nulle part. Après avoir cherché dans toute la maison, elle ôta ses souliers et descendit au jardin, où elle recommença à l'appeler. Tout en marchant, elle sentit que dans un coin la terre était presque gelée : aussitôt elle fit un grand feu à cet endroit ; alors Azor se montra et lui dit :

— Vous m'aviez oublié, si vous n'aviez pas allumé ce feu c'en était fait de moi.

— C'est vrai, lui répondit Fifine, je vous avais oublié, mais l'anneau m'a fait souvenir de vous.

— Je savais ce qui devait arriver, répondit Azor, et c'est pour cela que je vous ai donné l'anneau.

En revenant à la maison, elle la trouva comme auparavant toute pleine de réjouissances, et la musique jouait de tous côtés. Quelques jours après, Azor lui dit :

— Voulez-vous m'épouser ?

Fifine ne lui donna pas de réponse. Il lui fit trois fois la même demande, et toujours elle demeura silencieuse. La maison redevint triste, et elle n'avait plus ses repas servis. Azor lui demanda encore si elle voulait l'épouser. Cette fois elle ne donna pas non plus de réponse, et elle resta ainsi plusieurs jours dans l'obscurité, sans rien manger. Au bout de ce temps, elle se dit : « Quoi qu'il puisse m'en coûter, je dirai oui. »

Lorsque le serpent lui demanda de nouveau : « Voulez-vous vous marier avec moi ? » Elle répondit : « Non avec le serpent, mais avec l'homme. »

Aussitôt qu'elle eut dit cette parole, la musique se fit entendre comme auparavant. Azor lui dit de se rendre à la maison de son père pour faire tous les préparatifs nécessaires, parce qu'ils se marieraient le lendemain. La jeune dame lui obéit. Elle dit à son père que demain elle se marierait avec le serpent, et le pria de tout préparer pour la cérémonie. Le roi y consentit, mais il était contrarié. Les sœurs de Fifine lui demandèrent avec qui elle allait se marier, et elles furent bien étonnées en apprenant que c'était avec un serpent.

Fifine revint au château, et Azor lui dit :

— Lequel aimez-vous le mieux, que je sois serpent de la maison à l'église, ou serpent de l'église à la maison ?

— J'aime mieux, répondit-elle, que vous soyez serpent de la maison à l'église.

— Et moi aussi, dit Azor.

Un beau carrosse vint s'arrêter devant la porte ; le serpent y monta et Fifine se plaça à son côté ; lorsqu'ils arrivèrent au palais du roi, le serpent lui dit :

— Fermez les portières et les rideaux, que personne ne puisse voir.

— Mais, lui répondit Fifine, ils vous verront quand vous sortirez.

— Cela ne fait rien, fermez-les tout de même.

Elle descendit du carrosse et alla trouver son père qui vint avec toute sa cour pour chercher le serpent. Il ouvrit la portière, et qui fut étonné ? Certes, chacun le fut ; car au lieu du serpent, on vit un charmant jeune homme. Tout le monde se rendit à l'église, et lorsqu'ils en revinrent, il y eut un grand dîner dans le palais du roi ; mais le marié dit à sa femme :

— Aujourd'hui nous ne devons pas prendre part à la fête ; car nous avons une grande besogne à faire au château ; nous reviendrons un autre jour pour la fête.

Elle alla le dire à son père, puis ils retournèrent à leur maison. Quand ils y furent, son mari lui apporta une peau de serpent dans un grand panier, et lui dit :

— Vous allez faire un grand feu, et, lorsque vous entendrez le premier coup de minuit, vous y jetterez la peau de serpent. Il faudra qu'elle soit consumée, et que vous ayez jeté sa cendre par la fenêtre avant que le douzième coup ait cessé de résonner. Si vous ne le faites pas, je suis perdu pour toujours.

La dame répondit :

— Certes je ferai tout ce que je pourrai pour réussir.

Avant minuit elle commença à faire du feu ; aussitôt qu'elle eut entendu résonner le premier coup, elle jeta dans le feu la peau du serpent ; elle prit deux broches et se mit à remuer le feu, autour de la peau, alors le dixième coup sonna. Elle prit une pelle et elle eut fini de jeter les cendres par la fenêtre au moment où le douzième et dernier coup commençait à résonner. Alors une terrible voix cria :

— Je maudis votre adresse, et ce que vous venez de faire tout à l'heure !

Au même moment son mari entra, il ne se sentait pas de joie. Il embrassa sa femme et ne savait comment lui dire quel grand service elle lui avait rendu.

— Maintenant, je n'ai plus rien à craindre. Si vous n'aviez pas fait ce que je vous avais dit, j'aurais encore été enchanté pendant vingt et un ans. Maintenant tout est fini, et demain nous pourrons retourner tout à l'aise au palais de votre père pour la fête de mariage.

Le lendemain ils y allèrent, et ils eurent beaucoup de plaisir. Ils retournèrent à leur palais pour y prendre les plus belles choses; car ils ne voulaient pas demeurer davantage dans ce coin de montagne; ils chargèrent sur des charrettes leurs meubles les plus précieux et ils vinrent vivre avec le roi.

La jeune dame eut quatre enfants, deux garçons et deux filles, et comme les sœurs de Fifine étaient jalouses d'elle, leur père les chassa du palais. Il donna sa couronne à son gendre qui était aussi un fils de roi. Et comme ils ont bien vécu, ils moururent bien aussi.

Traduit de W. WEBSTER. *Basque Legends.*

XVIII

POURQUOUÉ

QUE N'ON DIT QUE LES CHAVANS C'EST DU MONDE[1]

(CONTE DU NIVERNAIS.)

Inédit.

Gny avé ène foué des gens qu'atint malhureux, ène grousse famille, trop bein d'enfants. Tout ça querié la faim, al avint ni pain ni pâte. L'houme dit à sa femme :

— Acoute ! ej vas m'en eller ; si je fée ène boune rencontre, ça sera bon ; si j'en fée ène ch'tite, j' sé pas c' que j' devinré.

Le v'là parti. Dans son chemin i troue in monsieu, c'été lebon Guieu qui gli[2] dit coume ça pas fier :

— Làvoù donc qu' te vas, moun émi ?

— Ah ! j'en sé rein làvoù que j' vas. J' seus si minabe ! ma femme et mé enfants lont rein à manger, j' ieu chorche du pain.

— Eh bein ! que dit le monsieu, je seus le bon Guieu ;

[1] Chats-huant.
[2] Prononcez gl à l'italienne.

enr'tourne-toué cheux vous ; te trouras du pain dans l'arche. Il arrive, gn'y avé du pain en abondance.

A lont mangé ieu soû toute la semaine. Le dimanche, la femme a dit à soun houme :

— Tins, mon vieux, j' ons du pain à gré, te sé-ti ç' que nous manque ?... queuq' gouttes de vin. Si t'artournais vouar, te rencontrré p'têt bein encore le bon Guieu...

— Ma foué ! qui dit, t'as raison, j'y vas.

Juste i troue le bon Guieu à la même place, qué gli dit :

— Te vas donc encore en voyage ?

— Ah ! mon bon Guieu, vous nou avé fé bein du bein, j' ons du bon pain ; si j'avins tant sement un p'tit peu de vin anvec...

— Renter cheux toué, gny aura du vin.

Al arvint : hé la ! le bon coup qu'al avont bu !... les v'là donc anvec pain et vin. Au bout de queuq' temps, sa femme gli dit coum' ça :

— Toujous du pain, du vin ! toujous du pain, du vin !... T'irés bein dû demander au bon Guieu de la viande ; a t' iré pas arfusé ça.

— T'as bein encore ène boune idée, qui dit à sa femme ; pas pus tard que demain j'y en feré la demande si je l' rencontre.

A la pique du jour, le v'là qui part et juste au même endreit, i troue le bon Guieu.

— Bonjou, mon bon Guieu, j'ons bein des armerciments à vous fée ; j' viquons brâment asteure... quoiqu' nous fauré donc de pus ? queuq' bouchies de viande...

— De la viande, arpounit le bon Guieu, j' te l'accorde, t'en iras.

C'été ma foué vré !.. al avont fé le Carnaval pendant trois jours. Et pis al invitint tous ieux parents à

veni les voir, a tenint tabe ouvarte. La femme al' té
bein benaie, a disé à soun houme :

— Le bon Guieu est bein bon pour nou autes, j' ons
tout c' que nous faut... Gny a donc qu'in petit peu d'argent que nous fé faute quand ej velons ajeter queuq'
choue..., ça m'est d'évis que t' iré bein pu demander in
bon sa de louis au bon Guieu. Ça gli coûte pas cher à
li, i peut bein t'en douner. N'est p'téte encore temps...
va gli donc voir demain.

L'houme trouvé toujous que sa femme al' té pas
bête. I' part le matin, du coûté des autes foués et i
voué de loin le bon Guieu que vené à li. I gli demande
son pourtement :

— Je pense que t'es hureux, qui gli dit.

— Parguié ! gnya que l'argent que nous manque
pour ajeter des foués dé habits, dé aute affées... vous
savez ce que c'est, non a toujous besoin ...

Le bon Guieu gli dit :

— Je cré qu'à la fin je vas te contenter. Va-toué-z en
cheux vous, gn'y aura pain, vin, viande et argent.

A partir de c'te jour là, al avint pus rein à souéter.
Ieux parents a venint manger et bouée, ieu emprêter
de l'argent. A disint :

— T' irés bein dû demander queuq' choue pour
nous, va ! artourne donc trouver le bon Guieu.

— Te feras bein d'y aller, dit la femme ; sement
demande gli donc putoût sa puissance : te pourras fée
à ton tour tout ce que t' vouras.

Et l'houme y va, la gueule enfarinée. Le bon Guieu
été toujous là :

— Gnya donc encore queuq' choue que ne va pas ?
qui gli dit.

— Mon bon Guieu, je vins vous demander vout'
puissance.

— Va-toué-zen, te la troûras cheux vous.

— Pour combein de temps que vous me la dounez ?

— Pour jusqu'à ce que les feuilles du *Goursier* [1] timbint.

Sa femme, sé enfants, ses parents, tout ça l'attendé en boun espoir. Al arrive. Si toùt qu'il a passé le pas de la porte, les v'là tous tournés en chavans, pis qu'a s'envoulont par la cheminée !

Le bon Guieu s'été arbuté d'ieu agouantise, il avé v'lu les punitre, c'est pour ça que n'on dit que les chavans c'est du monde.

Ce conte a été recueilli par M. Achille MILLIEN.

[1] Houx.

XIX

LA FÉE AMOUREUSE

(CONTE CORSE.)

Du temps où les bêtes parlaient et les pierres marchaient, il existait une fée belle et compatissante pour
les malheureux, et qui était en même temps une puissante magicienne.

Cette fée, toutefois, ne pouvait quitter la grotte
qu'elle habitait que pendant trois jours : si elle restait
dehors une heure de plus, elle perdait tout pouvoir.

Un matin que la belle magicienne était sortie se promener à cent lieues de sa demeure, elle rencontra un
berger qui faisait paître ses brebis.

Il était si beau et jouait si bien de la « sampugna [1] »,
que la fée en devint éperdument amoureuse.

— Beau berger, es-tu heureux ?

— Je le suis, ma charmante dame.

— Ne désires-tu rien ?

— Non, j'ai tout ce qu'il me faut.

— Beau berger, me trouves-tu belle ?

[1] Espèce de flûte.

— Je n'ai jamais vu de femme qui puisse vous être comparée.

— S'il en est ainsi, veux-tu m'épouser ?

— Avec plaisir.

— Eh bien ! mets cet anneau à ton doigt et nous serons mariés.

Le berger obéit à l'instant, et au lieu de ses vieux habits de drap grossier, il se trouva immédiatement aussi bien vêtu qu'un prince.

— Écoute, dit la fée, je demeure très loin d'ici ; voici un char traîné par des chevaux ailés, monte dessus et partons.

— Donnez-moi quelques jours, afin que je puisse voir ma mère et l'embrasser une dernière fois.

— Soit, mais ne tarde pas longtemps ; dans trois jours je t'attendrai ; ce char te conduira de lui-même dans le palais que j'aurai préparé.

La magicienne embrassa ensuite le berger et puis partit.

Celui-ci s'en alla à son tour. En route, il rencontra la reine du pays qui, le trouvant si beau, lui dit :

— Beau seigneur, le roi, mon mari, est mort. Veux-tu être mon époux ?

Le berger réfléchit un instant.

La reine n'était pas aussi belle que la femme qu'il venait d'épouser, mais, qu'importe ! il serait roi. Cela le décida.

— Oui, dit-il, je consens à être votre époux.

A ces mots, le char et les chevaux enchantés disparurent, et, de grand seigneur, le jeune homme se trouva le plus misérable de la terre. Sa beauté avait fait place à la plus affreuse laideur.

— Quel est ce monstre ? dit la reine. Qu'on le chasse de devant moi.

— C'est votre mari, madame.

— Qu'on lui donne cent coups de bâton, puisqu'il est si laid ; il ne peut être mon époux.

Mais elle venait à peine de parler que la terre trembla, des éclairs sillonnèrent les nues et les deux parjures furent engloutis dans un gouffre profond qui s'ouvrit à leurs pieds.

La fée s'était vengée.

ORTOLI, *Contes populaires de l'île de Corse.*

LE BERGER QUI OBTINT LA FILLE DU ROI

POUR UNE SEULE PAROLE

(CONTE DE LA BASSE-BRETAGNE.)

Il y avait une fois un roi qui disait qu'il n'avait jamais fait un seul mensonge de sa vie. Comme il entendait sans cesse les gens de sa cour qui se disaient les uns aux autres : « Ce n'est pas vrai ! vous êtes un menteur ! » ... cela lui déplaisait beaucoup ; si bien qu'il dit un jour :

— Vous m'étonnez ; un étranger qui vous entendrait parler de la sorte ne manquerait pas de dire que je suis le roi des menteurs. Je ne veux plus entendre parler ainsi, dans mon palais. Celui qui m'entendrait dire à un autre, quel qu'il fût : « Vous êtes un menteur ! » .... Eh bien, je lui donnerais la main de ma fille. ...

Un jeune berger, qui était aussi présent, ayant entendu ces paroles du roi, se dit en lui-même : « Bon ! nous verrons bien. »

Le vieux roi aimait à entendre chanter les vieux *Gwerziou*, les *Soniou* nouveaux et conter des contes merveilleux. Souvent après souper, il venait à la cuisine et prenait beaucoup de plaisir à écouter les chants et les récits des valets. Chacun chantait ou contait quelque chose à son tour.

— Et toi, jeune berger, tu ne sais donc rien ? dit le roi, un soir.

— Oh ! si, mon roi, répondit le berger.

— Voyons donc ce que tu sais.

Et le berger parla ainsi :

— Un jour, comme je passais dans un bois, je vis venir à moi un énorme lièvre. J'avais à la main une boule de poix ; je la lançai au lièvre et l'atteignis juste au milieu du front, où elle se colla. Et voilà le lièvre de courir plus fort, avec la boule de poix sur le front. Il rencontra un autre lièvre, qui venait en sens opposé, ils se heurtèrent front contre front et restèrent collés ensemble, si bien que je pus les prendre facilement. Comment trouvez-vous cela, sire ?

— C'est fort, répondit le roi, mais continue.

— Avant de venir comme berger à votre cour, sire, j'étais garçon meunier, dans le moulin de mon père, et j'allais porter la farine aux pratiques, avec un âne. Un jour, j'avais tellement chargé mon âne, que ma foi ! son échine se rompit. . . .

— La pauvre bête ! dit le roi.

— J'allai alors à une haie près de là et, avec mon couteau, j'y coupai un bâton de coudrier que je fourrai dans . . . . le corps de mon âne, pour lui tenir lieu d'échine. L'animal se releva alors, et il porta bellement sa charge à sa destination, comme s'il ne lui était pas arrivé de mal. Que dites-vous de cela, sire ?

— C'est fort, dit le roi ; et après ?

— Le lendemain matin, je fus bien étonné (car ceci se passait au mois de décembre), de voir qu'il avait poussé des branches, des feuilles et même des noisettes sur le bâton de coudrier ; et quand je sortis mon âne de l'écurie, les branches continuèrent de pousser, et montèrent si haut, si haut, qu'elles atteignaient jusqu'au ciel.

— Ceci est bien fort ! dit le roi, mais après ?

— Voyant cela, je me mis à grimper de branche en branche sur le coudrier, tant et si bien, que j'arrivai enfin dans la lune.

— C'est bien fort, bien fort ! mais après ?

— Là, je vis des vieilles femmes qui vannaient de l'avoine dépouillée de son écorce, et je m'arrêtai à les regarder. Mais je me lassai bientôt à regarder ces vieilles femmes, et je voulus redescendre sur la terre. Mais mon âne était parti, et je ne retrouvai plus le coudrier par lequel j'étais monté. Comment faire ? Je me mis alors à nouer des écorces d'avoine bout à bout, afin de faire une corde pour descendre.

— C'est bien fort cela ! dit le roi ; et après ?

— Malheureusement, ma corde n'était pas assez longue ; il s'en fallait de trente ou de quarante pieds, si bien que je tombai sur un rocher, la tête la première, et si rudement que ma tête s'enfonça dans la pierre jusqu'aux épaules.

— C'est bien fort, bien fort ! et après ?

— Je me démenai tant et si bien que mon corps se détacha de ma tête, laquelle resta enfoncée dans le rocher. Je courus aussitôt au moulin, chercher un levier de fer, pour retirer ma tête de la pierre.

— De plus fort en plus fort ! dit le roi ; mais après ?

— Quand je revins, un énorme loup voulait aussi extraire ma tête du rocher, pour la dévorer ! Je lui appliquai un coup de mon levier de fer sur le dos, mais si fort, si fort, ... qu'une lettre jaillit de son derrière !

— Oh ! c'est on ne peut plus fort cela ! s'écria le roi ; mais qu'y avait-il donc marqué sur cette lettre ?

— Sur cette lettre, mon roi, il était marqué, sauf votre respect, que votre père avait été jadis garçon de moulin chez mon grand-père.

— Tu en as menti, jeune drôle ! . . . s'écria aussitôt le roi, en se levant, furieux.

— Holà ! sire, j'ai gagné ! dit tranquillement le berger.

— Comment cela ? qu'as-tu gagné ?

— N'aviez-vous pas dit, mon roi, que vous donneriez volontiers la main de la princesse votre fille au premier qui vous ferait dire : « Tu en as menti, » ou : « Tu es un menteur ? »

— C'est vrai, répondit le roi, en se calmant ; je l'ai dit. Un roi ne doit avoir qu'une parole : aussi, tes fiançailles avec ma fille unique seront-elles célébrées dès demain, et les noces dans la huitaine !

Et c'est ainsi que le berger eut la fille du roi pour une seule parole.

F. M. Luzel, *Archives des Missions scientifiques.*

XXI

LE JEUNE HOMME

ET LA GRAND'BÈTE A TÊTE D'HOMME

(CONTE GASCON.)

Je sais un conte.

Il y avait autrefois, à Crastes, un jeune homme, qui n'avait ni père ni mère et vivait seul dans sa maisonnette. Ce jeune homme était beau comme le jour, fort et hardi comme pas un. Il était aussi tellement avisé, qu'il apprenait ou devinait les choses les plus difficiles. Les gens de Crastes lui disaient souvent pour rire :

— Jeune homme, tu es pauvre comme les pierres ; mais il dépend de toi de tenter fortune, et de devenir riche comme la mer. Du côté de la Montagne, il y a une grotte pleine d'or, que garde une grand'bête à tête d'homme. Elle a promis la moitié de son or à celui qui lui répondra sur trois questions. Plus de cent personnes se sont déjà présentées ; mais elles sont demeurées muettes, et la grand' bête à tête d'homme les a mangées toutes vives. Regarde si tu veux tenter fortune.

Le jeune homme répondait :

— Merci, je n'ai pas envie d'être mangé tout vif.

En ce temps-là vivait au château de Roquefort un seigneur qui avait deux fils et une fille honnête comme l'or, et belle comme le jour. Le jeune homme la vit et sur-le-champ, il en tomba amoureux à en perdre la tête. Un soir il s'en alla frapper à la porte du château de Roquefort.

— Bonjour, Demoiselle.

— Bonjour, mon ami, que demandes-tu ?

— Demoiselle, je demande votre père.

— Il est parti ce matin pour chasser avec mes deux frères, et il n'est pas encore rentré. Que veux-tu dire à mon père ?

— Demoiselle, je veux lui dire que je suis amoureux de vous, à en perdre la tête, et que je vous veux pour femme.

— Mon ami, je serai ta femme, ou je ne me marierai jamais. Par malheur, mon père n'est pas riche. Tout son bien doit aller à mes frères. Moi j'entre demain dans un couvent d'Auch.

— Demoiselle, entrez au couvent ; mais ne vous engagez à rien avant sept jours. Si je meurs, prenez le voile noir et rendez-vous religieuse pour toujours. Si je reviens, j'aurai de quoi vous faire plus riche que les plus grandes dames du pays.

— Mon ami, je ferai comme tu as dit.

— Merci, Demoiselle, je m'en vais content.

— Adieu, mon ami.

Le jeune homme salua la demoiselle et il s'en alla sur-le-champ trouver l'Archevêque d'Auch.

— Bonjour, Archevêque d'Auch.

— Bonjour, mon ami, qu'y a-t-il pour ton service ?

— Archevêque d'Auch, je suis amoureux d'une demoiselle belle comme le jour et honnête comme l'or.

Jamais elle ne sera ma femme si je ne deviens riche bientôt. Je veux tenter fortune. Avant de le faire, je suis venu vous consulter.

— Parle, mon ami.

— Archevêque d’Auch, vous êtes un homme sage et lettré. On dit qu’il y a du côté de la Montagne, une grotte pleine d’or, que garde une grand’bête à tête d’homme. Elle a promis la moitié de cet or à celui qui lui répondra sur trois questions. Plus de cent personnes se sont déjà présentées ; mais elles sont demeurées muettes, et la grand’bête à tête d’homme les a mangées toutes vives.

— Mon ami, on t’a dit la vérité.

— Archevêque d’Auch, je veux tenter fortune. Aujourd’hui même, je partirai pour la Montagne, et j’irai trouver dans sa grotte la grand’bête à tête d’homme pour répondre sur trois questions. Si je demeure muet, elle me mangera tout vif. Si je réponds, la grand’bête à tête d’homme me donnera la moitié de son or, et j’épouserai la demoiselle que j’aime.

— Mon ami, tu es amoureux, et rien ne t’empêchera de faire ce que tu dis. Agis donc à ta tête, puisque tu ne peux profiter d’aucun conseil. Sur la grand’bête à tête d’homme, on t’a dit ce qu’on savait ; mais ce n’est pas toute la vérité. Avant de questionner trois fois les gens, la grand’bête à tête d’homme leur commande trois choses impossibles. Ne prends pas garde à cela, et prouve qu’il n’y a pas moyen. Pour les trois questions, c’est une autre affaire ; et tu seras mangé tout vif, si tu demeures muet. Ecoute bien. Comprends bien. Réponds sans te presser. Si tu réponds, la grand’bête à tête d’homme aura perdu son pouvoir, et elle te dira : « Voici la moitié de mon or. » Prends et reviens vite, si tu te crois hors d’état de faire davantage. Reste, si tu te crois assez savant, et dis : « Grand'bête à tête d'homme, je n'ai fait encore que la moitié de mon travail. Tu n'as pas pu m'embarrasser. Maintenant, c'est moi qui prends ta place. » Alors tu lui feras les trois questions, les plus difficiles que tu puisses imaginer. Si elle demeure muette, tu prendras ce couteau d'or que tu vas cacher sous tes habits, pour ne le tirer qu'au bon moment. Tu saigneras la grand'bête à tête d'homme, tu lui couperas la tête, tu reviendras vite avec tout son or.

— Merci, Archevêque d'Auch.

Le jeune homme cacha le couteau d'or sous ses habits, pour ne le tirer qu'au bon moment, salua l'Archevêque d'Auch, et partit pour la Montagne, à la recherche de la grand'bête à tête d'homme. Trois jours après, il arriva dans un pays désert, dans un pays sauvage et noir, où les eaux tombent de mille toises, où les montagnes sont si hautes, si hautes, que les oiseaux n'y peuvent voler, et que la neige n'y fond jamais. Là demeurait la grand'bête à tête d'homme.

Le jeune homme entra dans la grotte sans peur ni crainte.

— Hô ! Grand'bête à tête d'homme ! Hô ! Hô ! Hô !

— Que veux-tu ?

— Grand'bête à tête d'homme, je veux répondre à tes trois questions et gagner la moitié de ton or. Si je demeure muet, tu me mangeras tout vif.

Pendant que la grand' bête à tête d'homme se préparait à l'embarrasser, le jeune homme songeait à ce que lui avait dit l'archevêque d'Auch : « Avant de questionner trois fois les gens, la grand' bête à tête d'homme leur demande trois choses impossibles. Ne prends garde à cela, et prouve qu'il n'y a pas moyen. Pour les trois questions, c'est une autre affaire ; et tu seras mangé tout vif, si tu demeures muet. Ecoute bien. Comprends bien. Réponds sans te presser. »

Enfin la grand'bête à tête d'homme parla.

— Je te donne la mer à boire.

— Bois-la toi-même. Ni moi ni toi, n'avons un estomac à boire la mer.

— Je te donne la lune à manger.

— Mange-la toi-même. La lune est trop loin pour que toi ou moi nous puissions l'atteindre.

— Je te donne cent lieues de câble à faire avec le sable de la mer.

— Fais les toi-même. Le sable de la mer ne se lie pas comme le lin et le chanvre. Jamais ni toi ni moi, nous ne ferons pareil travail.

Alors la grand'bête à tête d'homme comprit qu'elle avait perdu son temps en lui demandant trois choses impossibles. Elle allongea ses griffes et grinça des dents. Le jeune homme comprit qu'elle allait lui faire les trois questions, et il songeait à ce que lui avait dit l'Archevêque d'Auch : « Écoute bien. Comprends bien. Réponds sans te presser. »

Enfin la grand'bête à tête d'homme parla.

— Il va plus vite que les oiseaux, plus vite que le vent, plus vite qu'un éclair.

— L'œil va plus vite que les oiseaux, plus vite que le vent, plus vite qu'un éclair.

— Le frère est blanc, la sœur est noire. Chaque jour le frère tue la sœur et la sœur tue le frère. Pourtant ils ne meurent jamais.

— Le jour est blanc, et il est le frère de la nuit qui est noire. Chaque matin, au soleil levant, le jour tue la nuit, sa sœur. Chaque soir, au soleil couchant, la nuit tue le jour, son frère. Pourtant, le jour et la nuit ne meurent jamais.

— Il rampe au soleil levant, comme les serpents et les vers. Il marche à midi sur deux jambes, comme les oiseaux. Il s'en va sur trois jambes au soleil couchant.

— Quand il est petit, l'homme ne sait pas marcher et il rampe à terre comme les serpents et les vers. Quand il est grand, il marche sur deux jambes comme les oiseaux. Quand il est vieux, il s'aide d'un bâton, qui est une troisième jambe.

Alors la grand'bête à tête d'homme dit :

— Prends la moitié de mon or.

Mais le jeune homme songeait à ce que lui avait dit l'archevêque d'Auch : « Prends et reviens vite, si tu te crois hors d'état de faire davantage. Reste si tu te crois assez savant et dis : — Grand'bête à tête d'homme, je n'ai fait encore que la moitié de mon travail. Tu as voulu m'embarrasser. Maintenant c'est moi qui prends ta place. Alors tu lui feras trois questions, les plus difficiles que tu puisses imaginer. »

— Grand'bête à tête d'homme, dit-il, tu as voulu m'embarrasser, maintenant c'est moi qui prends ta place : qu'y a-t-il au premier bout du monde ?

La grand'bête à tête d'homme demeura muette.

— Au premier bout du monde, il y a un roi couronné, un roi vêtu de rouge et galonné d'or, qui se tient prêt à combattre et brandit une grande épée. Il regarde le ciel, la terre et la mer ; mais le roi couronné ne voit rien venir.

— Grand'bête à tête d'homme, qu'y a-t-il à l'autre bout du monde ?

La grand'bête à tête d'homme demeura muette.

— A l'autre bout du monde, il y a un grand corbeau, vieux de sept mille ans, juché sur la cime d'une montagne. Il sait et voit tout ce qui s'est fait et tout ce qui se fera ; mais le grand corbeau, vieux de sept mille ans ne veut pas parler. — Grand'bête à tête d'homme, dis-moi ce que chante le rossignolet sauvage le Vendredi-Saint. Dis-moi ce qu'il chante le Samedi-Saint. Dis-moi ce qu'il chante au soleil levant, le jour de la fête de Pâques.

La grand'bête à tête d'homme demeura muette.

— Le Vendredi-Saint, le rossignolet sauvage chante la Passion de Notre-Seigneur Jésus-Christ, trahi par Judas. Le Samedi-Saint le rossignolet sauvage chante les sept douleurs de la Sainte vierge Marie. Au soleil levant, le jour de la fête de Pâques, le rossignolet sauvage chante Notre-Seigneur Jésus-Christ ressuscité.

Alors la grand'bête à tête d'homme s'accroupit, et le jeune homme songea à ce que lui avait dit l'Archevêque d'Auch : « Tu prendras ce couteau d'or que tu vas cacher sous tes habits, pour ne le tirer qu'au bon moment. Tu saigneras la grand'bête à tête d'homme, tu lui couperas la tête et tu reviendras vite avec tout son or. » Au bon moment, le jeune homme tira de sous ses habits le couteau d'or que lui avait donné l'Archevêque d'Auch. Cela fait, il prit par les cheveux la grand'bête à tête d'homme et la saigna. Pendant que le sang jaillissait, la grand'bête à tête d'homme parla.

— Ecoute, je vais mourir, bois mon sang ; suce mes yeux et ma cervelle. Ainsi tu deviendras fort et hardi comme Samson, et tu ne craindras personne sur terre. Arrache-moi le cœur, et porte-le à ta maîtresse qui le mangera tout cru le soir de vos noces. Ainsi elle te donnera sept enfants, trois garçons et quatre filles. Les trois garçons seront forts et hardis comme toi. Les quatre filles seront belles comme le jour. Elles comprendront ce que chantent les oiseaux et quand elles seront d'âge, elles épouseront des rois.

La grand'bête à tête d'homme mourut. Le jeune

homme lui coupa la tête. Il but son sang, suça ses yeux et sa cervelle et lui arracha le cœur, pour le porter à sa maîtresse. Puis il enterra la grand'bête à tête d'homme, sans prier Dieu, parce les bêtes n'ont pas d'âme.

Ce travail fini, le jeune homme partit au galop pour la ville la plus proche, où il loua cent chevaux, qu'il revint charger à la grotte de tout l'or laissé par la grand'bête à tête d'homme. Trois jours après il frappait à la porte du château de Roquefort.

— Bonjour, seigneur de Roquefort. J'arrive avec cent chevaux chargés d'or, et je viens pour épouser votre fille, qui s'est rendue religieuse dans un couvent d'Auch.

— Mon ami, je te la donne, et vous vous marierez sans tarder.

Sept jours après, on faisait la noce. Le soir, quand la mariée se fut mise au lit, le jeune homme entra dans sa chambre.

— Femme, lève-toi et mange cela tout cru.

La femme se leva et mangea tout cru le cœur de la grand'bête à tête d'homme. Plus tard elle eut sept enfants, trois garçons et quatre filles. Les trois garçons devinrent forts et hardis comme leur père. Les quatre filles étaient belles comme le jour, et elles comprenaient ce que chantent les oiseaux. Quand elles furent d'âge, elles épousèrent des rois.

Et tric trac,
Mon conte est fini,
Et tric trac,
Mon conte est achevé !

J.-F. Bladé, *Trois nouveaux contes.*

XXII

LE ROI ET SES TROIS FILS

(CONTE DU FOREZ.)

Il y avait une fois un roi qui avait trois fils. Il voulut se défaire de la couronne. Dans son royaume, c'était l'usage de la donner à l'aîné, mais comme ce roi aimait également ses trois enfants, il ne put se résoudre à obéir à la coutume et à exclure d'avance les plus jeunes. Il voulut que chacun de ses enfants eût d'égales chances de lui succéder. Il décida que la couronne appartiendrait à celui de ses fils qui lui apporterait la plus belle fleur. Il les réunit et leur dit :

— A celui qui m'apportera la plus belle fleur appartiendra la couronne ; allez et cherchez.

Les trois fils partirent, chacun de leur côté, après être convenu qu'ils se retrouveraient dans un champ bien connu d'eux.

Le premier qui arriva dans ce champ fut l'aîné. Il apportait une belle fleur. Le cadet arriva le second avec une fleur encore plus belle. L'aîné, la voyant, se dit avec amertume :

— Je n'aurai pas la couronne !

Le plus jeune vint le dernier. Si belle était sa fleur qu'elle éclipsait celles de ses frères.

— Je n'aurai pas la couronne ! se dit avec colère l'aîné, et saisissant le couteau qui pendait à sa ceinture, il en frappa son jeune frère et le tua.

Le père, chagrin de ne pas voir revenir son plus jeune enfant, l'attendait toujours avant de se démettre de la couronne. Le cadet avait si peur de l'aîné qu'il n'osait parler.

Plusieurs années s'étaient écoulées depuis le meurtre quand une bergère qui gardait ses moutons dans le champ où les trois frères s'étaient donné rendez-vous, trouva un os fait comme une flûte.

Elle l'approcha de ses lèvres et souffla. Il en sortit une voix qui chantait :

> Souffle doucement, bergère,
> Souffle, souffle doucement,
> Le couteau de la ceinture
> M'a tué cruellement !

Le roi apprit que la bergère avait trouvé un os semblable à une flûte et qui rendait des sons harmonieux. Il se le fit apporter, le mit à sa bouche et souffla. L'os chanta :

> Souffle doucement, mon père,
> Souffle, souffle doucement,
> Le couteau de la ceinture
> M'a tué cruellement !

Le roi appela son fils cadet, lui présenta l'os et lui dit de souffler dedans. Le fils souffla, l'os chanta :

> Souffle doucement, mon frère,
> Souffle, souffle doucement,
> Le couteau de la ceinture
> M'a tué cruellement !

Le roi appela son fils aîné, lui présenta l'os et lui dit de souffler dedans. Le fils souffla, l'os chanta :

> Souffle doucement, mon frère,
> Souffle, souffle doucement,
> Le couteau de ta ceinture
> M'a tué cruellement !

À ces mots « Le couteau de ta ceinture », le père comprit tout. Il fit sur l'heure écarteler son fils aîné.

V. Smith, Mélusine.

XXIII

LES DOUZE MYSTÈRES

Il y avait jadis un pauvre homme chargé de famille ; il avait onze enfants, et sa femme était morte. Comme il n'avait point de quoi nourrir lui et ses enfants, il ne pouvait plus vivre et s'en alla chercher fortune. Il marche, marche, marche, et arrive à un beau château. Il y entre, et le maître s'avance pour le recevoir. Ils entrent en conversation, et le pauvre conte au Seigneur-Rouge toutes ses misères ; il lui dit comment il a abandonné ses enfants et est parti pour faire fortune.

Le Seigneur-Rouge lui dit :

— Si d'ici à un an vous devinez les douze mystères, je vous donnerai tout l'argent dont vous avez besoin ; mais si vous ne le faites pas, pour lors vous m'appartiendrez.

Le pauvre lui promet volontiers de le faire pour cette époque, et là-dessus le Seigneur-Rouge lui donne un boisseau plein d'or, une paire de bœufs et un aiguillon. Le pauvre s'en revint chez lui, et avec cet argent arrangea ses affaires à sa fantaisie.

Mais l'année s'écoulait, et le pauvre enrichi n'était pas plus avancé qu'au commencement. Il ne savait comment faire, ne découvrant pas ses douze vérités. A cette époque, il arriva que saint Pierre se trouva dans les environs. Notre homme alla lui dire comment il était embarrassé pour faire des réponses convenables à un tel personnage ; il lui conta toute son histoire. Saint Pierre lui dit :

— Demeurez tranquille, vous n'avez aucune crainte à avoir. Quand ce petit monsieur viendra, il vous suffira de vous tenir derrière moi, et moi je répondrai pour vous.

Ils font ce qui vient d'être dit, et le Seigneur-Rouge arrive. Il demande : « Eh bien ! les as-tu apprises ? » L'autre : « Oui, oui ». Le Seigneur-Rouge : « Voyons, voyons, dis-les bien ». Ils commencent : « Les douze sont les douze apôtres ; les onze, les archanges ; les dix, les dix commandements ; les neuf, les satisfactions de la Sainte-Vierge ; les huit, les cieux ; les sept, les lumières ; les six, les ordres ; les cinq, les joies de Jésus-Christ ; les quatre, les évangélistes ; les trois, les vierges , les deux , les deux autels de Jérusalem ; l'unique est Dieu, qui est mon ami, et non pas toi ».

Le Seigneur-Rouge demanda encore : « Dans cette maison, les bœufs sont bien beaux ! » Les autres : « Ils sont les fils de belles vaches ». Le Seigneur-Rouge continua : « Dans cette maison on a un bel aiguillon ». Les autres : « C'est le produit du coudrier ».

A la fin, le Seigneur-Rouge reconnut saint Pierre et lui dit :

— Ah ! Pierre, Pierre, toi aussi, te voilà !

Saint Pierre lui répondit :

— Oui, oui, et toi aussi, n'est-ce pas ?

Le Seigneur-Rouge lui demanda :

— Dis-moi, dis-moi, cette eau qui sort de là va-t-elle en haut ou en bas ?

Et saint Pierre dit :

— Qu'elle aille en haut, qu'elle aille en bas, va, toi, au-dessous d'elle !

Aussitôt qu'il eut entendu cette parole, le Seigneur-Rouge prit sa course et disparut. De cette manière, le pauvre homme fut délivré.

J. VINSON, *Le Folk-Lore du Pays basque.*

XXIV

MISÈRE

(CONTE DE LA HAUTE-BRETAGNE.)

Il était une fois un forgeron qui s'appelait Misère, et il avait un petit chien qui se nommait Pauvreté. Misère était si pauvre qu'il n'avait ni pain ni pâte et pas de fer pour forger, car il ne trouvait plus de crédit.

Un jour, le bon Dieu et saint Pierre passèrent devant sa forge ; ils n'avaient point la mine riche et le bon Dieu était monté sur un âne qui venait de se déferrer.

— Voulez-vous ferrer mon âne ? demanda le bon Dieu.

— Oui, répondit Misère. Mais comme il n'avait plus un morceau de fer dans sa forge, il prit une boucle d'argent qui était grosse et se mit à la forger sur son enclume.

— Que fais-tu de cet argent ? dit le bon Dieu.

— Un fer pour votre âne, répondit Misère, qui mit à la monture du bon Dieu un fer d'argent.

— Combien voulez-vous pour avoir ferré mon âne ? demanda le bon Dieu.

— Rien, répondit Misère, je crois que vous n'êtes pas plus riche que moi.

— Hé bien ! puisque tu ne veux pas d'argent, je vais

te faire trois dons ; réfléchis et demande ce que tu voudras.

— Demande le paradis, lui disait tout bas saint Pierre.

— J'ai bien le temps, répondait le forgeron ; je voudrais que rien de ce qui est entré dans ma blague à tabac ne puisse en sortir sans ma permission.

— Soit, dit le bon Dieu, et le deuxième don ?

— Demande le paradis, soufflait saint Pierre.

— Laisse-moi tranquille, vieux rabâcheur ; j'ai bien le temps. Je voudrais que tous ceux qui s'assiéront dans ma chaise ne puissent se lever que quand je l'aurai permis.

— Accordé, dit le bon Dieu ; tu n'as plus qu'un souhait à faire ; choisis bien.

— Demande le paradis, murmurait saint Pierre.

— Tais-toi donc, vieux *diot* (sot), répondit le forgeron ; quand je serai mort, on me mettra où l'on voudra. Je désire que tous ceux qui monteront dans mon noyer ne puissent en descendre sans ma permission.

Le bon Dieu lui accorda encore ce don, puis il remonta sur son âne, et continua sa route avec saint Pierre.

Misère avec ses trois dons n'était pas plus riche qu'auparavant, il ne mangeait pas toujours son content, et son petit chien Pauvreté était maigre comme un clou.

— Ah ! pensait-il souvent, que j'étais bête de ne pas demander la richesse ; pour un rien je me donnerais au diable !

Un soir, il vit entrer dans sa forge un beau monsieur qui lui dit :

— Puisque tu veux vendre ton âme, fais marché

avec moi et je te la paierai bien ; je te donnerai de l'or
et de l'argent, tout ce que tu voudras.

— Je veux bien, répondit Misère, combien d'années
m'accordes-tu ?

— Vingt ans.

— Vingt ans soit, marché conclu.

Le diable donna à Misère de l'or et de l'argent, et il
vécut à son aise ; mais vingt ans se passent vite
quand on ne s'ennuie pas et qu'on a le gousset bien
garni. Lorsque la vingtième année fut écoulée, le diable
vint chercher Misère :

— Je te suis, dit Misère, mais je voudrais me dé-
barbouiller un peu et me mettre propre ; assieds-toi
dans ma chaise, je ne serai pas long.

Le diable s'assit dans le siège de Misère ; Misère ne
fut pas longtemps à faire sa toilette, et quand il eut
fini, il dit au diable :

— Viens-tu ?

Le diable essaya de se relever ; mais il semblait
vissé à la chaise et ne pouvait bouger.

— Je t'attends, lui disait Misère, ne viens-tu pas ?

— Je ne peux me lever, répondait le diable.

— Combien d'années m'accordes-tu encore pour que
je te laisse aller ?

— Vingt ans, répondit le diable.

Le diable sortit de la chaise de Misère. Mais vingt
ans se passent vite quand on ne s'ennuie pas et qu'on
a le gousset bien garni. Lorsque la vingtième année
fut écoulée, le diable vint avec trois autres diables pour
chercher Misère.

— Ah ! lui dit Misère, laisse-moi faire un bout de
toilette ; si tu veux manger des noix, il y en a dans
mon noyer qui sont bien mûres : jamais tu n'as rien
mangé de meilleur.

Les quatre diables grimpèrent dans le noyer, et se mirent à manger des noix ; quand Misère fut prêt, il vint sous son arbre et se mit à se moquer des diables qui ne pouvaient descendre.

— Laisse-nous aller, Misère, criait le diable, je te donne encore vingt années à vivre et de l'argent à discrétion.

Misère laissa descendre les diables ; mais vingt ans se passent vite quand on ne s'ennuie pas et qu'on a le gousset bien garni. Le chef des diables, Platus, vint pour prendre Misère et amena avec lui tous les diables de l'Enfer.

— Je suis prêt, dit Misère ; mais on m'a assuré que tu te rendais petit à volonté ; est-ce que c'est vrai ? pourrais-tu entrer dans le corps d'une fourmi, toi et tous tes diables ?

— Oui, répondit Platus.

Aussitôt, au lieu du diable et de tous ses sujets, Misère vit une fourmi qu'il se hâta de fourrer dans sa blague ; puis il la posa sur son enclume et se mit à frapper dessus jusqu'à ce qu'il eût mouillé sa chemise, et tous les jours il recommençait.

Cependant il n'y avait plus sur terre ni guerre ni dispute, parce que le diable ne tentait plus le monde, chacun était heureux, excepté les procureurs qui crevaient de faim. Ils vinrent se plaindre au roi qui finit par savoir que Misère tenait tous les diables d'enfer dans sa blague à tabac. Il lui ordonna de lâcher les diables pour empêcher ses procureurs de crever de faim, en le menaçant de le pendre s'il n'obéissait pas. Misère qui avait peur pour son cou lâcha les diables, à la condition qu'ils ne viendraient plus le chercher. Aussitôt les guerres et les disputes recommencèrent,

les procureurs gagnaient de l'argent à sachées, et le
roi était content.

Misère finit par mourir, et il arriva à la porte du
Paradis, suivi de son petit chien Pauvreté. Il frappa :
Pan ! Pan ! et saint Pierre vint lui ouvrir.

— Ah ! c'est toi, Misère, lui dit-il d'un ton goguenard ; il n'y a pas de place ici pour toi, tu aurais dû
demander le Paradis, je t'avais prévenu.

Il lui ferma la porte au nez, et Misère vint frapper :
Pan ! pan ! à l'huis du Purgatoire. Le portier ouvrit le
guichet, et quand il eut vu les papiers de Misère, il lui
dit :

— Tu n'as pas assez de petits péchés et trop de gros
pour entrer ici.

Il lui ferma la porte au nez, et Misère se rendit à
l'entrée de l'Enfer. Dès que le portier l'aperçut, il se
barricada, et lui dit :

— Retire-toi, Misère, jamais tu n'entreras ici ; tu
nous as trop bien arrangés quand nous étions dans ta
blague à tabac.

Misère redescendit sur la terre, et il y est toujours
resté depuis, en compagnie de son petit chien Pauvreté.

Paul SÉBILLOT, *Contes des paysans
et des pêcheurs*, n° LII.

XX

LA FONTAINE ROUGE

(CONTE DU NIVERNAIS.)

Inédit.

Un homme veuf s'était remarié avec une veuve. De leur premier mariage, ils avaient l'un et l'autre une petite fille. La femme, qui aimait beaucoup la sienne, détestait celle de son mari. Un jour d'hiver, elle dit à l'enfant :

— Je suis malade, va me chercher des fraises au bois.

Il y avait de la neige; cependant la petite fille sortit pour lui obéir et, comme elle s'en allait tristement du côté des taillis, elle rencontra une dame (c'était la sainte Vierge), qui lui demanda où elle allait.

— Ah ! madame, maman m'envoie quérir des fraises au bois et je ne sais pas où en prendre.

— Eh bien, dit la dame, passe par ce sentier, tu en trouveras à la première place à fourneau [1] et tu y rempliras ton panier.

---

[1] *Place à fourneau*, emplacement circulaire disposé dans une forêt pour la carbonisation du bois.

La petite fille remercia la bonne dame et s'en alla au bois où elle vit en effet une place à fourneau toute rouge de belles fraises qu'elle cueillit et emporta joyeusement.

— Voici des fraises, mère ! dit-elle en arrivant à la maison ; et, tandis qu'elle parlait, il tombait de ses lèvres des perles et des diamants. C'était un don de la sainte Vierge. Sa belle-mère était bien surprise d'une pareille récolte de fraises, mais elle fut émerveillée de voir les perles qu'elle ramassait avec avidité.

— Où as-tu donc trouvé ces fraises, lui demanda-t-elle.

— Au bord du bois, sur la première place à fourneau.

Elle n'eut rien de plus pressé que d'y envoyer sa propre fille. Celle-ci partit d'un pied léger. Elle rencontra comme l'autre la sainte Vierge qui lui demanda où elle allait.

— Cela ne vous regarde pas, répondit-elle sans s'arrêter.

Elle arriva à la lisière du bois, suivit la direction indiquée, trouva les fraises, en remplit son panier et revint vite. Sa mère l'attendait, impatiente de recueillir les perles de ses lèvres ; mais dès qu'elle ouvrit la bouche, il en sortit des crapauds et des vipères. La femme devint plus furieuse que jamais contre la fille de son mari et voulut cette fois la faire mourir.

Elle lui ordonna d'aller chercher de l'eau à la Fontaine-Rouge, d'où personne n'était jamais revenu. La petite fille prit sa cruche et partit en pleurant. Elle rencontra encore la belle dame (la sainte Vierge) qui lui dit :

— Où vas-tu, mon enfant ?

— Madame, ma belle-mère m'envoie à la Fontaine-Rouge et je ne veux pas lui désobéir.

— Tu fais bien, ma petite-fille ; seulement tu auras soin de n'entrer ni par la porte rouge ni par la porte noire. Passe par la porte blanche. Tu trouveras des gardiens qui te demanderont si tu as faim et tu répondras oui. Ils t'apporteront à manger, mais aussitôt tu verras venir cinq petits chiens. Ne les repousse pas, ne les frappe pas, donne-leur des miettes de ton pain et tu n'auras rien à craindre.

La petite fille remercia, arriva à la fontaine, entra par la porte blanche et tout se passa comme la bonne dame l'avait dit. Quand elle eut mangé, un des gardiens dit aux chiens : « Que lui souhaitez-vous ? » — Le premier répondit : « Qu'elle soit belle comme le jour. » Le second : « Qu'elle soit bonne. » Le troisième : « Qu'elle soit riche. » Le quatrième : « Qu'elle soit toujours heureuse. » Le cinquième : « Qu'elle emporte sa cruche pleine d'eau sans difficulté. » Et les souhaits s'accomplirent.

La mauvaise belle-mère fut bien étonnée de voir arriver la petite fille portant sa cruche pleine d'eau et transfigurée déjà par les dons des cinq chiens. Elle voulut aussitôt envoyer sa fille à la Fontaine-Rouge dans l'espoir de la voir revenir avec les mêmes faveurs. La petite, aussi méchante que sa mère, s'en alla avec sa cruche, rencontra la sainte Vierge qui lui demanda :

— Où vas-tu, mon enfant ?

— Mêlez-vous de vos affaires, répondit-elle, cela ne vous regarde pas.

Elle arriva à la fontaine, passa par la porte rouge et trouva les gardiens qui lui dirent :

— As-tu faim, petite fille ?

— Sans doute j'ai faim.

— Eh bien ! voici de quoi manger.

Et en même temps les cinq petits chiens s'approchè-

rent. Au lieu de leur donner des miettes, elle les repoussait en criant :

— Allez-vous-en, vilaines bêtes ! Et même elle les
frappait.

Son repas terminé, l'un des gardiens dit aux
chiens : « Que lui souhaitez-vous ? » Le premier répondit : « Qu'elle soit très laide. » Le second : « Très
méchante. » Le troisième : « Très pauvre. » Le quatrième : « Toujours malheureuse. » Le cinquième :
« Qu'elle tombe dans l'eau en remplissant sa cruche. »

Et ainsi fut fait. Comme elle se penchait au-dessus
de la Fontaine-Rouge, elle y tomba et s'y noya.

Sa mère, plus mauvaise que jamais, ne put se con-
traindre; elle jura publiquement la mort de sa belle-
fille, mais son mari, apprenant tout ce qui s'était
passé, la chassa, et il vécut toujours heureux avec son
enfant.

Ce conte a été recueilli dans les environs
de la Charité par M. Achille MILLIEN.

XXVI

L'ANNEAU ENCHANTÉ

(CONTE CORSE.)

Avant l'invasion des Sarrasins, il était six frères et leur sœur, très pauvres, très pauvres, leurs parents étant malades et ne pouvant travailler.

Un jour qu'ils avaient été chercher des châtaignes dans le bois voisin et qu'ils n'en avaient presque pas trouvé, le plus petit dit à ses autres frères :

— Je veux aller par le monde afin de voir si je puis faire fortune. Au bout de la semaine je viendrai vous dire ce qui m'est arrivé.

Et le petit frère partit.

Il marchait depuis plusieurs jours lorsqu'il vit une petite maison au milieu d'une forêt.

— Enfin, se dit-il, je pourrai me reposer quelques instants et manger un morceau de pain. Pan, pan !

— Qui est là ?

— C'est moi.

Voyant que c'était un homme, la maîtresse de la maison, qui était fée, laissa tomber son anneau comme par mégarde.

Le petit frère le vit et le mit à son doigt en disant :

— Ah ! le bel anneau !

Mais aussitôt son corps se couvrit de poils, deux cornes lui poussèrent, ses oreilles s'allongèrent et ses deux mains se changèrent en pieds de bouc.

Il venait en effet d'être transformé en bouc.

— Bée, bée, bée ! faisait le petit frère ; mais rien ne put le faire revenir à sa forme primitive.

La fée le lia, le fit entrer dans la cave et lui donna de l'herbe bien fraîche.

Voyant que leur frère n'arrivait pas, les cinq autres voulurent aller à sa recherche.

Ils partirent successivement, mais, arrivés à la maison de la fée, tous ayant mis au doigt l'anneau qu'elle leur jetait, eurent le même sort que leur cadet.

La sœur voulut partir, elle aussi.

Elle était belle et bien faite, les yeux bleus et les cheveux noirs ; elle s'appelait Milia.

Chemin faisant, la petite sœur rencontra un grand oiseau ; entré dans un buisson, il n'en pouvait plus sortir, malgré tous ses efforts.

La jeune fille prit son couteau, coupa les ronces et délivra l'oiseau qui se mit à voler en disant :

— Merci, merci, Milia ; merci, merci, Milia.

Celle-ci continua sa route ; comme la nuit commençait à tomber, elle s'assit sous un arbre pour manger un morceau de pain.

Pendant son léger repas, elle vit venir une pauvre vieille femme qui avait grand'peine à se traîner.

Milia courut à sa rencontre en lui disant :

— Ma bonne mère, appuyez-vous sur moi ; venez vous reposer un instant et partager le peu de pain qui me reste encore.

A peine avait-elle achevé ces mots que Milia resta éblouie. La vieille femme s'était transformée subitement en une belle fée, parée d'un admirable collier de perles fines et vêtue d'une magnifique robe bleue et rose, toute brochée d'or.

— Que veux-tu ? je suis puissante, demande et tu seras satisfaite.

— Je voudrais savoir où sont mes frères ; sont-ils morts ou vivants ?

— Tes frères vivent encore, mais il te sera bien difficile de les reconnaître. Pour les trouver tu n'as qu'à continuer ta route, droit devant toi. Ils sont enfermés dans la première maison que tu trouveras sur ton chemin.

— Merci, bonne fée.

Et Milia partit.

Après avoir marché des heures et des heures, la petite sœur aperçut une maison.

— C'est là qu'ils sont, sans doute, pensa-t-elle, et elle marcha plus rapidement.

Milia n'en était plus à cinquante pas que la méchante fée l'aperçut.

Vite elle jeta son anneau.

Mais un grand oiseau passa et l'emporta dans son bec.

C'était l'oiseau que la jeune fille avait délivré.

— Pan, pan !

— Entrez.

Milia entra.

— Asseyez-vous un instant, que j'aille vous chercher à manger ; vous devez être fatiguée, lui dit la vieille ; puis elle sortit.

L'oiseau vint alors frapper à la fenêtre.

— Milia, n'accepte rien de cette méchante femme ou tu seras changée en statue. Tes frères, métamorphosés en boucs, sont enfermés dans la cave.

La vieille fée entrait au même instant.

— Tenez, mangez un morceau de ce gâteau et buvez un peu de ce vin exquis.

— Merci, Madame, je n'ai ni faim ni soif.

— Comment, après un si long voyage ?

— Je n'ai besoin de rien ; si vous voulez me faire plaisir, laissez-moi dormir tranquillement dans ce coin.

— À votre aise, ma bonne enfant.

Cependant la fée pensait :

— Il ne faut pas que cette petite m'échappe, je veux l'avoir à tout prix.

Et elle alla chercher un collier d'or et des robes changeantes comme le ciel.

— Puisque vous ne voulez rien accepter pour manger, prenez au moins ces objets, pour qu'il ne soit pas dit qu'on s'est reposé chez moi sans emporter quelques marques de ma bonté.

— Que voulez-vous qu'une pauvre fille fasse de toutes ces merveilles ? Robes et collier seraient bien vite déchirés au milieu des buissons qu'il me faudra traverser.

Voyant toutes ses ruses déjouées, la fée perfide s'étendit sur son lit et s'endormit profondément.

L'oiseau revint frapper à la fenêtre.

— Milia, réveille-toi ; réveille-toi, Milia.

— Que veux-tu ?

— Tue cette méchante fée, autrement elle trouvera bien le moyen de te faire périr. Prends ensuite la chemise qu'elle porte, mets-la sur toi, et tu auras la puissance de cette magicienne.

Milia se leva doucement et, prenant un couteau qui était sur la table, coupa la gorge à la méchante femme; ensuite elle la déshabilla, prit sa chemise et s'en revêtit.

Son esprit s'éclaircit à l'instant. Une foule de choses, qu'elle pensait être des mystères impénétrables, lui furent expliquées.

Avant d'essayer de sa puissance, Milia visita toute la maison.

Dans une salle étaient quantité de statues, parmi lesquelles deux étaient dans une niche.

C'était un roi et une reine enchantés par la magicienne.

Puis Milia descendit à la cave.

Elle y vit six boucs d'une maigreur extrême, bien qu'ils eussent à manger en abondance.

— Ah ! les pauvres bêtes ! et dire que voilà mes frères !

Et Milia, la bonne sœur, se prit à pleurer. A l'instant elle aurait voulu les faire revenir à leur premier état, mais elle ne savait comment s'y prendre.

Elle se souvint heureusement que sur la chemise de la fée était écrit :

> Chemise, chemise, jusqu'à la mort,
> En ce que je veux, obéis-moi.

Milia dit ces mots, puis pensa :

— Chemise, chemise, fais que ces boucs redeviennent hommes comme par le passé.

Et aussitôt les boucs perdirent leur poil, leurs cornes tombèrent et leurs pattes se changèrent en deux mains et en deux pieds d'homme.

Jugez de la joie de Milia. Elle sauta au cou de ses frères, qu'elle reconnut bien vite, et, pendant longtemps, ils s'embrassèrent avec transport.

— Où est la vieille fée qui nous a changés en bêtes?

— Elle est morte, et j'ai toute sa puissance.

— Comment cela ? En quoi consiste ce pouvoir ?

— Je ne puis vous dire mon secret. Je vais délivrer, maintenant, tous ceux qui sont dans ce château.

Cela fut bien vite fait.

Le roi, la reine et toutes les autres personnes remercièrent bien Milia, comme vous le pensez ; ils voulaient
lui offrir des châteaux et des villes, mais celle-ci
refusa. N'avait-elle pas la chemise de la fée pour possé-
der tout ce qu'elle désirait ?

Grâce à son pouvoir, la jeune fille fit sortir de terre
de beaux carrosses dorés et les distribua à toutes les
personnes qui se trouvaient là, afin qu'elles pussent
retourner à leur maison.

Elle-même s'en offrit un et y attela deux beaux chevaux, plus rapides que le vent.

Elle arriva ainsi chez ses parents, qui furent émer-
veillés, la voyant avec ses frères en pareil équipage.

— Ah ! mon Dieu, mon Dieu, notre fille a la fortune,
se disaient-ils.

Et ils étaient contents.

Malheureusement la chemise devint si sale, si sale,
que Milia voulut un jour la donner à laver.

On l'étendit au soleil pour la faire sécher.

Un vagabond l'aperçut, s'en empara et prit la fuite.

On eut beau chercher bien longtemps, jamais on ne
put le retrouver.

Milia mourut désespérée d'avoir perdu la précieuse
chemise à laquelle était attachée toute sa puissance.

Quant à ses frères, qui s'étaient mis à la recherche
du voleur, on n'en eut jamais de nouvelles. Si j'apprends quelque chose sur leur compte, tenez pour
certain que je vous le raconterai.

ORTOLI, *Contes de l'île de Corse.*

XXVII

MAHISTRUBA, LE CAPITAINE MARIN

(CONTE DE MARIN.)

De même que beaucoup d'autres en ce monde, il y
avait un capitaine marin. Il avait eu dans sa vie beaucoup de pertes et de mécomptes, aussi il ne voyageait
plus : mais tous les jours il allait sur le bord de
la mer pour son plaisir, tous les jours il y rencontrait
un gros serpent, et tous les jours il lui disait :

— Dieu t'a donné aussi la vie ; vis donc.

Ce capitaine vivait de ce que sa femme et sa fille gagnaient en cousant. Un jour le serpent lui dit :

— Va t'en trouver tel constructeur, et commande-
lui un navire de tant de tonneaux, demande-lui son prix
et offre lui le double de ce qu'il te demandera.

Le capitaine fit ce que le serpent lui avait dit, et le
jour suivant il vint sur le rivage et dit au serpent qu'il
avait exécuté ses ordres. Alors le serpent lui commanda de choisir douze matelots, tous hommes vigoureux, et de leur donner un salaire double de celui
qu'ils demanderaient. Après l'avoir fait, le capitaine
revint trouver le serpent et lui dit qu'il avait ses douze
hommes. Le serpent lui donna alors tout l'argent nécessaire pour payer le navire, et le constructeur fut bien

étonné de voir qu'une si forte somme d'argent lui était payée à l'avance par cet homme pauvre ; toutefois il se hâta de terminer son ouvrage aussi promptement que possible.

Le serpent ordonna encore au capitaine de pratiquer à fond de cale un grand espace vide, d'avoir un grand coffre et de le lui apporter lui-même. Il le fit et le serpent y entra. Le navire était prêt, il embarqua le coffre, et l'on mit à la voile.

Le capitaine allait tous les jours voir le serpent, mais les matelots ne savaient pas ce qu'il allait faire dans la cale, ni ce que contenait le coffre. Le navire avait déjà fait de la route, mais personne ne connaissait sa destination. Un jour le serpent dit au capitaine qu'il allait arriver une si terrible tempête que les nuages et la terre se confondraient, et qu'à minuit un grand oiseau noir passerait sur le navire et qu'il fallait le tuer, et il lui dit d'aller demander à ses matelots s'il y avait parmi eux quelque bon tireur.

Le capitaine demanda à ses hommes s'il y avait parmi eux un bon tireur.

— Oui, répondit l'un d'eux, je puis tuer une hirondelle au vol.

— Très bien ! très bien ! cela nous servira, dit le capitaine.

Il revint dire au serpent qu'il y avait un tireur capable de tuer une hirondelle au vol. Et au même instant le ciel devint noir comme la nuit, la terre et les nuages se confondirent, et chacun tremblait de frayeur. Le serpent donna au capitaine un breuvage fortifiant pour le tireur, et on l'attacha au mât. A minuit on entendit un cri perçant : c'était l'oiseau qui passait au dessus du navire, et notre chasseur eut la bonne fortune de le tuer. Au même instant la mer devint calme. Le capitaine alla dire au serpent que l'oiseau avait été tué.

— Je le savais, lui répondit le serpent.

Lorsqu'ils furent arrivés un peu plus loin sans aucun incident, le serpent dit un jour :

— Ne sommes-nous pas prêts de tel port ?

— Oui, répondit le capitaine, il est en vue.

— Très bien, alors, nous allons y aborder.

Et il lui dit d'aller demander à ses matelots s'il y avait parmi eux un bon coureur. Il le fit et l'un d'eux répondit :

— Pour moi, je suis capable d'attraper un lièvre à la course.

— Très bien ; très bien ; cela nous servira, dit le capitaine.

Et il alla dire au serpent qu'il y avait un de ses matelots qui attrapait les lièvres à la course.

— Vous débarquerez le coureur au port, dit le serpent, et vous lui direz d'aller au sommet d'une petite montagne ; là se trouve une petite maison, où demeure une vieille, vieille femme. Il y a aussi un briquet, une pierre à fusil, et une boîte à amadou ; il faudra qu'il rapporte à bord ces trois objets, mais un par un, en prenant chacun d'eux un jour différent.

Notre coureur fut débarqué ; et il alla à cette maison. Il vit la vieille femme qui avait des yeux rouges et qui filait sur le seuil de sa porte. Il lui demanda une goutte d'eau en lui disant qu'il avait fait une longue route sans en trouver, et qu'elle serait bien bonne de lui en donner une petite goutte. La vieille répondit non ; mais il la supplia de nouveau en lui disant qu'il ne connaissait pas les routes du pays, et qu'il ne savait où aller. La vieille femme tenait constamment les yeux sur la tablette de la cheminée ; à la fin elle lui dit :

— Alors, je vais vous en donner un peu.

Pendant qu'elle allait à sa cruche, notre coureur enleva le briquet de la tablette de la cheminée et se mit à courir à toutes jambes, aussi vite qu'un éclair ; mais la vieille femme était sur ses talons. Juste au moment où il était sur le point de sauter dans le navire, la vieille l'atteignit, lui arracha un morceau de son habit, et avec lui un lambeau de la peau du dos. Le capitaine alla trouver le serpent et lui dit :

— Nous avons le briquet ; mais notre homme a la peau du dos emportée.

Le serpent lui donna un remède avec un breuvage puissant, et lui dit que l'homme serait guéri le lendemain, mais qu'il fallait retourner encore à la cabane.

L'homme répondit :

— Non, non, que le diable emporte cette maudite vieille s'il le veut ; mais pour moi, je n'y retournerai plus.

Mais comme le lendemain il était guéri par le breuvage qu'il avait pris, il descendit à terre. Il s'habilla d'un vêtement sans manches, de vieux pantalons déchirés, et arriva chez la vieille femme. Il lui dit que son navire avait été jeté à la côte, qu'il errait ça et là depuis quarante-huit heures, et il la pria de le laisser entrer pour allumer sa pipe au foyer.

— Non, répondit-elle.

— Ayez pitié de moi ; je suis si malheureux ; c'est une bien petite faveur que je vous demande.

— Non, non, j'ai été trompée hier.

— Tout le monde n'est pas trompeur, répondit le marin ; soyez sans crainte.

La vieille se leva pour aller au feu et pendant qu'elle se penchait pour prendre un tison, il s'empara de la pierre à fusil et se mit à fuir, courant comme s'il voulait se casser les pieds. Mais la vieille femme courait aussi vite que notre coureur ; toutefois elle ne l'atteignit qu'au moment où il s'élançait dans le navire ; elle lui déchira son habit, et avec lui la peau du dos et celle du cou, et il tomba dans le navire.

Le capitaine alla tout de suite dire au serpent :

— Nous avons pris la pierre à fusil.

— Je le sais, répondit-il.

Il lui donna une médecine et un breuvage bon et puissant, pour guérir l'homme et le mettre en état de recommencer le lendemain. Mais le matelot dit que non, et qu'il ne voulait plus revoir cette vieille aux yeux rouges. On lui dit que la boîte à amadou restait encore à prendre. Le lendemain on lui donna encore un bon coup à boire. Cela lui donna du courage, et il eut envie de retourner.

Il s'habilla comme s'il avait fait naufrage, et descendit à terre à moitié nu. Il alla trouver la vieille femme et lui demanda un peu de pain, parce qu'il n'avait pas mangé depuis longtemps, et il la pria d'avoir pitié de lui, parce qu'il ne savait que devenir.

La vieille femme lui dit :

— Allez où vous voudrez, vous n'aurez rien de ma maison et personne n'y entrera. Tous les jours j'ai des ennemis.

— Mais qu'avez-vous à craindre d'un pauvre homme qui ne demande qu'un peu de pain, et qui s'en ira aussitôt après ?

A la fin, la vieille se leva pour aller à son buffet, et notre homme lui prit la petite boîte à amadou. La vieille se précipita après lui, désirant de tout son cœur l'attraper ; mais notre homme avait de l'avance. Elle l'atteignit juste au moment où il sautait dans le navire. La vieille femme le saisit par la peau du cou et la lui déchira jusqu'à la plante des pieds. Notre coureur tomba et l'on ne savait s'il était mort ou en vie, et la vieille cria :

— Je le maudis, lui et tous ceux du navire.

Le capitaine alla trouver le serpent et lui dit :

— Nous avons la boîte à amadou ; mais notre coureur est en grand danger. Je ne sais s'il vit encore ; il n'a plus un morceau de peau depuis le cou jusqu'à la plante des pieds.

— Consolez-vous, consolez-vous ; il sera guéri demain matin ; voici la médecine et le breuvage. Maintenant, vous êtes sauvés. Remontez sur le pont et faites tirer sept salves d'artillerie.

Le capitaine monta sur le pont, fit tirer les sept salves, puis il vint dire au serpent :

— Nous avons tiré les sept salves.

— Faites-en tirer encore douze ; mais n'ayez pas peur ; la police va venir ; on vous mettra les menottes et l'on vous conduira en prison, et vous demanderez comme une faveur de ne pas être exécutés avant que le navire ait été visité, afin de prouver qu'il ne contient rien qui mérite un tel châtiment.

Le capitaine monta sur le pont et tira douze salves ; aussitôt les magistrats et la police arrivèrent à bord ; ils mirent les menottes aux hommes, aux matelots et au capitaine, et ils les conduisirent en prison. Les matelots n'étaient pas contents ; mais le capitaine leur dit :

— Bientôt vous serez délivrés.

Le lendemain le capitaine demanda à aller parler au roi. On le conduisit devant le prince, qui lui dit :

— Vous êtes condamné à être pendu.

— Pourquoi, répondit le capitaine ; est-ce pour avoir tiré quelques coups de canon que nous devons être pendus ?

— Oui, oui ; car depuis sept ans nous n'avons pas
entendu le canon dans cette ville. Je suis dans la peine,
moi et mon peuple. Je n'avais qu'un fils et je l'ai perdu.
Je ne puis l'oublier.

Le capitaine répondit :

— Je ne connaissais ni cette nouvelle ni la défense
de tirer, et je vous prie de ne pas nous tuer avant
d'avoir été voir s'il y a dans notre navire quelque
chose qui puisse nous faire condamner en bonne justice.

Le roi se mit en route avec ses courtisans, ses soldats et ses juges, en un mot avec tout le monde. Lorsqu'il fut monté sur le pont, jugez de sa surprise !
Il y trouva son fils si tendrement aimé, qui lui raconta
comment il avait été enchanté par une vieille femme :
il était demeuré sept années sous la forme d'un serpent. Chaque jour, dit-il, le capitaine venait se promener sur le rivage de la mer, et chaque jour il lui laissait la vie en lui disant : « Le bon Dieu t'a aussi créé. »
Alors ayant vu le bon cœur du capitaine, je pensai
qu'il m'épargnerait, et c'est à lui que je dois la vie.

On alla ensuite à la cour. Les hommes furent mis
hors de prison, et l'on donna au capitaine une forte
somme d'argent pour doter ses deux filles et un navire
pour lui.

Pour les matelots, on leur donna à boire et à manger tant qu'ils voulaient pendant tout le temps qu'ils
demeurèrent dans la ville, et à leur départ, on leur
remit de quoi vivre à l'aise pour le restant de leurs
jours.

Le roi et son fils vécurent heureux, et comme ils
avaient bien vécu, ils moururent aussi heureux.

Traduit de W. WEBSTER, Basque Legends.

XXVIII

LA FÉE

(CONTE DE L'ANJOU.)

Inédit.

Il y a de cela longtemps, il y a bien longtemps, bien longtemps, car mes parents qui m'ont rapporté cette histoire l'avaient eux-mêmes entendu raconter par les leurs, les Fées étaient très nombreuses en ce pays et se retiraient d'habitude dans le bois qui porte encore leur nom [1]. Elles ne faisaient aucun mal ; cependant les curés, jaloux de leur puissance, les ont changées en taupes.

En ce temps-là donc, les Fées, qui aimaient beaucoup les petits enfants, guettaient le moment où les paysans quittaient leurs maisons pour aller travailler au dehors, laissant leurs derniers-nés seuls, endormis dans leurs berceaux. Elles descendaient par la cheminée dans les fermes pour soigner ces petits innocents abandonnés à eux-mêmes ; elles les faisaient manger, les pouponnaient et les amusaient jusqu'à l'heure où les parents allaient revenir des champs. Alors elles s'enfuyaient en reprenant le chemin par lequel elles étaient venues et personne ne les voyait ordinairement.

---

[1] Le bois Deffais, situé commune de Chambellay, vulgairement le *Bois des Fées*.

Parmi les Fées de ce pays, il en était une, plus hardie sans doute que les autres, qui se rendait chaque jour dans une chaumière où se trouvait un petit enfant nouveau-né. Sans s'inquiéter de la présence de la mère qui, trop faible encore pour aller travailler aux champs, se tenait, muette de frayeur, filant au rouet près du foyer, elle prenait l'enfant dans ses bras, le caressait, le promenait dans la maison, chantait pour apaiser ses cris et lui prodiguait ses soins.

La mère, jalouse des caresses données à son enfant par une étrangère, les supporta quelque temps. Mais, un jour, surmontant la peur que lui causait la Fée, elle raconta à son mari ce qui se passait chaque jour après son départ.

— Ne crains rien, lui répondit celui-ci, je te promets de te débarrasser de cette Fée, puisque ses soins t'importunent. Demain tu iras aux champs à ma place ; moi je garderai la maison et, si elle revient encore, je m'arrangerai de façon à lui faire passer le désir de continuer ses visites.

Le lendemain, en effet, la mère partit pour aller travailler au dehors, tandis que son mari demeurait à la maison avec l'enfant endormi dans son berceau.

Quand approcha l'heure à laquelle la Fée arrivait chaque jour, il alla s'asseoir sous le manteau de la cheminée, près du rouet de sa femme et, prenant la quenouille de celle-ci, il se mit à filer.

La Fée ne tarda pas à descendre par la cheminée. A peine avait-elle posé le pied à terre qu'elle courut à l'enfant qui venait de se réveiller et s'était mis à crier. Elle le prit dans ses bras, et par ses caresses et ses chants réussit à le calmer.

A ce moment elle s'aperçut qu'un homme avait pris la place de la femme qu'elle voyait chaque jour.

— Qui donc es-tu ? lui dit-elle.

— Je m'appelle *Personne,* répondit l'homme.

La Fée ne parut pas surprise de cette réponse ; elle crut que l'homme se nommait ainsi, et tout en caressant l'enfant, elle se mit à se moquer du fermier, remarquant avec malice que son fil se brisait à chaque instant et qu'il tournait mal son rouet.

La journée se passa ainsi, et quand le soir fut venu, la Fée, après avoir déposé dans son berceau l'enfant qui s'était endormi, se prépara à quitter la maison.

Au moment où elle s'élevait dans la large cheminée, le paysan qui guettait cet instant, saisit la pelle à feu, la remplit de charbons ardents et, avant que la Fée ne disparût à ses yeux, il les lui lança aux jambes.

La Fée, se sentant brûlée, se mit à pousser des cris de douleur. Ses sœurs, qui traversaient les airs, l'entendirent à une grande distance et s'empressèrent d'accourir à son secours.

— Qu'as-tu, ma sœur ? lui dirent-elles.

— Ah ! je suis cruellement brûlée, et je souffre comme une martyre.

— Mais qui t'a fait cela ? demandèrent ses compagnes.

— C'est *Personne*, répondit-elle.

A ces mots les Fées éclatèrent de rire et s'envolèrent dans toutes les directions. se tenant les côtes et se moquant de la naïveté de leur sœur.

Celle-ci regagna à grand'peine le lieu de sa retraite, où elle put enfin soigner ses blessures ; mais jamais depuis ce jour elle ne revint dans la maison dont elle avait été chassée avec tant de cruauté.

Je dois ce conte à M. Queruau-Lamerie, qui l'a recueilli aux environs du Lion-d'Angers.

XXIX

LA SIRÈNE DE LA FRESNAYE

Il y avait une fois dans le bois de l'île Aval, en la paroisse de Saint-Cast, un sabotier qui demeurait avec sa femme et ses deux enfants, dans une pauvre petite hutte en terre, qu'il avait lui-même construite au bord de la mer, à l'endroit où finit la vallée. Il y en a qui disent qu'on en voit encore les ruines, mais cela n'est guère croyable, car il y a bien longtemps de cela, et d'habitude, les cabanes de sabotiers ne laissent pas de longues traces.

Ils n'étaient pas riches, car ils n'avaient que leur travail pour vivre, et l'on sait que les sabotiers achètent rarement des métairies : le mari creusait des sabots, sa femme lui aidait de son mieux, et le petit garçon et la petite fille, qui n'étaient pas assez grands pour travailler le bois, allaient tous les jours à la pêche le long du rivage.

Un jour que le petit garçon était dans les rochers à prendre du poisson, il entendit tout à coup un chant doux et mélodieux, et, en regardant l'endroit d'où il semblait venir, il vit la Sirène qui nageait en chantant sur les flots, et autour d'elle la mer était si brillante que la vue en était éblouie.

Il courut bien vite à la cabane où son père travaillait :

— Ah ! papa, lui dit-il, viens donc voir ! il y a dans l'anse du Port-au-Moulin un poisson plus beau que tous ceux que j'ai vus : il chante, et il brille comme de l'or.

— Comme du feu, papa, ajouta la petite fille qui l'avait aussi vu.

Le sabotier et sa femme se hâtèrent de suivre leurs enfants ; mais quand ils arrivèrent au rivage, la Sirène avait disparu : ils ne virent rien sur la mer, et n'entendirent point de chant.

— Ce n'était rien, dit la mère, les enfants auront rêvé tout cela.

Mais le sabotier n'était pas aussi incrédule que sa femme ; le lendemain, il dit aux enfants :

— Retournez au bord de l'eau et regardez bien si le beau poisson qui chante se montrera encore.

Le petit garçon sortit, mais dès qu'il eut fait quelques pas en dehors de la cabane, il y rentra en s'écriant :

— Ah ! papa, le beau poisson est revenu, on l'entend chanter d'ici.

Quand ils furent sortis, ils entendirent dans le lointain une musique délicieuse, et ils se hâtèrent d'aller au bord de la mer où ils virent la Sirène qui se jouait en chantant sur les vagues et sautait parfois à plus de trois pieds au-dessus de l'eau.

— Ce n'est pas un poisson ordinaire, dit le sabotier, cela ressemble à une personne.

— Ah ! répondit la femme, il faut apprêter des lignes, peut-être pourras-tu le prendre ; je voudrais bien le voir de près.

Ils se mirent tous à arranger des lignes, et quand la mer était haute, ils les tendaient ; mais ils avaient beau garnir les hameçons des meilleurs appâts, le poisson-chanteur ne venait point se prendre, et pourtant on le voyait tous les jours.

Le sabotier pensait souvent au poisson merveilleux, et il réfléchissait aux moyens de s'en emparer. Un jour qu'il se promenait sur le rivage, il vit la Sirène qui s'était endormie, et, bercée par la vague, flottait à peu de distance du bord. Il se mit à l'eau sans faire de bruit, et passa tout doucement sous elle un grand panier qu'il avait, et dans lequel il l'emporta à terre sans l'éveiller.

Elle était de la taille d'un enfant de huit ans; sur sa tête elle avait des cheveux d'or, et son corps blanc et poli ressemblait à celui d'une femme, mais au lieu de pieds elle avait des nageoires et se terminait en queue de poisson.

— Ah! dit le sabotier en la regardant; mon petit gars n'avait pas menti, c'est bien la plus curieuse chose que l'on puisse voir. C'est sans doute une Sirène, car elle est moitié femme et moitié poisson.

Il faisait ces réflexions en prenant le chemin de sa cabane, et il n'en était pas fort éloigné, quand la Sirène s'éveilla et lui dit :

— Ah! sabotier, tu m'as surprise pendant que je dormais; je t'en prie, reporte-moi à l'eau maintenant que tu m'as vue de près, et je te protègerai, toi et toute ta famille, tant que tu vivras.

— Non, répondit le sabotier, je ne te remettrai pas à la mer, il y a trop longtemps que je te guettais, et aussi ma femme et mes enfants. Je vais te porter à la maison pour qu'ils te voient; mais quand tu auras chanté une chanson, si ma femme veut, je te rapporte-rai où je t'ai prise.

Il appela sa femme, qui avait nom Olérie, et lui cria:

— Olérie, viens donc voir, et amène les enfants ; j'ai la chanteuse dans mon panier.

La bonne femme accourut toute joyeuse, suivie du petit garçon et de la petite fille, et ils se mirent à regarder la Sirène.

— Elle demande, dit le sabotier, que je la porte à la mer ; elle te chantera une chanson auparavant. Y consens-tu ?

— Non, répondit-elle, c'est un trop beau poisson : jamais je n'en ai vu un semblable ; il faut le manger.

— Ah ! dit la Sirène, si tu te nourris de ma chair, si tu te repais de mon poisson, tu ne mangeras plus rien en ce monde, car tu périras. Je ne suis pas un poisson comme les autres : je suis la Sirène de la Fresnaye, et ton mari m'a surprise pendant que je dormais. Demande-moi ce que tu voudras et je te l'accorderai, car j'ai le pouvoir des fées. Mais dépêche-toi de me reporter à la mer, et ne perds pas de temps, je faiblis déjà, et je mourrais bientôt.

— Qu'en dis-tu ? demanda Olérie à son mari.

— Si tu y consens, je veux bien la remettre à la mer ; ce serait dommage de la tuer, elle est bien gentille et elle n'a jamais fait de mal à personne.

Ils prirent le panier chacun par un bout, et portèrent tout doucement la Sirène à la mer, et ils la laissèrent s'y plonger sans avoir songé à lui faire de conditions.

Quand elle sentit la fraîcheur de l'eau, elle s'esclaffa de rire, de la joie qu'elle avait de n'être plus en captivité, et elle dit au sabotier :

— Que me demandes-tu à présent ?

— Je désirerais, répondit-il, du pain, du poisson et des habits pour moi, ma femme et mes enfants.

— Tu auras tout cela dans vingt-quatre heures, dit la Sirène.

— Je voudrais bien aussi, poursuivit-il, si c'était un effet de votre bonté, un peu d'argent pour payer mon maître, car je ne suis guère riche.

La Sirène ne répondit rien ; mais elle se mit à battre l'eau avec ses nageoires, et à chaque fois qu'elle frappait les vagues, il jaillissait des gouttelettes, et tout ce qui sautait en l'air était de l'or qui venait tomber aux pieds du sabotier.

Le rivage en fut bientôt couvert ; alors elle cessa de s'agiter, et elle dit au sabotier et à sa femme :

— Tout cela est à vous, bonnes gens ; vous pouvez le ramasser.

Ils remercièrent la Sirène qui s'éloigna en chantant, puis ils remplirent leurs poches d'or, et retournèrent à leur cabane, bien contents.

Quand les vingt-quatre heures furent écoulées, Olérie et son mari revinrent au bord de la mer pour chercher les habits que la Sirène leur avait promis. Ils l'entendirent au loin qui chantait, et bientôt ils la virent se glisser sur les flots et s'approcher d'eux, en continuant son chant doux et mélodieux. Elle frappa l'eau de ses nageoires : une grosse vague vint déferler sur la grève et se retira, laissant aux pieds du sabotier un coffre bien fermé et de grande taille.

La Sirène sauta ensuite sur l'eau par trois fois, puis dit au sabotier :

— Tu trouveras dans ce coffre ce que je t'avais promis ; au revoir, toi qui as été bon pour moi ! Quand tu auras besoin de poisson, n'oublie pas ce rivage.

Ils emportèrent le coffre chez eux : il contenait de bons habits faits à leur taille, et toutes les fois qu'eux ou leurs enfants avaient envie de pêcher du poisson, ils allaient au bord de la mer, et, en peu d'instants, ils faisaient une pêche abondante.

Pendant un an, ils ne revirent plus la Sirène : leur bourse diminuait cependant, et plus elle devenait légère, plus ils pensaient à la Sirène. Souvent ils allaient au bord de la mer, prêtant l'oreille et espérant ouïr sa voix.

Un jour, ils l'entendirent de loin qui chantait ; ils accoururent aussitôt sur le rivage, et furent bien joyeux de la voir glisser sur les flots : partout où elle avait passé, la mer brillait comme une traînée de feu.

Quand elle fut à une petite distance, le sabotier lui dit :

— Ma Sirène, je suis bien content de vous revoir ; si vous voulez, vous pouvez me rendre un grand service, car je n'ai plus ni pain ni argent.

— Je vais, répondit la Sirène, vous donner de quoi remplir de nouveau votre bourse.

Après avoir dit ces mots, elle déplia ses nageoires, et, battant l'eau autour d'elle, elle envoya au rivage un flot d'or et d'argent.

— Avec cela, dit-elle, tu achèteras ce dont tu as besoin ; mais si tu veux le conserver, emploie-le bien. Désormais, tu ne me reverras plus ; je quitte le pays et je repars pour l'Inde.

La Sirène s'éloigna après avoir ainsi parlé ; jamais depuis, personne ne la vit ni ne l'entendit chanter dans la baie de la Fresnaye.

PAUL SÉBILLOT, Contes des paysans
et des pêcheurs, n° II.

XXX

LE PETIT BOSSU

(CONTE LORRAIN.)

Il était une fois un roi qui avait trois fils; mais il n'y avait que les deux premiers qu'il traitât comme ses fils ; le plus jeune était bossu et son père ne pouvait le souffrir; sa mère seule l'aimait.

Un jour, le roi fit appeler l'aîné et lui dit :

— Mon fils, je voudrais avoir l'eau qui rajeunit.

— Mon père, j'irai la chercher.

Le roi lui donna un beau carrosse attelé de quatre chevaux, et de l'or et de l'argent tant qu'il en voulut, et le jeune homme se mit en route.

Il avait fait deux cents lieues de chemin, lorsqu'il rencontra un berger qui lui dit :

— Prince, mon beau prince, voudrais-tu m'aider à dégager un de mes moutons qui est pris dans un buisson ?

— Il ne fallait pas l'y laisser aller, répondit le prince ; je n'ai pas de temps à perdre.

Étant arrivé à Pékin, il entra dans une belle hôtellerie, fit dételer ses chevaux et commanda un bon dîner. Il eut bientôt des amis et ne pensa plus à poursuivre son voyage.

Au bout de six mois, le roi, voyant qu'il ne revenait pas, appela son second fils et lui demanda d'aller lui chercher de l'eau qui rajeunit. Il lui donna un beau carrosse attelé de quatre chevaux, couvert de perles et de diamants ; le jeune homme monta dedans et partit. Après avoir fait deux cents lieues, il rencontra le berger qui lui dit :

— Prince, mon beau prince, voudrais-tu m'aider à dégager un de mes moutons, qui est pris dans un buisson ?

— Pour qui me prends-tu? répondit le prince, il ne fallait pas l'y laisser aller.

Il arriva à Pékin, où il logea dans la même hôtellerie que son frère ; lui aussi, il eut bientôt des amis, et ne songea pas à aller plus loin.

Le roi l'attendit un an, et, ne le voyant pas revenir, il se dit : « Je n'ai plus d'enfants ! Qui donc aura ma couronne? » Il ne pensait pas plus au petit bossu que s'il n'eût pas été de ce monde. Cependant celui-ci tomba malade. On fit venir un médecin ; le jeune prince lui dit qu'il était malade de chagrin, de voir que son père ne l'aimait pas, et qu'il voudrait bien voyager. Le médecin rapporta ces paroles au roi, qui vint voir son fils.

— Mon père, lui dit le petit bossu, je voudrais aller chercher l'eau qui rajeunit, et je ne ferais pas comme mes frères ; je la rapporterais.

— Tu iras si tu veux, lui répondit le roi.

Il lui donna un vieux chariot qui n'avait que trois roues, un vieux cheval qui n'avait que trois jambes, d'argent fort peu, mais la reine y ajouta quelque chose, et voilà le prince parti.

Après avoir fait deux cents lieues, il rencontra le berger qui lui dit :

— Prince, mon beau prince, voudrais-tu m'aider à dégager un de mes moutons qui est pris dans un buisson ?

— Volontiers, dit le prince.

Et il aida le berger à dégager son mouton. Quand il se fut éloigné, le berger songeant qu'il ne lui avait rien donné pour sa peine, le rappela et lui dit :

— Prince, j'ai oublié de vous récompenser. Tenez, voici des flèches, tout ce que ces flèches perceront sera bien percé. Voici un flageolet ; tous ceux qui l'entendront danseront.

Le prince poursuivit son chemin et arriva à Pékin. Quand il passa devant l'hôtellerie où logeaient ses frères, ceux-ci, qui étaient sur le perron, eurent honte de lui et rentrèrent dans la maison. Le pauvre petit bossu descendit dans une méchante auberge où il détela son cheval lui-même ; puis il prit avec lui un homme de peine pour lui montrer la ville. En se promenant, il vit un homme mort qu'on laissait là sans l'enterrer.

— Pourquoi donc n'enterre-t-on pas cet homme ? demanda-t-il.

— C'est parce qu'il avait beaucoup de créanciers et qu'il n'a pu les payer.

— En payant pour lui, pourrait-on le faire enterrer ?

— Oui, certainement.

Le prince fit venir les créanciers, paya les dettes de l'homme mort et donna de l'argent pour le faire enterrer ; ensuite il continua son voyage. Un jour une bonne vieille le reçut dans sa maisonnette et lui donna à boire et à manger : il la paya généreusement, puis il s'en alla plus loin.

Quand il eut fait encore deux cents lieues, tout son argent se trouva dépensé, et il n'avait plus rien à manger ; son cheval était encore plus heureux que lui :

il pouvait au moins brouter un peu d'herbe le long du
chemin. Un renard vint à passer ; le prince allait lui
décocher une de ses flèches, quand le renard lui cria :

— Malheureux ! que vas-tu faire ? tu veux me tuer !

Le prince, saisi de frayeur, remit sa flèche dans le
carquois. Alors le renard lui donna une serviette dans
laquelle se trouvait de quoi boire et manger et lui dit :

— Tu cherches l'eau qui rajeunit ? Elle est dans ce
château, bien loin là-bas. Le château est gardé par un
ogre, par des tigres et par des lions. Pour y arriver, il
faut passer un fleuve ; sur ce fleuve tu verras une
barque qu'un homme conduit depuis dix-huit cents
ans. Aie soin d'entrer dans la barque les pieds en avant,
car si tu y entrais les pieds en arrière, tu prendrais la
place de l'homme pour toujours. Arrivé au château,
ne te laisse pas charmer par la magnificence que tu y
trouveras. Tu verras dans l'écurie des mules ornées
de lames d'or, prends la plus laide ; tu verras aussi
deux oiseaux verts, prends le plus laid.

Le prince eut soin d'entrer dans la barque les pieds
en avant et arriva au château; il allait prendre la mule
et l'oiseau quand l'ogre rentra.

— Que fais-tu ici ? lui dit l'ogre.

Le prince s'excusa, s'humilia devant lui, lui demanda
grâce. L'ogre lui dit :

— Je ne te mangerai pas, tu es trop maigre.

Il lui donna à boire et à manger, et le prince resta
au château, où il avait tout à souhait. L'ogre l'envoya
combattre ses ennemis, des bêtes comme lui; le prince,
grâce à ses flèches, gagna la bataille et rapporta des
drapeaux. Il combattit cinq ou six fois, et toujours il
fut vainqueur.

Or, il y avait au château une princesse que l'ogre
voulait épouser, mais qui ne voulait pas de lui. Un

jour que le prince venait de gagner une grande bataille,
il eut l'idée de jouer un air sur son flageolet. La princesse était à table avec l'ogre ; en entendant le flageolet
merveilleux, ils se mirent à danser ensemble, sans
savoir d'abord d'où venait cette musique. Quand l'ogre
vit que c'était le prince qui jouait, il le fit venir à table
et lui dit :

— Demande-moi ce que tu désires : je te l'accorderai.

Il pensait bien que le prince ne lui demanderait pas
son congé.

— Je demande, dit le prince, ce qu'il y a de plus
beau ici, et la permission de faire trois fois le tour du
château.

L'ogre y consentit. Il y avait dans le château de l'or
à ne savoir où le mettre, mais le prince n'y toucha
pas ; il prit le plus laid des deux oiseaux verts et la
plus laide mule, qui faisait sept lieues d'un pas, sans
oublier une fiole de l'eau qui rajeunit, puis il fit monter
sur la mule la princesse, qui était d'accord avec lui. Au
lieu de faire trois fois le tour du château, il ne le fit
que deux fois et s'enfuit avec la princesse. L'ogre, s'en
étant aperçu, courut à leur poursuite, mais il ne put
les atteindre.

Le jeune homme rencontra une seconde fois le renard, qui lui dit :

— Si tu vois quelqu'un dans la peine, garde-toi de
l'en tirer.

Un peu plus loin, il fut très bien reçu par la bonne
vieille dans sa maisonnette ; enfin il arriva à Pékin
avec la princesse. Sur une des places de la ville, il y
avait une potence dressée.

— Pour qui cette potence ? demanda le prince.

On lui dit que c'était pour deux jeunes étrangers

qu'on devait pendre ce jour-là. En ce moment on amenait les condamnés : il reconnut ses frères. Il demanda quel était leur crime.

— C'est, lui dit-on, qu'ils ont fait des dettes et qu'ils n'ont pu les payer.

Le jeune homme réunit les créanciers, les paya et délivra ses frères, puis ils reprirent ensemble le chemin du royaume de leur père. Le petit bossu avait donné à son frère aîné la mule, à l'autre l'oiseau vert et l'eau qui rajeunit, il avait gardé pour lui la princesse. Ses frères n'étaient pas encore contents ; ils cherchaient ensemble le moyen de le perdre, et la princesse, qui voyait leur jalousie, s'en affligeait.

Un jour qu'on passait près d'un puits qui avait trois cents pieds de profondeur, les deux aînés dirent à leur frère :

— Regarde quel beau puits !

Et tandis qu'il se penchait pour voir, ils le poussèrent dedans et emmenèrent la princesse, la mule et l'oiseau. Quand on arriva au château, la princesse était languissante, la mule et l'oiseau étaient tristes. On mit la mule dans une vieille écurie, l'oiseau dans une vieille cage. L'eau ne put rajeunir le roi ; on la mit dans un coin avec les vieilles drogues.

Cependant le pauvre prince, au fond du puits, poussait de grands cris ; le renard accourut et descendit dans le puits.

— Je t'avais bien dit de ne tirer personne de la peine ! Je vais pourtant t'aider à sortir d'ici ; tiens bien ma queue.

Le jeune homme fit ce qu'il lui disait, et le renard grimpa ; il allait atteindre le haut, quand la queue se rompit et le jeune homme retomba au fond du puits. Le renard rattacha sa queue en la frottant avec de la graisse et prit le prince sur son dos. Une fois dehors, il le redressa, et le jeune homme, débarrassé de sa bosse, devint un prince accompli.

Il se rendit au château du roi son père et se fit annoncer comme grand médecin, disant qu'il guérirait le roi et la princesse. Il entra d'abord dans l'écurie : aussitôt la mule reprit son beau poil et se mit à hennir ; il s'approcha de l'oiseau : celui-ci reprit son beau plumage et se mit à chanter. Il donna à son père de l'eau qui rajeunit : le roi redevint jeune sur-le-champ et sortit du lit où il était malade. Rien qu'en voyant le jeune homme, la princesse revint à la santé. Alors le prince se fit reconnaître de son père et lui apprit ce qui s'était passé ; puis l'oiseau parla à son tour et raconta toute l'histoire.

Les fils aînés du roi étaient à la chasse. Le roi fit cacher leur jeune frère derrière la porte, et, quand ils arrivèrent, il leur dit :

— Je viens d'apprendre une singulière aventure qui s'est passée dans une ville de mon royaume : trois jeunes gens se promenaient ensemble au bord d'un lac, deux d'entre eux jetèrent leur compagnon dans ce lac. Rendez un jugement de Salomon : quel châtiment méritent ces hommes ?

— Ils méritent la mort.

— Malheureux ! vous l'avez donc aussi méritée ! Vous ne serez pas jetés dans l'eau, mais vous serez brûlés.

La sentence fut exécutée. On fit ensuite un grand festin et le jeune prince épousa la princesse.

Emmanuel Cosquin, Contes populaires lorrains,
n° XIX.

II

LÉGENDES CHRÉTIENNES

XXXI

JESUS-CHRIST ET LE BON LARRON

(LÉGENDE DE L'ILE D'OUESSANT.)

Joseph et Marie fuyaient vers l'Égypte avec leur enfant, l'enfant Jésus, pour le soustraire à l'édit du cruel Hérode, qui ordonnait le massacre de tous les nouveau-nés, dans la Judée. La mère et l'enfant étaient montés sur un âne ; le père les précédait de quelques pas, et ils allaient ainsi, comme de pauvres gens qu'ils étaient, mettant toute leur confiance dans la protection de Dieu.

Une nuit, ils furent surpris par un violent orage : éclairs, tonnerre et pluie torrentielle. Ils heurtèrent à la première habitation qu'ils rencontrèrent et demandèrent l'hospitalité pour la nuit. La maison avait bonne apparence et paraissait habitée par des gens à l'aise, sinon riches. Une femme vint ouvrir et répondit à leur demande :

— Je ne puis vous loger, mes pauvres gens, car mon mari est un brigand inhumain et cruel, bien connu dans le pays, et si je vous reçois, quand il rentrera, il vous jettera à la porte et vous maltraitera peut-être.

— Ayez pitié de notre situation, dit alors Marie, et surtout de ce pauvre petit enfant qui périra sans doute, s'il nous faut passer la nuit dehors. Voyez le temps affreux qu'il fait !

— Je vous plains de tout mon cœur, et je voudrais pouvoir vous venir en aide ; mais, je vous le répète, je crains l'accueil que vous ferait mon mari.

— Nous aimons mieux courir la chance d'être mal accueillis par votre mari que rester dehors par un pareil temps ; notre pauvre innocent en mourrait sûrement.

Et la mère pressait son enfant contre son cœur.

— Entrez alors ! dit la femme du brigand, et Dieu vous protège !

Et ils entrèrent.

Le brigand arriva presque aussitôt, et, en voyant les hôtes de sa femme, il lui demanda :

— Qui sont ces gens, femme ?

— Ce sont des pauvres gens surpris par l'orage et qui m'ont demandé l'hospitalité, pour une nuit seulement. J'ai eu pitié d'eux, surtout de leur petit enfant, qui serait mort de froid, s'il leur avait fallu passer la nuit dehors.

— Ah ! il y a aussi un petit enfant ? Voyons-le.

Et ayant examiné l'enfant, que la mère cachait dans son sein, il dit :

— Un fort bel enfant, en vérité ! Mais, comme il est mouillé et tremble de froid, le pauvre petit ! Que l'on fasse du feu, vite, pour le réchauffer. Il faut le laver avec de l'eau chaude et lui donner des langes frais.

Et la femme du brigand, tout étonnée de voir son mari ainsi devenu subitement si humain et si compatissant, fit faire du feu par une esclave et chauffer de l'eau. Puis, elle donna du linge fin et frais à la mère pour envelopper son enfant.

Marie s'approcha du feu, lava son fils dans un bassin rempli d'eau tiède et l'emmaillota ensuite bien chaudement. Le brigand la regardait faire en souriant, et tout étonné de sentir son cœur s'amollir et de ne pouvoir lever les yeux de dessus cet enfant.

Le brigand avait un fils de cinq à six ans, qui était rongé par la lèpre. Il s'était aussi approché des étrangers, et, comme son père, il contemplait en silence l'enfant Jésus assoupi. Marie le remarqua et dit :

— Votre fils paraît bien malade.

— Hélas! répondit le père, le pauvre enfant est lépreux, et voilà ce qui fait mon désespoir. J'ai consulté tous les savants du pays, médecins et magiciens, et je les ai comblés d'or, car ce n'est pas là ce qui me manque ; mais ils ont eu beau frictionner l'enfant avec toutes sortes d'onguents et d'herbes, et réciter maintes formules secrètes, son état n'a fait qu'empirer tous les jours, et tout son corps ne sera bientôt qu'une mer de lèpre [1].

— Le pauvre enfant ! dit Marie en le regardant avec compassion ; eh bien, lavez-le dans l'eau où j'ai lavé mon fils, et peut-être cela lui fera-t-il du bien.

— C'est inutile, répondit le père, après tout ce que nous avons déjà fait.

— Faites ce que je vous dis, je vous en prie, insista de nouveau Marie, et ayez confiance : Dieu est grand.

La femme du brigand lava son enfant dans l'eau qui avait servi à laver l'enfant de Marie, puis elle l'enveloppa dans du linge frais et le coucha chaudement dans son lit.

---

[1] *Eur mor euz alaournès,* suivant la poétique expression de ma conteuse.

Le lendemain matin, Joseph et Marie s'apprêtaient à partir avec leur enfant.

— Comment est votre fils, ce matin? demanda Marie à la femme du brigand.

— Je suis guéri! je suis guéri! cria l'enfant, en entendant ces paroles.

Et, en effet, il sauta hors de son lit, dispos et bien portant, et n'ayant plus la moindre marque de lèpre sur le corps.

Le père et la mère restèrent quelque temps immobiles et muets d'étonnement et de bonheur; puis ils prièrent leurs hôtes d'accepter une cassette pleine d'or et de pierres précieuses, qu'ils leur présentèrent. Mais Marie refusa en disant :

— Nous sommes encore vos obligés et vos débiteurs; mais un jour viendra où mon fils saura reconnaître le service que vous nous avez rendu.

Et ils partirent et continuèrent leur route vers l'Égypte.

— Ces bonnes gens! dit alors le brigand; ils ont bon cœur; mais comment se fait-il qu'ils n'ont rien voulu accepter pour le service qu'ils nous ont rendu, et qu'ils parlent encore de nous récompenser un jour, pauvres comme ils le sont ?

— Dieu est grand! dit la femme pour toute réponse.

Environ trente-deux ans plus tard, Notre-Seigneur Jésus-Christ fut condamné par les Juifs à mourir sur une croix, entre deux larrons. Le brigand ou larron de qui nous venons de parler avait continué son métier comme devant, détroussant les voyageurs et les assassinant même à l'occasion. Il avait été pris et jugé. La sentence des juges le condamnait à être crucifié, et il était en prison en attendant le jour de l'exécution. Il était un des deux larrons qui devaient être crucifiés avec Jésus de Nazareth.

Quand les trois condamnés étaient en croix, subissant leur supplice, Jésus au milieu, un des larrons, celui de droite, était silencieux, calme et résigné ; celui de gauche, au contraire, criait et blasphémait, et se tordait comme un possédé du démon. Alors Jésus s'adressant au larron de droite, lui dit :

— Ne vous rappelez-vous pas m'avoir déjà vu quelque part, avant aujourd'hui ?

— Je ne me le rappelle pas, répondit le larron.

— N'avez-vous pas reçu dans votre maison, il y a environ trente-deux ans, deux pauvres gens et leur enfant nouveau-né surpris par un orage, au moment où ils fuyaient en Égypte, pour se mettre à l'abri de l'arrêt d'Hérode contre les nouveau-nés de la Judée, et votre fils, rongé de la lèpre, n'a-t-il pas été guéri instantanément pour avoir été lavé dans l'eau où l'enfant de ces pauvres gens venait d'être lavé lui-même ?

— C'est vrai, je me le rappelle, répondit le larron.

— Je suis cet enfant. Ma mère vous a promis que son fils vous paierait un jour la dette de reconnaissance qu'elle avait contractée envers vous, et je vous annonce que vous serez avec moi, ce soir, dans le royaume de mon Père...

Ils moururent, et leurs âmes montèrent ensemble au ciel, et l'on dit même que c'est le seul larron qui alla jamais au Paradis, car l'autre n'y alla pas.

F. M. LUZEL, Légendes chrétiennes
de la Basse-Bretagne.

XXXII

LES ENFANTS DES LIMBES

(LÉGENDE DE L'AUVERGNE.)

Inédite.

Un vigneron partit un matin de chez lui pour aller travailler à sa vigne ; un peu avant la pointe du jour, comme il arrivait à un endroit appelé Fontmort, il se vit entouré par une multitude d'enfants, tout habillés de blanc ; ils étaient encore plus petits que des enfants qui viennent de naître, et ils se tenaient autour de lui en criant de leur petite voix :

— Quoui pa le tieu, quoui le mieu ! Quoui pas ton pouïre, quoui le mieu ! (Ce n'est pas le tien, c'est le mien ! Ce n'est pas ton parrain, c'est le mien !)

Le vigneron comprit ce que demandaient les enfants ; il prit de l'eau dans un ruisseau qui coulait par là et les aspergea tous en disant :

— Je suis votre parrain à tous, mes enfants.

Puis, quand il eut prononcé les paroles du baptême, les petits enfants disparurent en criant :

— Grand merci, parrain ! grand merci !

C'étaient des petits enfants qui sortaient chaque nuit des limbes et erraient sur la terre, attendant pour entrer en Paradis qu'un chrétien voulût bien être leur parrain et les baptiser.

Je dois ce récit à mon ami le Dr PAULIN.

XXXIII

LE VOYAGE DE NOTRE-SEIGNEUR

(LÉGENDE DE LA GASCOGNE.)

Un jour, Notre-Seigneur partit, avec saint Pierre et saint Jean, pour aller demander l'aumône. Tous trois s'arrêtèrent devant la boutique d'un forgeron, qui tâchait de ferrer un cheval. Mais la bête ruait, et le forgeron jurait comme un païen, sans pouvoir faire de bon ouvrage.

— Forgeron, dit Notre-Seigneur, laisse-moi ferrer ce cheval.

— Passe ton chemin, effronté. Sinon, je te marque avec mon fer chaud.

— Forgeron, je te dis de me laisser ferrer ton cheval.

Le forgeron finit par laisser faire.

— Voilà, dit Notre-Seigneur, comment on ferre un cheval.

Il coupa à la bête la jambe de devant, la ferra tout à son aise, la remit en place, et repartit avec saint Pierre et saint Jean.

— J'en ferai bien autant que cet homme, pensa le forgeron.

Alors, il coupa au cheval la jambe gauche de devant

et la ferra tout à son aise. Mais la pauvre bête saignait et le forgeron ne put remettre le membre en place. Aussitôt il courut après Notre-Seigneur.

— L'ami, je vous en prie, venez m'aider à remettre la jambe au cheval.

Notre-Seigneur revint mettre la jambe à la bête. Alors il dit au forgeron :

— Voilà qui est fait. A l'avenir, ne jure· plus comme un païen, et n'insulte plus ceux qui veulent te rendre service.

Notre-Seigneur repartit avec saint Pierre et saint Jean, et tous trois s'en allèrent frapper à la porte d'une pauvre métairie.

— Un morceau de pain, métayère, s'il vous plaît, pour l'amour de Dieu et de la Sainte-Vierge Marie. *Pater noster qui es in cœlis...*

— Pauvres gens, vos prières ne vous profiteront guère. Je n'ai qu'un morceau de pâte dans le pétrin.

— N'ayez pas peur, métayère. Votre pâte va augmenter, et il y en aura pour nous tous.

En effet, la pâte augmentait à vue d'œil, jusqu'à déborder par-dessus le pétrin. Alors, la métayère chauffa le four. Quand le pain fut cuit, tous trois se mirent à manger. Pendant qu'ils mangeaient, les trois enfants de la métayère s'étaient cachés dans la loge à cochons et criaient.

— Métayère, dit Notre-Seigneur, qu'avez-vous dans cette loge ?

— Pauvre, ce sont trois petits porcs.

Le repas fini, Notre-Seigneur repartit avec saint Pierre et saint Jean. Mais quand la métayère voulut aller chercher ses trois enfants dans la loge à cochons, elle y trouva trois petits porcs. Aussitôt, elle courut après Notre-Seigneur.

— Mon ami, je vous ai menti, quand je vous ai dit que c'étaient trois petits porcs qui criaient dans la loge à cochons. C'étaient mes trois petits enfants. Quand vous avez été parti, j'ai trouvé trois petits porcs à la place.

— Rentrez chez vous, métayère. Vous retrouverez vos trois enfants. Mais il ne faut plus mentir.

Notre-Seigneur repartit avec saint Pierre et saint Jean. Tous trois s'en allèrent frapper à la porte d'un château.

— Un morceau de pain, s'il vous plaît, Monsieur, pour l'amour de Dieu et de la Sainte-Vierge Marie. *Pater noster qui es in cœlis, sanctificetur*...

— Hors d'ici, canailles. Vous n'aurez pas un croûton, fainéants. Vite, tournez-moi les talons. Sinon, je lâche les chiens.

— Saint Pierre, dit Notre-Seigneur, bâte-moi cet âne...

Aussitôt, le maître du château se trouva changé en âne. Saint Pierre le bâta et lui mit un licou.

Notre-Seigneur repartit avec saint Pierre et saint Jean. Tous trois s'en allèrent frapper à la porte d'un moulin où il n'y avait qu'une femme.

— Un morceau de pain, s'il vous plaît, meunière, s'il vous plaît, pour l'amour de Dieu et de la Sainte-Vierge Marie. *Pater noster qui es in cœlis*...

— Pauvres gens, vos prières ne vous profiteront guère. Je n'ai que ce petit morceau de pain. Partagez-vous-le.

— Merci, meunière, répondit Notre-Seigneur. Pour votre petit morceau de pain, je vous donne cet âne, avec son bât et son licou. Faites-le travailler ferme, et ne lui donnez ni foin ni paille. Il saura bien aller tout seul chercher sa vie, le long des chemins et parmi les haies.

Notre-Seigneur repartit avec saint Pierre et saint Jean. Au bout de sept ans, ils repassèrent devant le petit moulin et s'en allèrent frapper à la porte.

— Un morceau de pain, meunière, s'il vous plaît, pour l'amour de Dieu et de la sainte Vierge Marie. *Pater noster qui es in cœlis.....*

— Avec plaisir, pauvre gens. Entrez. La soupe est sur la table. Voici une miche de pain pour chacun, de l'ail et du sel. Je descends à la cave, vous tirer du vin vieux. Il y a sept ans, trois pauvres plus jeunes que vous passèrent par ici. Pour un petit morceau de pain, ils me donnèrent un âne avec son bât et son licou, en me recommandant de le faire travailler ferme, sans lui donner ni foin ni paille. Je l'ai toujours laissé aller chercher sa vie tout seul le long des chemins et parmi les haies. Pourtant, j'avais pitié de ce pauvre animal. C'est avec lui que jai achalandé mon moulin et fait ma fortune.

— Meunière, c'est nous qui vous avons donné cet âne avec son bât et son licou. Maintenant, il faut nous le rendre.

— Avec plaisir, pauvres gens.

Notre-Seigneur, saint Pierre et saint Jean montèrent tous trois sur l'âne, qui les porta jusqu'à son château.

— Un morceau de pain, Madame, s'il vous plaît, pour l'amour de Dieu et de la sainte Vierge Marie. *Pater noster...*

— Avec plaisir, pauvres gens. Voici trois miches, de dix livres chacune. Il y a sept ans passés, trois pauvres vinrent demander l'aumône à la porte de ce château. Mon mari les insulta et les menaça des chiens.

Alors, un de ces pauvres le changea en âne. Un autre le bâta, lui mit un licou et ils l'emmenèrent avec eux.

— Reconnaîtriez-vous votre mari, Madame? répondit Notre-Seigneur.

— Oui, pauvre, je le reconnaîtrais.

— Ane, lève-toi et reprends ta première forme.

Aussitôt l'âne se leva, reprit sa première forme, et la dame reconnut son mari. Le maître du château mourut le lendemain. Mais il avait fait sa pénitence sur la terre, et Notre-Seigneur lui donna place dans son paradis.

Jean-François BLADÉ, *Contes populaires recueillis en Agenais*.

XXXIV

AMEN

(LÉGENDE PROVENÇALE.)

Une fois, du côté d'Arles, passait un saint homme de Dieu. Il avait fait ses dévotions dans la grande église de Saint-Trophime et de la Majour. Les Arlésiens avec qui il était resté quelques jours disaient que c'était un saint à faire des miracles. Et tant bien il arraisonnait sur la religion et sur son histoire que c'était un bonheur de l'ouïr.

Ah ! que de fois à l'ombre des remparts, ou sur la place des Hommes, il avait la foule autour de lui, et ses paroles étaient une manne plus douce que le miel. Quand il partit (comme il était aveugle, pécaire !) ils l'accompagnèrent hors ville vers la Crau, et même ils lui bâillèrent un garçon pour lui montrer le bon chemin.

Ils s'en allaient tout plan plan. Les tours d'Arles avaient disparu dans le lointain, et les bouquets de peupliers qui s'élevaient le long du Rhône paraissaient des touffes de pistachiers.

Le chemin était caillouteux, rien ne bougeait et il faisait chaud. Notre gamin commença à se fatiguer. Alors une idée du tron de l'èr (tonnerre de l'air) lui passa par la caboche et il se prit à dire au vénérable apôtre :

— Saint homme, n'aimeriez-vous pas à prêcher un peu?

— Si, mon enfant, dit l'hermite, toujours prêt ; mais à qui? à toi ? Tu m'as déjà entendu et je te fatiguerais.

— Pas à moi. Mais il y a par ici une foule de gens, probablement de ceux de la Crau qui voulaient venir en Arles pour entendre au moins une fois votre parler d'or.

— Dans ce cas, mon beau garçon, je suis prêt à redire devant eux ce que m'inspire la bonté de notre Père qui est aux cieux, les splendeurs de sa création, et l'amour que nous lui devons.

— Ah ! il me semble qu'ils vous reconnaissent. Ils se sont assis en silence sur le gazon du fossé, et retiennent leur haleine pour vous mieux écouter.

— Alors, dis-moi quand nous serons arrivés et fais-moi signe quand je pourrai entamer le sermon.

— Nous y serons bientôt. Tenez, approchez-vous un peu et vous serez à portée de ces braves gens.

Or, il n'y avait qu'eux deux dans la Crau, plate et silencieuse, et tout alentour quelques herbes basses entre les cailloux roux et gris. Le bienheureux apôtre, d'une voix claire, parla à ravir, et jamais, non, jamais, il n'avait été aussi éloquent.

Il n'y avait pour l'ouïr que le gamin et la Mante du désert. Cependant quand il eut fini, pour rendre hommage à la parole divine, tous les cailloux d'alentour ensemble dirent : *Amen!*

Traduit de Jan dis Escarnourgue, *Cacho fio, Annuari prouvençau, per l'an 1881*, p. 26.

M. Cerquand a bien voulu m'aider pour la traduction de cette légende, et celle du *Gros Poisson*, qu'on trouvera plus loin.

XXXV

SAINT PIERRE EN VOYAGE

(LÉGENDE DE LA HAUTE-BRETAGNE.)

Le bon Dieu, saint Pierre et saint Jean quittèrent un jour le Paradis, et vinrent se promener sur terre pour voir par leurs propres yeux ce qui s'y passait. Ils paraissaient semblables à des voyageurs ordinaires, et même ils n'avaient point l'air riche. Quand le soir arriva, ils étaient un peu loin des bourgs et ils ne virent qu'une chaumière où ils entrèrent pour demander à coucher. C'était la demeure d'une pauvre femme qui les reçut de son mieux, leur donna à souper et leur offrit son meilleur lit pour passer la nuit.

Le lendemain, saint Pierre dit à ses compagnons de voyage qu'il lui paraissait juste de faire du bien à la femme qui était si bonne et si charitable.

Le bon Dieu hocha la tête et dit à Pierre :

— Quand la bonne femme sera riche, elle ne sera pas aussi bonne que lorsqu'elle était pauvre.

— Seigneur, répondit saint Pierre, je suis sûr que cette femme-là sera toujours bonne.

Et ils donnèrent du bien à leur hôtesse.

Un an après, ils repassèrent par le même endroit : la femme avait fait construire une maison neuve à la place de sa cabane, et elle était devenue une grosse fermière. Quand les voyageurs lui demandèrent un gîte, elle leur répondit d'un ton sec :

— Vous êtes de grands *coviaux* [1] et des paresseux ; au lieu de chercher votre pain vous pourriez bien gagner votre vie en travaillant, car vous êtes encore jeunes.

Tout en grognant de la sorte, elle leur donna pourtant un lit, mais ne leur offrit rien à manger.

Le bon Dieu dit à saint Pierre :

— Tu vois, Pierrot, que j'avais raison ; je t'avais bien prévenu que la bonne femme n'aurait plus rien valu quand elle serait devenue riche.

Le lendemain, les gens de la ferme se levèrent de bonne heure pour battre le grain dans l'aire, et les bienheureux dormaient encore longtemps après que tout le monde se fût mis à l'ouvrage.

La bonne femme alla au lit où les trois voyageurs étaient couchés et leur dit :

— Levez-vous, vous autres, et venez nous aider à battre, il est déjà haute heure.

Comme personne ne bougeait, la femme prit un bâton et se mit à frapper saint Pierre qui était couché dans le devant du lit ; mais il ne voulut pas se lever. La femme s'éloigna pour aller jeter un coup d'œil à ceux qui travaillaient dans l'aire, et elle marmottait entre ses dents : « Quand je reviendrai, je saurai si celui du mitan [2] est aussi têtu que l'autre. »

Le bon Dieu qui l'entendait dit à saint Pierre :

— Passe dans le mitan, car si la femme revient, elle va encore te rouer de coups.

[1] Fainéants.
[2] Milieu.

Saint Pierre céda sa place au bon Dieu, et c’est lui que la bonne femme battit quand elle revint ; mais il ne bougea pas plus que la première fois, et elle s’en alla quand elle fut lasse de frapper.

Saint Jean, qui était couché dans la venelle [1] du lit, pensait :

— C’est à mon tour d’être battu, il faut que je persuade à saint Pierre de passer dans le fond.

Saint Pierre consentit encore à changer de place ; quelque temps après la bonne femme, qui était allée battre du blé dans l’aire, rentra à la maison pour voir si le troisième voyageur était aussi têtu que les deux autres, et ce fut encore saint Pierre qu’elle frappa.

Ils finirent par se lever tous les trois, et quand ils furent habillés, le bon Dieu dit à la femme :

— Y a-t-il moyen d’allumer une pipe ici ?

— Tàchez, répondit-elle, de trouver un tison, et venez un peu nous aider.

Après avoir allumé sa pipe, le bon Dieu sortit dans l’aire avec un tison, et dès qu’il eut soufflé dessus, la paille se trouva séparée du grain.

La bonne femme crut qu’elle allait pouvoir en faire autant :

— En voilà, dit-elle, une malice qu’il croit m’apprendre ? cela n’est guère difficile.

Elle monta dans son grenier et jeta dans l’aire toutes les gerbes qui y étaient ramassées, puis elle prit un tison et souffla dessus en s’approchant de la paille comme elle avait vu le bon Dieu faire, mais les gerbes prirent feu et furent brûlées en un instant.

Quand la bonne femme vit que sa récolte était perdue, elle s’approcha des voyageurs et leur demanda

---

[1] Ruelle.

s'ils voulaient accepter à déjeûner, et comme ils refusaient, elle insistait auprès d'eux, leur offrant tout ce qu'elle avait de meilleur ; car elle pensait qu'ils allaient encore lui faire du bien comme la première fois.

Et le bon Dieu disait à saint Pierre :

— Tu vois bien que cette femme vaut mieux quand elle est pauvre que lorsqu'elle est riche.

Paul Sébillot, *Contes populaires de la Haute-Bretagne*, Ire série, n° LIII.

206

XXXVI

LA HAIE DE JONCS

(PARABOLE BASQUE.)

Au temps jadis les hommes connaissaient à l'avance le moment de leur mort. Or, un jour, Jésus-Christ cheminait, accompagné de saint Pierre. Il passa le long d'un champ, et aperçut un homme occupé à le clore d'une haie de joncs. Il lui demanda pourquoi il faisait une si fragile clôture :

— Oh! Seigneur, dit l'homme, je dois mourir dans trois jours et la haie durera autant que moi.

— Eh bien, dit Jésus, ceci est cause que désormais vous ne saurez plus quand vous devez mourir.

CERQUAND, *Légendes du Pays Basque*, n° IV.

XXXVII

LA FOIRE DE MOOS

(LÉGENDE ALSACIENNE.)

Le bon Dieu et saint Pierre suivaient un jour le chemin de Moos. Quand ils arrivèrent à la potence, saint Pierre dit au bon Dieu :

— Tiens ! qu'entends-je ?

— Bah ! bah ! Qu'est-ce que cela te fait ? Je n'entends rien ! je n'entends rien ! Viens, allons-nous en !

— Non ! Écoute ! Je veux pourtant aller-voir.

— Eh bien ! Si tu veux aller, vas-y ! Mais ne reste pas longtemps. Je t'attendrai à Niederlarg.

Et le bon Dieu, suivait le sentier, vers Niederlarg. Saint Pierre à travers champs alla à Moos. Mais le bon Dieu eut beau attendre à Niederlarg, saint Pierre n'arrivait pas.

Enfin il revint, et le bon Dieu lui demanda pourquoi il était resté si longtemps.

— Si seulement tu étais venu aussi, on s'amusait tant là-bas ! Ils avaient foire, ils chantaient et dansaient, et tout allait grand train.

— N'ont-ils pas parlé de moi ?

— Non ! Personne n'a pensé à toi.

L'année d'après, ils repassèrent par le même chemin et quand ils arrivèrent à la potence, le bon Dieu dit :

— Tiens, écoute, Pierre ! n'entends-tu pas ?

— Non !

— Écoute bien ! n'entends-tu rien ?

— Non !

Mais, cette fois-ci, le bon Dieu voulut que saint Pierre allât encore à Moos, et lui-même alla à Niederlarg.

Mais quand il y arrive, qui est déjà là ? C'est mon saint Pierre.

Le bon Dieu lui dit :

— Te voilà déjà ? Et l'année dernière tu es resté si longtemps.

— Eh ! ce n'était pas comme l'année dernière. Il n'y avait que lamentations et plaintes. Et « O bon Dieu du ciel ! » Et « O bon Dieu, secourez-nous ! ».

— N'est-ce pas, saint Pierre, maintenant qu'ils sont grêlés, les voici qui pensent à moi, mais l'an dernier, quand ils étaient heureux, ils ne s'occupaient pas de moi.

Traduit de CHRISTOPHORUS, Alsatia,
1853, p. 165.

MM. A. Barth et H. Gaidoz ont bien voulu m'aider pour la traduction de cette légende et des autres contes alsaciens de ce recueil.

XXXVIII

LA VACHE DE LA VIEILLE FEMME

(LÉGENDE DE LA BASSE-BRETAGNE.)

Du temps que Notre-Seigneur Jésus-Christ faisait son tour du monde accompagné de saint Pierre et de saint Jean, ils finirent par arriver aussi en Basse-Bretagne. Ils allaient partout, chez le pauvre comme chez le riche, en faisant le bien sur leur passage. Tous les jours, ils prêchaient dans les églises, dans les chapelles, et souvent sur les places publiques, devant le peuple assemblé, et ils donnaient maint bon conseil et recommandaient par dessus tout la charité et la tolérance.

Un jour, au fort de l'été, ils montaient une côte roide et longue. Le soleil était chaud ; ils avaient soif, et ils ne trouvaient pas d'eau. Arrivés au haut de la côte, ils aperçurent au bord de la route une petite maison couverte de chaume.

— Entrons dans cette chaumière pour demander de l'eau, dit saint Pierre.

Et ils entrèrent. Quand ils furent dans la maison, ils virent une petite vieille femme assise sur la pierre du foyer ; et sur le banc à dossier, près du lit, un petit enfant tétait une chèvre.

— Un peu d'eau, s'il vous plaît, grand'mère? demanda saint Pierre.

— Oui, sûrement, mes braves gens; j'ai de l'eau, de bonne eau ; mais je n'ai guère autre chose aussi.

Elle prit une écuelle de bois, alla à son pichet, et présenta de l'eau fraîche et claire aux trois voyageurs. Ceux-ci, après voir bu, s'approchèrent pour regarder le petit enfant qui tétait la chèvre sur le banc.

— Cet enfant n'est pas à vous, grand'mère? demanda notre Sauveur.

— Non, sûrement, mes braves gens; et pourtant, c'est tout comme s'il était à moi. Le cher petit ange est à ma fille; mais, hélas ! sa pauvre mère est morte en le mettant au monde, et il m'est resté sur les bras.

— Et son père? demanda saint Pierre.

— Son père vit, et tous les jours, de bon matin, il part pour aller travailler à la journée, dans un manoir riche du voisinage. Il gagne huit sous par jour et sa nourriture, et c'est tout ce que nous avons pour vivre tous les trois.

— Et si vous aviez une vache? dit notre Sauveur.

— Oh ! si nous avions une vache, alors, nous serions heureux. J'irais la faire paître par les chemins, et nous aurions du lait et du beurre à vendre, au marché. Mais je n'aurai jamais une vache.

— Peut-être bien, grand'mère si Dieu le veut. Donnez-moi un peu votre bâton.

Notre Sauveur prit le bâton de la vieille et en frappa un coup sur la pierre du foyer en prononçant je ne sais quels mots latins ; et aussitôt il en sortit une vache mouchetée, fort belle, et dont les mamelles étaient toutes gonflées de lait.

— Jésus Maria ! s'écria la vieille en la voyant; comment cette vache est-elle venue ici?

— Par la grâce de Dieu, grand'mère, qui vous la donne.

— Que la bénédiction de Dieu soit sur vous, mes bons seigneurs! Je prierai Dieu pour vous, matin et soir.

Et les trois voyageurs se remirent en route.

La vieille, restée seule, ne se lassait pas de contempler sa vache : — La belle vache, disait-elle, et comme elle a du lait! Mais comment est-elle venu ici et d'où? Si je ne me trompe, un de ces trois étrangers l'a fait sortir de la pierre du foyer, en y frappant un coup avec mon bâton... Le bâton m'est resté ; la pierre du foyer aussi est toujours là. Si j'avais une autre vache comme celle-ci!... Peut-être, pour cela, me suffirait-il de frapper de mon bâton sur la pierre du foyer, comme l'autre?... Je veux essayer.

Et elle frappa un grand coup de son bâton sur la pierre du foyer en prononçant quelques mots qu'elle croyait peut-être latins, mais qui n'étaient d'aucune langue. Et aussitôt apparut un énorme loup qui étrangla la vache sur la place.

Et la vieille, tout effrayée, de courir après les trois voyageurs, en criant : — Seigneurs! seigneurs!... — Comme ils n'étaient pas encore loin, ils l'entendirent et s'arrêtèrent pour l'attendre.

— Que vous est-il donc arrivé, grand'mère? lui demanda notre Sauveur.

— Hélas! mes bons seigneurs, à peine étiez-vous sortis qu'un grand loup est arrivé dans ma maison, et il a étranglé ma belle vache mouchetée !

— C'est que vous avez appelé vous-même le loup, grand'mère. Retournez à la maison, et vous y retrouverez votre vache en vie et bien portante. Mais soyez plus sage, à l'avenir : contentez-vous de ce que Dieu

vous envoie, et n'essayez pas, une autre fois, de faire
ce que Dieu seul peut faire.

La vieille retourna chez elle et retrouva sa belle
vache mouchetée en vie et bien portante ; et alors seulement, elle reconnut que c'était le bon Dieu lui-même
qui avait été dans sa maison.

F.-M. LUZEL, *Légendes chrétiennes
de la Basse-Bretagne.*

XXXIX

LA FEMME AVARE

(LÉGENDE DE L'AUVERGNE.)

Inédite.

Il y avait une fois une femme qui était si avare qu'elle regrettait le pain qu'elle mangeait et le temps qu'elle passait à dire ses prières. Elle devint veuve, et quelque temps après la mort de son mari eut lieu la cérémonie des Rogations.

La procession se fait la nuit, et elle dure au moins deux heures, car en beaucoup de paroisses elle passe par tous les villages et traverse beaucoup de champs. La femme avare ne voulait pas perdre de temps ; au lieu de suivre les autres, elle se rendit tout droit à son champ, pour commencer à y travailler dès que le jour paraîtrait. Comme elle passait près d'un endroit qu'on nomme le Pré Labbé, elle rencontra la procession des défunts de la paroisse qui faisaient aussi leurs Rogations. Elle s'agenouilla pour les laisser passer, et les vit défiler devant elle, enveloppés dans leurs suaires blancs, et chantant des litanies. La procession était bien plus belle que celle de la paroisse, car il y a plus de morts que de vivants ; mais elle finit tout de même par passer, et la veuve allait se relever quand elle vit un pauvre défunt qui suivait les autres de loin ; mais son linceul était tout en loques, et chaque fois qu'il passait auprès d'une ronce ou d'une épine, il en laissait un morceau.

Quand il arriva devant elle, elle reconnut son mari :

— Ah ! mon pauvre homme, lui dit-elle, pourquoi marches-tu derrière la procession des défunts ? qui t'empêche de suivre les autres ?

— Malheureuse, lui répondit-il, tu m'as enseveli dans un drap tellement usé que la moindre ronce en arrache des lambeaux ; les autres défunts qui ont de bons draps passent à travers les buissons sans se déchirer parce que leur toile est solide ; mais moi, je suis obligé de passer du temps à me dépêtrer, et c'est pour cela que je suis à la queue de la procession.

La veuve fit dire des messes pour le repos de son mari ; et l'on assure que depuis ce temps dans le pays on ensevelit les morts dans de bons draps, pour qu'ils puissent faire la procession des Rogations sans laisser aux buissons des lambeaux de leur suaire.

> Je dois ce conte à mon ami le Dr PAULIN,
> originaire des environs de Royat.

XL

LE PAPILLON ET LE PAUVRE

Il y avait une fois un pauvre qui désirait, à ce qu'il disait, voir mourir quelqu'un, pour savoir comment on mourait. Un jour, il arriva à une maison, où un homme était sur le point de passer de vie à trépas. Il y entra et aussitôt que l'homme eut rendu le dernier soupir, il lui sembla voir sortir de sa bouche un papillon tout gris qui se posa sar la poitrine du défunt.

Le pauvre ne le perdit pas de vue. Quand on mit le mort dans le cercueil, le papillon se plaça sur le bout, et lorsque le cercueil eut été laissé dans la fosse, il voltigea çà et là, puis il prit son vol. Le pauvre le suivit jusqu'à une lande, où il le vit s'arrêter. Il dit au papillon :

— Pourquoi es-tu venu jusqu'ici sans t'arrêter ?

— Ah ! répondit le papillon, c'est que je n'ai trouvé que cet endroit pour me reposer, car depuis le cimetière jusqu'ici, tout est couvert d'âmes qui sont à faire pénitence.

— Et toi, petit papillon, en as-tu encore pour longtemps ?

— Pour sept ans.

— N'y aurait-il pas moyen d'abréger ce long temps de pénitence ?

— Non, à moins que pendant un an tu ne veuilles jeûner au pain sec et à l'eau.

— Je veux bien, dit le pauvre.

— Eh bien ! fais-le, et tu n'y perdras pas.

Le pauvre s'en retourna, et pendant un an il jeûna au pain sec et à l'eau. L'année suivante, il revint sur la lande et demanda au papillon s'il était quitte.

— Non, répondit le papillon, qui était presque blanc, mais encore gris, il faut que tu jeûnes une autre année pour que ma pénitence soit accomplie.

Le pauvre s'en retourna, et pendant un an il jeûna au pain et à l'eau. L'année terminée, il retourna sur la lande et vit le papillon qui, cette fois, était blanc comme la neige.

Ce papillon blanc était l'âme du défunt que le pauvre avait vu mourir, et qui avait été délivrée grâce à lui ; mais de son côté il avait fait la pénitence du pauvre, et il lui dit avant de s'envoler :

— Je te remercie bien ; mais tu n'as pas perdu ton temps, car tu as une place préparée à côté de moi dans le ciel.

Huit jours après, le pauvre mourut, mais ainsi que le lui avait dit le papillon, il avait une place dans le ciel à côté de lui.

Paul Sébillot, Traditions et superstitions
de la Haute-Bretagne, t. II, p. 299.

La croyance que l'âme prend la forme de papillon est encore assez répandue à la campagne en Haute-Bretagne.

Quand on voit le soir de petits papillons blancs voler dans la maison, cela annonce la mort de quelqu'un de ses habitants. Aussi quand il y en a beaucoup dans une maison, les gens en sont tout chagrins. Ils pensent que ce sont des âmes de revenants qui viennent chercher quelqu'un pour l'emmener avec elles.

XLI

LES CINQ SOUS DES BOHÉMIENS

(LÉGENDE BASQUE.)

Quand le roi des Juifs apprit que Jésus était né, il donna ordre à ses soldats de mettre à mort tous les enfants de son royaume au-dessous de deux ans. La Mère-Vierge et Joseph connurent bientôt cet ordre et se préparèrent à quitter le pays. Mais il fallait passer par une ville et ils ne savaient comment faire pour cacher l'enfant aux soldats.

Une bohémienne suivait la même route. Elle vit leur embarras et leur dit :

— Mettez le petit dans mon bissac, je le ferai bien passer, moi, à la barbe des soldats.

La Sainte-Vierge remercia bien la bohémienne et arrangea, du mieux qu'elle put, l'enfant dans le bissac.

Les soldats qui gardaient la porte la laissèrent passer sans lui rien dire, non plus qu'à Joseph, mais ils arrêtèrent la bohémienne.

— Que caches-tu dans ton bissac ? vieille coquine !

— Un enfant, mes amis, le plus beau du monde.

— Si tu portais un enfant, tu ne le dirais pas.

Les soldats étaient rangés de chaque côté de la porte

et l'enfant Jésus passa au milieu d'eux, dans le bissac de la bohémienne.

Pour récompenser les bohémiens d'avoir caché l'enfant Jésus aux soldats du roi, le bon Dieu leur a permis de voler cinq sous par jour. S'ils en prennent davantage, ce qu'ils font le plus souvent qu'ils peuvent, ils ne sont responsables que du surplus, d'après la permission du bon Dieu.

CERQUAND, *Légendes et récits populaires du pays basque*, n° XLII.

XLII

LA MÈRE DE SAINT PIERRE

(LÉGENDE CORSE.)

La mère de saint Pierre avait été si méchante pendant sa vie, que Dieu ne voulut pas la laisser entrer au Paradis après sa mort.

Saint Pierre en fut bien attristé : il ne mangeait plus et maigrissait à vue d'œil.

Le Seigneur s'en aperçut et lui dit :

— Pierre, pourquoi donc es-tu si triste ?

Et Pierre lui répondit :

— Seigneur, ne voyez-vous pas tous les supplices que ma mère endure aux enfers ?

— J'en suis bien désolé, mais elle n'a que ce qu'elle mérite. Dis-moi, Pierre, a-t-elle seulement fait une bonne action pendant sa vie ? Cherche, et si tu en trouves une, si petite quelle soit, je te promets de la faire entrer au ciel.

Saint Pierre se mit aussitôt à feuilleter le livre ou était écrite toute la vie de sa mère.

Il tourne et retourne les pages, mais pas la moindre bonne action. Enfin, à force de chercher, il réussit à trouver qu'un jour elle avait donné une feuille de poireau à un malheureux qui mourait de faim.

Triomphant, plein de joie, saint Pierre courut vers le Seigneur :

— Seigneur, Seigneur, elle a donné une feuille de poireau.

— Eh bien ! ce sera cette feuille de poireau qui la sauvera.

A l'instant, saint Pierre prit une feuille de poireau qui s'allongea, s'allongea tant et tellement qu'elle arriva jusqu'aux enfers.

La mère du saint s'y suspendit sans perdre de temps. La voyant monter au ciel, un premier damné s'accrocha à elle, un second suivit, puis un troisième, puis un quatrième, etc.

La feuille de poireau enlevait tout le monde.

En chemin, la méchante femme s'aperçut qu'on la suivait. Furieuse elle donne de grands coups de pieds.

— Lâchez-moi, ce n'est pas pour vous que mon fils a envoyé cette feuille.

— Laissez-les monter, ma mère, disait saint Pierre ; ne soyez pas si ingrate.

Mais sa mère n'écoutait rien et continuait à donner de grands coups de pieds afin qu'aucun malheureux ne pût se sauver avec elle.

— Eh bien ! Pierre, dit alors le Seigneur, que dis-tu de cela ?

Pierre baissa tristement la tête ; puis, lâchant la feuille de poireau, il laissa retomber sa mère au fond des enfers.

ORTOLI, *Contes populaires de l'île de Corse.*

XLIII

SAINT YVES

(LÉGENDE DU MORBIHAN.)

Dès que saint Yves fut mort, il monta, bien entendu, tout droit au ciel et alla frapper à l'huis du Paradis :

— Qui va là, dit saint Pierre, et que voulez-vous ?

— Parbleu, répondit saint Yves ; vous me la donnez belle : quand on frappe à une porte, apparemment que c'est pour entrer.

— Pour entrer, c'est bientôt dit, grommela saint Pierre, mais tout le monde n'entre pas ici comme au cabaret : que faisiez-vous là-bas, de votre vivant ?

— J'étais avocat, répondit saint Yves.

— Avocat !!! reprit saint Pierre ; vous vous trompez de porte, mon ami, allez frapper ailleurs et laissez-nous la paix.

Et il ferma lestement le battant qu'il avait entr'ouvert.

— Mais écoutez donc, dit le saint de Tréguier, je ne suis pas un avocat comme les autres, moi ; je suis avocat des pauvres, et la charité doit me faire ouvrir cette porte.

— Laissez-moi donc tranquille, riposta aigrement saint Pierre à travers le guichet, allez-vous me faire croire, par hasard, que les pauvres peuvent avoir des procès ?

Et au lieu d'un tour de clef, il en donna deux à la porte.

Saint Yves restait là, fort déconcerté, quand, par bonheur pour lui, arriva une religieuse de son pays qui venait de mourir en odeur de sainteté, et à laquelle saint Yves s'empressa de conter sa fâcheuse aventure.

— Pas possible, dit la religieuse : on ne peut fermer la porte du Paradis à un saint homme comme vous ; il faut qu'il y ait méprise ; nous allons voir.

Et aussitôt la sœur frappa discrètement à la porte.

— Qu'y a-t-il encore? dit saint Pierre en mettant un œil au guichet.

— C'est moi, mon frère, répondit la religieuse : ouvrez-moi, s'il vous plaît, ainsi qu'au bon saint Yves, qui se morfond là depuis longtemps.

— Monsieur est avocat, dit saint Pierre, et j'ai l'ordre de ne pas ouvrir aux avocats.

— Mais vous faites erreur, mon cher frère, reprit la religieuse ; saint Yves n'est point un avocat de profession ; et s'il a plaidé quelquefois, c'est par pure bonté : c'est un saint prêtre plein de mérite devant Dieu et devant les hommes, et qui devrait avoir au ciel une de ses meilleures places.

— Et que ne disait-il ça, tout d'abord ? Je ne lui aurais pas fait affront, car j'avais ordre d'ouvrir à saint Yves, prêtre ; allons, passons et dépêchez-vous.

A peine introduit au ciel, saint Yves chercha à bien se caser. Il eût pu se mettre au banc des curés ; mais il y avait là trop peu de places vides ; avec ça que les curés étaient tous un peu replets. Il aima mieux descendre au banc des avocats, où il n'y avait personne,

et où par conséquent, il pouvait se prélasser à l'aise.
La sœur, au contraire, se rendit au banc des religieuses, mais elle ne put y trouver la plus petite place.

Saint Yves, voyant son embarras, lui fit signe avec le doigt de venir à lui, et lui dit :

— Vous m'avez rendu un service dont je me trouve heureux de pouvoir m'acquitter : venez-vous asseoir près de moi ; nous serons fort à l'aise, comme vous le voyez et nous jaserons.

Pendant longtemps le saint Trégorais, tout occupé des splendeurs du Paradis, resta bouche close ; mais quand il eut satisfait ses yeux et ses oreilles, il commença, comme il se l'était proposé, à jaser avec la sœur. Il lui demanda des nouvelles du pays, de ses parents et de ses connaissances ; puis il se mit à lui raconter toute sa vie, et surtout ses beaux succès obtenus au barreau. Dans le feu de ses souvenirs, il voulut lui donner un échantillon de son éloquence, et lui débiter un de ses plus beaux plaidoyers ; mais il haussa si fort la voix qu'il donna à tous les saints des distractions, et appela sur lui l'attention de l'archange chargé de la police du Paradis.

Cet archange vint aussitôt trouver saint Yves, et le menaça de lui faire évacuer les lieux, s'il se permettait de pareilles incartades :

— Ah ! peste ! s'écria saint Yves, tout à son rôle d'avocat ; je vous trouve plaisant, mon cher archange, quand vous le prenez sur ce ton ! me mettre à la porte !!! C'est plus facile à dire qu'à faire... Mais vous n'y pensez pas. Il y a là matière à procès pour cent ans au moins. Eh bien ! un procès, soit ; nous plaiderons. D'abord, je vous fais observer que j'ai possession ; en second lieu, il y a prescription en ma faveur, et pour interrompre cette prescription, il faut citation en justice. Vous devez connaître le Code ; allons, voyons : où est votre huissier ?

— Ta ! ta ! ta ! quel train et que de paroles, dit l'archange. Je n'entends rien à votre grimoire ; mais, puisqu'il faut un huissier pour vous faire entendre raison, je vais de suite vous en envoyer un.

Aussitôt l'archange se mit en quête d'un huissier, fouilla et refouilla avec soin tous les coins du Paradis ; mais ne pouvant y rencontrer l'ombre d'un huissier, force lui fut de laisser saint Yves où il était. Seulement, pour préserver les saints contre les éclats de sa faconde, il fit dresser un nouveau banc pour les religieuses, y fit passer la sœur, et saint Yves, seul alors, resta coi.

Fouquet, Légendes du Morbihan,
p. 102-105.

III

CONTES SURNATURELS

XLIV

LA TÊTE DE MORT QUI PARLE

(CONTE ALSACIEN.)

Il y avait une fois un homme qui avait voyagé en long et en large dans le monde, et pourtant il avait toujours envie de courir les chemins. Et voilà que de nouveau le sac sur le dos et le bâton à la main, il suivait gaîment son chemin, lorsque devant lui une tête de mort se mit à rouler.

— Hé ! qu'est-ce qui t'arrive, vieux, lui cria-t-il ? Veux-tu venir déjeuner avec moi ?

— Je n'ai ni faim ni soif, fut la réponse ; mais demain tu seras mon hôte et si tu ne viens pas, je viendrai te chercher.

— Cela peut être, cela peut ne pas être, dit le garçon en s'en allant.

Il marchait par des voûtes sombres et longues, et il finit par arriver à une belle et large route. Là il vit sur un arbre deux corbeaux qui se battaient avec acharnement ; cela lui parut étrange, pourtant il ne s'en inquiéta pas et il continua sa route. Plus loin, il arriva à un ruisseau : là se tenait un prêtre qui puisait de l'eau dans une cuve, mais l'eau coulait de nouveau dans le ruisseau, car la cuve n'avait pas de fond.

— Vous êtes bien bon, Monsieur le curé, dit-il, de vous donner tant de peine ; votre cuve n'a pas de fond.

Le prêtre ne lui répondit pas.

Le compagnon continua son chemin et arriva à une maison ; il frappa à la porte, il cria, mais rien ne bougeait. Alors il tira le volet de la fenêtre, et voilà qu'un nombre infini d'oiseaux se mit à voler au dehors, tellement qu'il eut peur et qu'il referma vivement le volet.

Il se remit en route et bientôt à un petit ruisseau, il revit la tête de mort. Il lui cria de nouveau.

— Hé bien, n'as-tu encore ni faim ni soif ?

— Je n'ai ni faim ni soif, répondit la tête ; mais tu viendras avec moi dans mon château.

Le voyageur n'avait rien à répondre, et il suivit la tête de mort qui, comme un guide, roulait droit devant lui. Quand ils arrivèrent au château, ils montèrent de larges degrés, puis, par de longs corridors, par de grandes salles et de grandes chambres ; tout cela était plein de petites lumières : le compagnon en était étonné. La tête lui dit :

— Regarde, ce sont les lumières de la vie : aussi longtemps qu'un homme vit, il a ainsi sa petite lumière, et quand il meurt, celle-ci s'éteint.

— Montre-moi donc la mienne, dit-il.

La tête lui montra à quelque distance une lumière qui était presque entièrement consumée. Là dessus le compagnon fit une mine triste.

— Voyons, dis-moi, lui demanda la tête de mort, pour le détourner de ses idées tristes, qu'as-tu vu sur ton chemin ?

— J'ai vu deux corbeaux sur un arbre qui étaient à se battre.

— Ce sont deux frères, qui lorsqu'ils vivaient se sont

haïs ; ils étaient toujours à se disputer devant le juge. Après leur mort ils doivent aussi continuer à se disputer toujours. Qu'as-tu vu ensuite ?

— J'ai vu un prêtre qui puisait de l'eau dans un ruisseau avec une cuve sans fond.

— C'était un prêtre qui aimait les biens temporels ; qui n'en avait jamais assez et qui en voulait toujours davantage. Maintenant il doit puiser de l'eau ; il en puisera toujours, et il n'en aura jamais assez pour remplir sa cuve. Qu'as-tu vu encore ?

— J'ai vu une maison à la porte de laquelle j'ai frappé et appelé ; mais on ne m'a ni répondu ni ouvert ; alors, j'ai ouvert un volet et une foule d'oiseaux se sont envolés et répandus dans les airs.

— Combien il y en avait-il de ces oiseaux ?

— Il y en avait bien deux mille.

— Autant se sont envolés, autant de pauvres âmes sont sauvées.

Tout cela tournait étrangement dans la tête du compagnon, et il regardait devant lui avec des yeux vitreux.

— Dis-moi donc, lui demanda encore la tête, combien de temps crois-tu avoir été en route ?

— Mais, tout un jour.

— Tout un jour, en vérité ! apprends que tu marches depuis trois cents ans, et maintenant retourne d'où tu es venu.

Le compagnon sortit du château. Il passa d'abord devant la maison aux volets fermés. Il ouvrit le volet du bas, mais il n'en sortit plus d'oiseaux ; au ruisseau, il ne trouva plus le prêtre qui puisait de l'eau dans une cuve, et sur l'arbre du chemin il n'y avait plus de corbeaux à se battre. Et en continuant sa route, il arriva enfin à son village et à la maison de son père.

Il sonna, et une personne étrangère se montra à la fenêtre.

— Que voulez-vous, mon ami, lui dit-elle ?

— Mais entrer chez moi, dans ma maison, répondit-il.

Quand les gens ouvrirent la porte et virent l'étranger avec son costume ancien, usé et couvert de poussière, ils secouèrent la tête et ils furent bien plus étonnés quand ils lui demandèrent son nom et quand il leur dit un nom inconnu dans le village. Les gens eurent pitié du visiteur étrange, ils le conduisirent à la mairie et comme il répétait son nom, on chercha dans les anciens registres et on trouva en effet qu'environ trois siècles auparavant il y avait eu une famille de ce nom ; mais que depuis elle était tout à fait éteinte.

Alors on alla à l'église avec l'étranger et on fit dire une messe pour lui. Pendant la messe on vit une colombe blanche voltiger autour de l'autel. L'étranger était agenouillé fixe et immobile à sa place et quand on le toucha, il tomba en cendre et en poussière.

On croit que la colombe blanche était son âme.

Traduit de J.-F. FLAXLAND, dans l'*Alsatia* publiée par A. STŒBER, 1858-61, p. 264.

XLV

LE PILOTE DE MER

(CONTE DE MARIN.)

Il était une fois un petit garçon qui perdit sa mère à l'âge d'un mois. Il se nommait Mateur [1] ; son père qui était capitaine au long-cours l'aimait comme la prunelle de ses yeux et il l'éleva du mieux qu'il put.

Quand l'enfant eut douze ans, il le mit au collège et recommanda à son professeur de lui parler souvent de la mer et de la navigation, puis il retourna prendre le commandement de son navire. Le maître du petit Mateur lui parlait souvent de la mer et des vaisseaux qui la parcourent, l'enfant apprenait tout ce qu'il voulait, et quand son père revenait de voyage, il était bien content.

Cependant le capitaine mourut ; le petit Mateur qui avait alors seize ans, resta avec son professeur et deux ans après, il lui dit qu'il voulait être marin. Son maître qui l'aimait bien, le fit embarquer sur un navire afin qu'il pût apprendre le métier de la mer.

Mateur navigua deux années, puis à l'âge de vingt ans, il fut reçu capitaine au long-cours. Alors il se fit

[1] Amateur.

construire un navire en bois d'acajou qui portait deux
mille tonneaux, et il n'y en avait pas de plus beau sur
la mer. On fut longtemps à le construire, et quand il
fut achevé et gréé prêt à partir, Mateur avait vingt-
cinq ans. Il s'occupa alors de faire son équipage et
choisit vingt-quatre marins, les meilleurs qu'il put
trouver. Il garnit son navire de vivres et de marchan-
dises, puis il mit à la voile pour faire le tour du
monde.

Le capitaine Mateur nourrissait bien ses hommes et
ils l'aimaient parce qu'il était juste. Il y avait trois
ans qu'ils était en mer, et ils n'avaient eu aucun accident lorque le calme les prit, et ils restèrent bien des
jours à la même place sans avancer ni reculer. L'eau
finit par leur manquer, et un jour que le navire avait
fait un peu de route, on aperçut tout au loin une île.

Le capitaine Mateur dit à ses hommes :

— Il faut prendre le grand et le petit canot et aller
voir s'il y a quelque source sur cette île ; car toutes nos
caisses à eau sont vides.

Les matelots obéirent et ils abordèrent à l'île, où fort
heureusement ils trouvèrent une source. Ils remplirent leurs caisses et, comme ils étaient prêts à se
rembarquer, ils virent un homme qui était vilain,
vilain, si vilain qu'ils en eurent peur, et pourtant les
matelots n'ont pas peur de grand'chose. Il avait du
goëmon sur la figure, sur les mains et sur tout le corps ;
à part cela, il ressemblait à un homme qui marche sur
ses deux pieds.

— Qui êtes-vous ? lui demanda un des matelots plus
hardi que les autres.

— Un homme comme vous, répondit-il ; je suis ici
depuis ma naissance, et il y a de cela plus de cent
ans. Jusqu'à présent personne n'a abordé ici, et je vou-

drais bien, si vous y consentez, m'embarquer sur votre navire.

— Que feriez-vous à bord? répondirent les matelots, voilà six mois au moins qu'il ne vente plus et le navire bouge à peine de place.

— Ah! dit l'homme couvert de goëmon, si vous voulez de moi, dès que je serai à votre bord le vent soufflera.

— Le capitaine n'est pas ici et nous ne pouvons vous prendre sans sa permission ; mais nous allons la lui demander.

Les deux chaloupes revinrent et quand les pièces d'eau furent hissées à bord, les matelots racontèrent au capitaine ce qu'ils avaient vu et ce que l'homme couvert de goëmon leur avait demandé.

— Puisque la source est bonne, dit-il, il faut faire une grande provision d'eau; cette fois je vais aller avec vous.

Quand ils abordèrent à l'île, l'homme couvert de goëmon se présenta devant eux et le capitaine à son tour en eut quasiment peur.

— Qui êtes-vous? lui demanda-t-il, et qui vous a fait venir ici?

— Je suis un homme comme vous, répondit-il; je suis ici depuis ma naissance, et il y a de cela plus de cent ans.

— Vous désirez embarquer sur mon navire ?

— Oui, et si vous voulez me prendre, dès que je serai à votre bord, le vent soufflera.

L'homme couvert de goëmon monta dans la chaloupe du capitaine et dès qu'il eut mis le pied sur le pont, la brise commença à souffler et voilà le navire parti vent arrière.

Le capitaine Mateur et ses matelots étaient bien contents d'avoir à leur bord l'homme qui leur donnait du vent, et ils le nommèrent le Pilote de Mer.

Le Pilote de Mer ne mangeait jamais, et quand les matelots l'invitaient à venir avec eux à l'heure des repas, il leur disait :

— Mangez, mangez toujours, je mangerai après.

Mais personne ne le vit jamais avaler la moindre des choses.

Lorsqu'il se couchait le soir, il semblait avoir plus de mille ans et les goëmons qui le couvraient pendaient jusqu'à terre; au matin quand il se réveillait, il était comme un jeune homme de vingt-cinq ans ; mais aussitôt que quelqu'un l'avait regardé, son goëmon repoussait et il redevenait vieux tout d'un coup.

Le capitaine continuait à faire le tour du monde et le navire était déjà bien loin de l'île où il avait renouvelé la provision d'eau, quand il se trouva en vue d'une terre.

Le Pilote de Mer dit au capitaine Mateur :

— Voilà une découverte, capitaine; personne n'a jamais vu cette île ; si vous voulez y débarquer, il vous sera facile d'y prendre des provisions ; il y en a en abondance, je vous assure.

Le capitaine envoya ses chaloupes à terre et elles revinrent chargées de pain, d'oranges, de viandes fraîches et de provisions de toutes sortes.

Ils continuèrent leur route: le capitaine Mateur commençait à se repentir d'avoir embarqué le Pilote de mer, qui lui faisait peur. Il voulut virer de bord pour revenir en France, mais le Pilote de Mer dit qu'il ne le voulait pas. Malgré cela le capitaine ordonna de mettre le cap sur la France ; mais aussitôt le Pilote de Mer fit cesser le vent et le navire ne bougeait pas plus qu'un rocher.

Le capitaine et l'équipage, voyant qu'il n'y avait pas moyen de faire autrement, consentirent à ce que voulait le Pilote de Mer. Il se mit à la barre : aussitôt le vent gonfla les voiles et les voilà partis vent arrière.

Ils naviguèrent de longs mois et allèrent loin, bien loin. Ils arrivèrent enfin à un port au fond duquel était une belle ville. Le Pilote de Mer dit à Mateur.

— Capitaine, il n'y a personne dans cette ville, car tous les habitants ont été étouffés par une pluie de soufre. Vous pouvez y faire un chargement à bon marché ; mais l'accès du port n'est pas facile, et je vais sonder avant de faire entrer le navire.

Le Pilote de Mer sauta à l'eau, et quand il eut sondé partout la passe, il fit entrer le navire dans le port. Il descendit ensuite à terre avec le capitaine et les matelots, et ils se mirent à parcourir la ville. Les maisons étaient pleines de beaux meubles, d'or, d'argent, de pierreries et de diamants ; il n'y manquait que du vin, du pain et des provisions de bouche.

Ils emportèrent à bord une cargaison de bijoux, d'or et de diamants, puis ils se disposèrent à partir.

— Où voulez-vous aller maintenant ? demanda le Pilote de Mer au capitaine.

— Je veux rentrer en France et aborder au port du Havre : c'est le pays où je suis né, et c'est là où mon navire a été construit.

— Je veux bien vous mener au Havre, dit le Pilote de Mer ; mais c'est à condition qu'une fois arrivé au port, j'aurai commandement sur vous et sur vos matelots.

— Quel espèce de commandement voulez-vous ? demanda le capitaine.

— Le commandement de tous, et c'est tout.

Mais le capitaine Mateur ne voulait pas pour sa part

consentir à cela, et il en parla à ses matelots qui ne voulurent pas non plus. Il revint donner leur réponse au Pilote de Mer.

— Hé bien ! répondit-il, je m'en moque pour ma part ; ce pays-ci m'est aussi bon qu'un autre. Restez-y donc si cela vous plaît ; mais vous n'en pourrez démarrer qu'après m'avoir donné le commandement sur tous.

Le capitaine et les matelots malgré cela ne voulaient pas donner le commandement sur eux au Pilote de Mer ; mais le navire ne faisait pas de route : les provisions s'épuisaient, et comme il n'y avait aucune terre en vue, ils allaient bientôt manquer de pain, de vin et d'eau. Le Pilote de Mer vint dire au capitaine :

— Puisque vous ne voulez pas me donner le commandement sur tous, je ne le demande que sur un seul : quand nous serons au Havre, on tirera à la courte-paille, et celui que le sort désignera sera à moi.

Le capitaine assembla son équipage, et tous furent d'avis de consentir. Dès qu'ils s'y furent engagés, le Pilote de Mer se mit à la barre, le vent enfla les voiles, et au bout de trois mois le navire entra dans le port du Havre.

— Faisons les *boises* [1] pour tirer au sort, dit le Pilote de Mer ; j'ai accompli ma promesse.

— Pas aujourd'hui, répondit le capitaine Mateur ; il faut auparavant que mon navire soit déchargé.

Le capitaine prit de petits lingots d'or et alla les vendre pour payer ses hommes ; puis, quand il leur eut donné la paie qui leur revenait, il se rendit chez l'évêque, et lui raconta ce qui était arrivé.

---

[1] Les morceaux de bois.

— Vous êtes-vous donné au diable ? demanda l'évêque.

— Non, répondit le capitaine ; je lui ai seulement dit, car je ne pouvais faire autrement, qu'une fois arrivé au port on tirerait à la courte-paille pour savoir qui appartiendrait au Pilote de Mer.

— En ce cas, dit l'évêque ; je vais écrire au pape et le prier de venir au Havre.

L'évêque écrivit au pape, et celui-ci se hâta d'arriver au Havre ; il dit au capitaine Mateur qu'il n'avait qu'une chose à faire, c'était de laisser la cargaison à bord de son navire, et de couper à la même longueur toutes les boises avec lesquelles on devait tirer au sort. Il promit d'aller lui-même à bord et d'être là pour faire tirer l'équipage.

Le lendemain, le pape coupa toutes les boises de même longueur, les trempa dans de l'eau bénite et les plaça dans un petit sac de toile qu'il arrosa aussi d'eau bénite. Il en emplit une petite bouteille qu'il mit dans sa poche, puis il s'habilla en calfat, et vint à bord du navire.

Quand le Pilote de Mer le vit arriver, il se mit à remuer les narines, parce qu'il sentait l'eau bénite, et les matelots lui disaient :

— Qu'avez-vous donc, Pilote de Mer ? vous n'êtes pas dans votre état ordinaire.

— Je sens, répondit-il, quelque chose qui ne me va pas. Et il continua à renifler.

Cependant le pape monta à bord, habillé en calfat et les mains couvertes de goudron. Il dit :

— Voici un petit sac dans lequel il y a vingt-six boises ; à vous, Pilote de Mer, de tirer le premier.

Le pape avait fait toutes les boises de même longueur ; mais l'une d'elles qui était en bois vermoulu s'était cassée dans le sac, et ce fut elle que prit le Pilote de Mer. Elle le brûla si dur qu'il se mit à courir d'un bout à l'autre du pont comme un chat qui a le feu au derrière, en poussant des hurlements à faire trembler la ville du Havre.

Les matelots tirèrent à leur tour ; mais comme ils savaient que le Pilote de Mer n'aurait jeté la boise qu'après que tout le monde aurait pris la sienne, ils firent durer le tirage vingt-quatre heures, pour le faire souffrir.

Quand tout le monde eut tiré, on mesura les boises, et on vit que toutes étaient de même longueur excepté celle du Pilote de Mer, et il fut obligé de laisser les autres tranquilles.

Mais voyant qu'il avait été trompé par la ruse du pape, il voulut l'emporter ; le pape prit la bouteille d'eau bénite qu'il avait apportée, et en jeta quelques gouttes dans les yeux du Pilote de Mer ; aussitôt celui-ci sauta à l'eau, et s'en alla en hurlant à faire peur, et depuis jamais le capitaine Mateur ni ses matelots ne l'ont revu.

Le capitaine vendit au poids de l'or le chargement qu'il avait pris dans la ville dont les habitants avaient été étouffés par le soufre. Il fit sa fortune, et donna à ses matelots de quoi se mettre à l'aise, et ils vécurent tous heureux.

Paul SÉBILLOT, *Contes des marins*, n° XIX.

XLVI

LE FOLLET

(CONTE LORRAIN.)

Il y a bien trois mille ans, notre voisin avait beaucoup de blé en grange. Tous les matins, il trouvait une partie de ce blé battu et des gerbes préparées sur l'aire pour le lendemain : il ne savait comment expliquer la chose.

Un soir, s'étant caché dans un coin de la grange, il vit entrer un petit homme qui se mit à battre le blé. Le laboureur se dit en lui-même : « Il faut que je lui donne un beau petit habit pour sa peine. » Car le petit homme était tout nu. Il alla dire à sa femme :

— C'est un petit homme qui vient battre notre blé ; il faudra lui faire un petit habit.

Le lendemain, la femme prit toutes sortes de pièces d'étoffe et en fit un petit habit que le laboureur posa sur un tas de blé.

Le follet revint la nuit suivante, et en battant le blé, il trouva l'habit. Dans sa joie il se mit à gambader autour, en disant :

— Qui bon maître sert, bon loyer en tire.

Ensuite, il endossa l'habit et se trouva bien beau.

— Puisque me voilà payé de ma peine, battra maintenant le blé qui voudra !

Cela dit, il partit et ne revint plus.

Emmanuel COSQUIN, *Contes populaires lorrains,*
n° VI.

XLVII

LE PRÊTRE SANS OMBRE

(CONTE BASQUE.)

A une certaine époque, le vieux diable avait fondé, dans la grotte de Salamanque, une école pour ceux qui voulaient devenir prêtres, n'acceptant que des cadeaux, et en une seule année, il les instruisait ; ceux qui sortaient de son école étaient surtout forts dans les conjurations. Mais chaque année un élève devait rester dans la grotte pour le vieux diable, et celui qui sortait le dernier était toujours celui qui devait rester. Comme la sortie de cette école était à la Saint-Jean, les élèves cherchaient tous à sortir les uns avant les autres, car personne ne voulait rester avec le vieux diable ; mais ils ne pouvaient sortir qu'un à un et l'un après l'autre, car la porte était étroite, basse et tout juste suffisante. Ce jour-là, le vieux diable restait à la porte et disait au premier qui sortait :

— Reste ici, toi.

— Empare-toi de celui qui me suit, disait le premier.

Il faisait la même demande au second, qui répondait de même :

— Empare-toi de celui qui me suit.

Il faisait ainsi la même demande à tous jusqu'au dernier, et tous lui faisaient la même réponse ; mais le dernier demeurait toujours dans la grotte avec le vieux diable.

Une année, un élève trompa le vieux diable.

Le matin de la Saint-Jean, les élèves étaient dans la grotte, tout tristes. L'un d'eux dit à ses camarades :

— Si vous voulez attendre pour sortir que midi sonne, je demeurerai le dernier.

Tous lui promettent de bon cœur d'attendre. A midi juste, ils commencent à sortir ; le vieux diable fait à tous la demande accoutumée, et tous font la même réponse : « Empare-toi de celui qui me suit ».

Mais, comme le jour de la Saint-Jean, à midi, le soleil se trouvait tout juste en face de la grotte, le corps du dernier qui sortait faisait une ombre, et le vieux diable s'empara de cette ombre. Le prêtre sortit donc sans ombre. Pendant toute sa vie, quelque beau temps qu'il fît, il restait sans aucune ombre, et, si ce qu'on dit est vrai, il devint plus tard curé de Bachus.

J. VINSON, *Folk-Lore du Pays basque.*

XLVIII

LES DEUX BOSSUS ET LES NAINS

(CONTE DE LA BASSE-BRETAGNE.)

Inédit.

Il y avait une fois deux bossus, Nonnic et Gabic, deux amis.

Ils étaient tailleurs de leur état, et, chaque matin, ils allaient en journée, chacun de son côté, dans les fermes et les manoirs du pays.

Un soir que Nonnic revenait seul de son travail, comme il passait sur la lande de Penn-an-Roc'hou, non loin du bourg de Plouaret, il entendit de petites voix grêles qui chantaient :

Lundi, mardi et mercredi !...

— Qui est-ce qui chante donc de la sorte ? se demanda-t-il.

Et il s'approcha tout doucement. Il faisait un beau clair de lune, et il vit les Danseurs de nuit, — qui sont des nains, — qui dansaient en rond et chantaient en se tenant les mains. Un d'eux chantait le premier :

Lundi, mardi et mercredi !...

Puis les autres reprenaient ensemble :

Lundi, mardi et mercredi !...

Et c'était tout. Nonnic avait souvent entendu parler des Danseurs de nuit, mais il ne les avait jamais vus, et il se cacha derrière un rocher, pour les observer. Mais il fut vite découvert et pris au milieu du cercle. Et les nains de danser de plus belle, en tournant autour de lui et en chantant toujours :

Lundi, mardi et mercredi !...

Et ils disaient au bossu : Danse et chante aussi avec nous.

Nonnic n'était pas timide, et il entra dans la danse et chanta avec eux :

Lundi, mardi et mercredi !...

Mais, comme ils répétaient toujours ces trois mots, sans plus, il dit :

— Et après? Votre chanson est bien courte.

— C'est tout, répondirent-ils.

— Comment, c'est tout? Pourquoi n'ajoutez-vous pas :

Et jeudi et puis vendredi !...

— C'est vrai! répondirent-ils, c'est très joli.

Et ils chantèrent en sautant et en trépignant de joie :

Lundi, mardi et mercredi,
Et jeudi et puis vendredi !...

Et de tourner avec un entrain du diable.

Quand Nonnic, n'en pouvant plus, voulut se retirer, les nains se demandèrent :

— Que donnerons-nous bien à Nonnic, pour nous avoir allongé et embelli notre chanson?

— Ce qu'il voudra : de l'argent et de l'or à discrétion ; on le débarrassera de sa bosse, s'il le préfère.

— Ah ! oui, dit Nonnic, si vous voulez me soulager de ce fardeau que je porte depuis si longtemps, je vous laisserai et l'or et l'argent.

— C'est cela, enlevons-lui sa bosse !

Et ils lui frottèrent le dos avec un onguent merveilleux qui fit disparaître sa bosse, par enchantement, et il s'en retourna chez lui, droit et léger et même joli garçon.

Le lendemain, quand son ami et confrère en bosse le vit, il fut bien étonné, et c'est à peine s'il le reconnut.

— Comment ! disait-il en tournant autour de lui, et... et ta bosse ?

— Disparue, comme tu vois.

— Et comment donc cela s'est-il fait ?

Et Nonnic lui conta tout.

— Ah ! j'irai aussi, moi, voir les Danseurs de nuit, à Penn-an-Roc'hou, et pas plus tard que ce soir !

Et il fit comme il l'avait dit.

Quand il arriva sur la lande, les nains y dansaient déjà en chantant :

Lundi, mardi et mercredi !...

Chantait une voix seule, et les autres continuaient toutes ensemble :

Et jeudi et puis vendredi !...

Et ils tournaient et gambadaient et cabriolaient !
Gabic s'approcha et ils lui crièrent :
— Viens danser avec nous !

Et le voilà dans la ronde et de danser et de chanter comme eux :

> Lundi, mardi et mercredi,
> Et jeudi et puis vendredi !...

— Et ensuite ?... dit-il.
— C'est tout : est-ce que vous en savez plus long ?
— Oui, donc !
— Oh ! dites alors ! dites alors !
Et il ajouta :

> Et samedi et dimanche !...

— Oh ! ce n'est pas bon ! cela ne rime pas ! Il nous a gâté notre chanson, qui était si jolie ! Il faut l'en punir, que lui ferons-nous ? crièrent tous les petits hommes à la fois, en se remuant et s'agitant autour de Gabic comme une fourmilière.

— Il faut ajouter la bosse de Nonnic à la sienne ! dit quelqu'un.

— Oui, c'est cela ! ajoutons la bosse de Nonnic à la sienne.

Ce qui fut fait sur le champ, et le pauvre Gabic s'en retourna chez lui, tout honteux et ployant sous le faix, et il lui fallut porter, le reste de sa vie, la bosse de son camarade avec la sienne !...

Ce conte a été recueilli par M. F.-M. LUZEL.

XLIX

LE SOUPER DU FANTOME

Il y a longtemps, bien longtemps, un jour que les
vieilles femmes étaient à la veillée à filer à une ving-
taine dans une cave pour économiser l'huile et le
bois, il prit fantaisie à un jeune homme du village de
jouer un tour aux fileuses en leur faisant une grande
peur. Il prit donc un grand drap blanc et une chandelle et alla au cimetière chercher une tête de mort.
On avait fait justement, quelques jours auparavant,
un grand tas d'ossements qu'on devait placer peu
après dans une fosse commune. Le jeune paysan n'eut
donc que l'embarras du choix. Il prit la première tête
de mort qu'il trouva à sa portée, courut la laver à la
rivière pour la débarrasser de l'argile qui la couvrait,
et, après avoir mis sa chandelle allumée à l'intérieur,
il reprit le chemin du village.

Arrivé là, il s'enveloppa du drap blanc et se rendit
chez les fileuses. Jugez de la frayeur des pauvres
femmes en voyant apparaître au milieu de leur groupe
ce fantôme, agitant la tête de mort et disant d'une
voix sourde :

— A genoux ! à genoux ! Priez pour le repos de mon âme !

Les fileuses, saisies de terreur, se précipitèrent à genoux sur le sol et firent de grands signes de croix pour éloigner le revenant.

— Allons, dites cinq *Pater* et cinq *Ave* pour mon repos éternel ! continue le spectre, et il commença lentement : *Pater noster qui es in cælis...* Les fileuses dirent les cinq *Pater* et les cinq *Ave* demandés et le jeune homme les quitta en murmurant des paroles bizarres auxquelles les bonnes femmes et lui-même ne comprenaient rien, et pour cause.

Minuit était ainsi arrivé et le paysan, fatigué, retourna au cimetière pour y reporter la tête de mort.

Mais avant de la replacer avec les autres ossements, le jeune homme, quelque peu excité par les plaisirs de la soirée, parla à l'oreille du mort et lui dit :

— Tu m'as procuré beaucoup d'amusement, ce soir ; il est fort juste que je t'en récompense. A rester ici avec tous ces vilains morts, tu dois t'ennuyer beaucoup ; viens donc dans quinze jours, à pareil moment, me demander à souper. Je suis fort curieux de manger avec un mort. Je t'attendrai vers neuf heures du soir ; ne l'oublie pas. D'aujourd'hui en quinze, hein ?

— Oui ! répondit la tête de mort.

Le jeune homme replaça la tête parmi les ossements, souffla sa chandelle, replia son drap et revint chez lui.

Le lendemain et les jours suivants, il rit beaucoup en entendant raconter par les fileuses l'apparition terrible de la veille. Quelques jours se passèrent et le paysan ne songea plus à la tête de mort et au souper auquel il avait invité celle-ci.

Le soir du quinzième jour, vers l'heure fixée, il venait de se mettre à table pour souper, sans penser au mort, quand il entendit dans la cour une sorte de froissement singulier.

— C'est la grêle qui crépite en tombant, pensa le jeune homme.

Deux coups secs furent frappés à la porte.

— Qui est là ?

— Ouvre, c'est moi.

— Qui, toi ?

— *Moi !*

Le paysan ouvrit la porte, et un spectre, un squelette, plutôt, revêtu d'un long suaire gris sale, tout en lambeaux, entra dans la maison.

Le jeune homme se ressouvint de la promesse faite au cimetière et vit que le mort venait souper avec lui. Sans s'en effrayer davantage, il lui offrit une chaise à la table et le fantôme s'assit en produisant, par l'entrechoquement de ses os, ce bruit de grêle tombante qui avait frappé le paysan quelques instants auparavant.

Le souper se composait d'une excellente soupe à l'oseille, dont le mort mangea une bonne assiettée ; d'une fricassée de mouton, de salade et de beurre frais qui parurent fort du goût du singulier convive assis devant le jeune homme. On but quelques bonnes bouteilles de cidre mousseux et la tête du jeune homme ne tarda pas à lui tourner. Il chanta toutes les chansons qui lui revenaient en mémoire, et de temps en temps le mort faisait chorus, paraissant tout aussi animé que le chanteur.

— Si nous dansions? dit à la fin le jeune homme.

— Dansons ?

Et le mort se mit à danser une danse folle avec le

paysan, pendant que ses os s'entrechoquaient avec un bruit d'enfer.

Minuit vint et le jeune homme fatigué, éprouva le besoin de se coucher. Il le dit au fantôme qui, cessant de sauter par la chambre, reprit sa place à table de la façon d'un homme qui ne veut pas se retirer.

Une heure du matin sonna à l'église, et le paysan, n'y tenant plus, alla se coucher, laissant son compagnon sur sa chaise. Le jeune homme était à peine couché qu'un nouveau bruit d'ossements agités se fit entendre et que le squelette vint se coucher à côté du vivant. Cette fois celui-ci eut peur ; il tremblait de tous ses membres ; il eût voulu crier et appeler du secours, mais il ne pouvait articuler une seule parole. Terrifié, il dut se borner à se coucher dans un coin du lit pour éviter le contact glacé des ossements du mort. Il ne put dormir de la nuit.

Vers quatre ou cinq heures du matin, le coq se mit à pousser un joyeux *coquiacou ! coquiacou !* pour annoncer l'approche du jour. Le squelette se réveilla, se leva tout d'une pièce et disparut en disant au jeune homme :

— Je ne veux point être en reste avec toi. Tu m'as fort bien reçu ce soir dans ta maison ; dans quinze jours je t'attendrai au cimetière pour y souper. Je compte sur toi. Adieu !

Le paysan se promit bien de ne pas se rendre à l'invitation du mort.

Quinze jours plus tard le jeune homme revenait de la ville voisine et passait près du cimetière sans songer davantage au mort, quand celui-ci se montra tout à coup devant lui, le prit par la main et l'entraîna en lui disant :

— C'est bien , tu es un homme de parole. Le souper est préparé et je t'attendais. Pour te fêter j'ai invité tous mes amis. Ils nous attendent près de la porte du cimetière.

A demi mort de frayeur, le paysan entra dans le champ des morts, où il fut reçu par les acclamations des fantômes assemblés. Son hôte le conduisit à une antique chapelle, souleva la pierre du caveau et le fit descendre dans le souterrain, où un grand dîner était servi. Tous les morts vinrent s'asseoir à la grande table et le dîner commença au milieu de la joie générale et de la terreur du jeune homme, dont les dents claquaient violemment.

Voyant enfin que rien de fâcheux ne lui arrivait, il essaya de manger comme les autres convives et pour s'étourdir il but coup sur coup plusieurs verres de l'excellent vin des morts.

Puis la danse commença et le jeune paysan dut danser avec un squelette de jeune fille, qui l'étreignait violemment et qui l'embrassait à tout instant.

— La ronde ! la ronde ! crièrent les morts. Et tout le monde sortit du caveau pour faire la ronde dans le cimetière. On se prit par la main et l'on sauta en tournoyant au-dessus des croix, des tombes et des chapelles. Ceci dura jusqu'au matin.

On entendit le chant du coq dans le lointain ; la danse cessa, les tombes s'ouvrirent et les morts disparurent. Le paysan resta tout étourdi jusqu'au lever du soleil.

Il revint alors au village et se fit prêtre.

E.-H. CARNOY, Littérature orale de la Picardie.

L

LE DOUANIER EMPORTÉ PAR LE DIABLE

(CONTE DU MORBIHAN.)

Au siècle dernier il y avait à Lorient un brigadier de douanes que les contrebandiers, gens fort estimés du démon, tenaient en horreur pour tous les tours qu'il leur avait joués.

Un soir, en sortant de la ville pour rejoindre son poste de Saint-Adrien, il fut accosté par un homme de mauvaise mine, qui lui souhaita la bonne nuit, en l'apostrophant par son nom, et lui dit :

— Vous marchez bon pas, brigadier.

— C'est que je suis pressé, répondit le gablou.

— Eh bien ! moi aussi, riposta l'inconnu en emboîtant le pas avec lui.

Le brigadier, peu charmé de cette société, chercha un prétexte pour s'en débarrasser, et dit à cet homme en arrivant à Kerfontaniou :

— Bonsoir, mon vieux, j'entre ici pour allumer ma pipe.

— J'entre aussi, moi, dit l'inconnu.

— Ah ! pardon, repondit le Catula [1], je ne m'ar-

[1] Qu'as-tu là ? surnom donné aux douaniers par les contrebandiers.

rêterai pas, car je n'ai pas de tabac ; ainsi, adieu, mon cher, je vous quitte.

— Qu'à cela ne tienne, répondit l'obstiné compagnon, voilà ma blague pleine d'excellent tabac de fraude.

— Mais qui donc êtes-vous, observa le brigadier, vous qui me connaissez et que je ne connais pas ; vous qui osez déclarer à un douanier que vous êtes un fraudeur?

— Bah! bah! estimable brigadier, fit l'impassible compagnon, vous faites erreur ; ce tabac est un cadeau d'ami, et si je vous connais, c'est que vous êtes un personnage important, tandis que vous faites semblant de ne pas m'avoir reconnu, parce que je ne suis pas un monsieur ; mais si dans ce moment, vous ne vous remémorez ni mon nom, ni ma voix, ni ma figure, je ne fais nul doute que la mémoire ne vous revienne avant peu : en attendant, allumons...

Et le doigt courbé sur le fourneau de sa pipe, il fit prendre le feu au tabac à la première aspiration.

— Allons, cher brigadier, dit-il ensuite, voilà mon doigt, allumez .. Eh! que diable! ne faites pas le fier avec un ami, voyons, ne me reconnaissez-vous pas?

— Ah!... je me... rap...pelle, oui, oui... confusément, je crois vous reconnaître, balbutia le brigadier tout troublé.

— C'est bien heureux enfin, dit le diable ; je savais bien, moi, que la mémoire vous reviendrait ; mais avançons, car la nuit vient et la bise est piquante.

Arrivés à Lanveur, ils firent rencontre d'un pauvre bonhomme fort *embesogné* avec son porc qui prétendait aller à Kerfichan, tandis que le paysan prétendait le mener à Plœmeur.

— Maudit cochon, disait le bonhomme, tu me fais damner, va, que le diable t'emporte !

— Entendez-vous, dit aussitôt le brigadier à son compagnon, cet homme vous donne son cochon, prenez-le donc.

— Non, non, dit le diable, ce n'est pas de bon cœur qu'il me le donne.

— Mais, reprit le douanier, c'est si bon, le lard aux choux !

— Fi donc, mon cher, dit le diable, c'est bon pour des goujats ; d'ailleurs j'ai mal à l'estomac et mon médecin m'a défendu le lard.

— Il faut que vous soyez bien malade, observa le gablou, ou que vous ayez le goût bien délicat, pour refuser un si beau cochon, maintenant surtout qu'ils sont si chers ! Je le prendrais bien, moi, s'il m'était donné.

— Eh bien, mon cher, je suis plus scrupuleux que vous, fit le diable, car je ne prends que ce qui m'est donné de bon cœur, tandis que vous, vous prenez volontiers ce qui ne vous est pas donné du tout.

Les deux compagnons continuèrent leur route en silence ; mais à deux cents pas de Lanveur, ils entendirent les cris forcenés d'un moutard qui voulait aller à Lorient, et que sa mère entraînait de force à Kerberne.

— Viendras-tu, méchant gamin ? criait la mère. A-t-on vu pareille idée d'aller en ville à cette heure ? Tu viendras à la maison, et tu la danseras, va !

L'enfant s'obstinait de plus en plus dans sa résistance, et criait aussi de plus en plus fort, quand la mère exaspérée le lâcha en s'écriant :

— Eh bien ! va donc, petit monstre, et que le diable t'emporte !

— Prenez-le donc, dit le brigadier, qui provoquait à tout propos l'éloignement de son compagnon ; prenez-le donc ! Vous ne devez pas avoir grand nombre de jolies petites âmes comme celle-là ; à votre place, je profiterais de l'occasion, car il n'est pas sûr qu'elle revienne plus tard.

— C'est égal, répondit le diable ; l'enfant ne m'est pas donné de bon cœur, et j'espère trouver mieux.

Les deux compagnons reprirent leur route. Comme ils approchaient de la limite de la banlieue, ils firent rencontre de trois contrebandiers qui, en reconnaissant le brigadier si redouté d'eux, s'écrièrent en prenant la fuite :

— Ah ! le gredin de brigadier, le voilà encore ! que le diable l'emporte !

— Entendez-vous, à votre tour, cher brigadier ! dit le diable en le saisissant au collet. Vous le voyez, cette fois, le cadeau m'est fait de bon cœur, et vous diriez vous-même que je suis un nigaud, si je n'en profitais pas.

Oncques depuis, on n'a entendu parler du pauvre Catula.

FOUQUET, *Légendes du Morbihan*, p. 24.

LI

L'INNOCENT

(CONTE DE LA GASCOGNE.)

Il y avait une fois une veuve qui avait un fils innocent. Cette veuve demeurait avec les parents de son mari ; mais ils la méprisaient, elle et l'enfant.

— Quelle charge pour nous que ces deux créatures ! Nuit et jour, la mère est à soigner cet imbécile d'enfant. Et dire qu'il nous faudra les nourrir à rien faire jusqu'à la mort. Si le bon Dieu était juste, nous serions vite délivrés de ces sangsues.

La pauvre veuve ne répondait rien, et continuait à soigner son fils ; mais le chagrin la rongeait, si bien qu'un jour on l'emporta, les pieds en avant, jusqu'au cimetière.

— Allons, la mère est partie. Quand viendra le tour de l'enfant ?

Mais le pauvre innocent n'avait pas l'air de vouloir mourir. Nul ne songeait à le tenir propre ; et on lui donnait toujours de quoi ne pas crever de faim. Pourtant il était gras et frais, avec du linge blanc, les mains et le visage nets, et les cheveux bien peignés.

Les gens de la maison n'y comprenaient rien.

— Imbécile, comment fais-tu pour être toujours si bien portant et si propre ?

— Chaque nuit, pendant que vous dormez, ma pauvre mère vient me trouver. Elle m'apporte de la soupe, du pain et du vin, elle me lave, me peigne, me change de chemise.

Les parents de l'innocent, épouvantés, s'en allèrent trouver le curé de la paroisse.

— Bonjour, Monsieur le Curé. Nous avons une morte qui revient chaque nuit à la maison. Voilà de l'argent. Dites des messes, s'il vous plaît, pour que le bon Dieu tire la morte du purgatoire, et pour qu'elle nous laisse en repos.

— Mes amis, vous aurez contentement.

Les parents de l'innocent s'en retournèrent chez eux. Mais chaque jour le pauvre enfant se levait mieux portant et plus propre que jamais.

— Imbécile, comment fais-tu pour être toujours si bien portant et si propre ?

— Chaque nuit, pendant que vous dormez, ma pauvre mère vient me trouver. Elle m'apporte de la soupe, du pain et du vin. Elle me lave, me peigne, et me change de chemise.

Les parents de l'innocent, épouvantés, revinrent chez le curé de la paroisse.

— Bonjour, Monsieur le Curé. La morte revient toujours chaque nuit à la maison. Voilà de l'argent. Dites d'autres messes, s'il vous plaît, pour que le bon Dieu tire la morte du purgatoire, et pour qu'elle nous laisse en repos.

— Mes amis, que vient faire la morte, chaque nuit, dans votre maison ?

— Monsieur le Curé, elle vient faire manger et nettoyer son fils, qui est innocent.

— Mes amis, reprenez cet argent. Je ne dirai pas de messes. Faites le travail de la morte, et elle ne reviendra plus.

Les parents de l'innocent firent comme le curé avait dit. Ils soignèrent le pauvre enfant et la veuve morte ne revint plus.

J.-F. BLADÉ, *Seize superstitions*, n° x.

LII

LES DEUX FIANCÉS

(CONTE DE LA HAUTE-BRETAGNE.)

Un garçon et une jeune fille qui se faisaient la cour depuis longtemps avaient promis de se marier ensemble, et de s'être fidèles même après leur mort.

Quelque temps après cette promesse, le jeune homme, qui était marin, partit en voyage, et il mourut sans que sa bonne amie fût informée de sa mort.

Un soir, il sortit de sa tombe, prit dans l'écurie des parents de la jeune fille une jument blanche, et monta dessus pour aller la nuit chercher sa fiancée, qui était servante dans une ferme à quelque distance de là.

Le mort arriva à la porte de la maison et y frappa :

— Qui est là ?

— C'est un jeune homme qui est venu chercher la fille d'ici de la part de ses parents.

— Ah ! dit la fille qui reconnut la voix, c'est mon bon ami, sans doute c'est maman qui l'envoie.

— Oui, répondit le mort, ce sera demain nos fiançailles.

Elle monta en croupe derrière lui sur la jument, et ils partirent.

Pendant la route, le jeune homme lui disait :

— La lune t'éclaire ; la mort t'accompagne ; n'as-tu pas peur ?

— Non, dit-elle, je n'ai pas peur avec toi.

Il se plaignit d'avoir mal à la tête.

— Noue ton mouchoir autour de ton front, lui dit-elle.

Il répondit qu'il n'en avait pas, et la jeune fille lui prêta le sien qu'il s'attacha autour de la tête.

Ils arrivèrent à la porte de la maison de la jeune fille, elle descendit de cheval et frappa pour se faire ouvrir.

— Qui est là ?

— C'est moi, votre fille, que vous avez envoyée chercher.

— Et par qui ?

— Par mon futur époux. Je suis montée en croupe derrière lui ; pendant la route, il m'a dit qu'il n'avait pas de mouchoir de poche, et je lui ai prêté le mien. Il est, j'en suis sûre, dans l'écurie à ôter la bride à notre jument blanche.

Ils allèrent dans l'écurie et ne trouvèrent point le fiancé ; mais la jument était baignée de sueur.

Quand la fille vit que son amant était disparu, elle comprit qu'il était mort, et elle mourut aussi elle.

On déterra le corps de son fiancé pour les enterrer ensemble, et il avait sur la tête le mouchoir blanc que lui avait donné la jeune fille.

Paul SÉBILLOT, *Littérature orale de la Haute-Bretagne*.

LIII

LA MARRAINE DAMNÉE [1]

(CONTE DU MORVAND.)

Il y-avait une-fois une Petitefille, qui était chez sa Mareine; car elle était orfeline : et sa Mareine était une mechante Famme ; si bien qu'elle donnait de mauvais-conseils à sa Filleule, en-lui-disant de voler et de ne pas être-sage : dont Dieu la punit, car elle mourut.

Et voilà que la Petite fille pleurait sa Mareine, en-disant :

— Helas-mondieu ! helas-mondieu ! ma pauvre Mareine, qui me nourrissait ! Quî donc me nourrira ?

Quand il y-passa un gros Monsieu', qui avait un chapeau-bordé, avec un manteau-rouge, un habit-rouge, des culotes-rouges, des bas et des souliers-rouges, monté sur une grosse-Jument, noire comme de l'encre. Et le Monsieu' dit à la Petitefille :

— Qu'est-ce que tu as-donc à pleurer, la Petite ?

— Helas, Monsieu' ! j'ai-perdu ma Mareine, qui me nourrissait.

---

[1] J'ai conservé, sauf pour le titre, l'orthographe de l'auteur, qui avait un système orthographique particulier.

Le Monsieu' Toutrouge descendit de sa Jument-noire, et il dit à la Petitefille :

— Tiens, voilà un fouet garni de-pointes-de-fer ; je vais-attacher-là ma Jument à cet anneau ; tu n'as qu'à la fouetter de toutes tes forces, sous le ventre, sur la tête, sur le dos, partout ; et à chaque coup où elle saignera, tu ramasseras un écu.

Et voilà que la Petitefille se mit à fouetter la Jument si-fort, qu'à chaque-coup elle ramassait un écu : Et la pauvre Jument qui était-attachée-bien près, fesait des soupirs : mais le Monsieu' disait à la Petite :

— Frappe ! frappe ! Et elle frappait.

Et il lui dit :

— Je m'en vais ici à deux pas, chés un de mes Amis ; frappe-toujours, et je verrai-bien si tu as frappé, à tes écus.

Et quand le Monsieu' fut-enalé, et que la Petitefille frappait fort, voilà que la Jument noire lui dit :

— Helas ! mon Enfant ! tu dechires-de-coups ta pauvre Mareine !

Et le fouet tomba des mains de la Petitefille, qui se mit à pleurer, et à embrasser la Jument en-lui-disant :

— Helas-mondieu ! ma pauvre Mareine, comme vous voilà !

— Je suis-damnée, mon Enfant, pour t'avoir-donné mauvais-exemple, pour t'avoir-donné mauvais-exemple ! et je sers de Jument au Diable quand il va de-par-le-monde pour mal-faire. Ne m'imite pas, et fais tout le contraire de ce que je t'ai-dit : car si tu étais-aussi-damnée par ma faute, à moi qui suis ta Mareine, ma peine en-serait double. Ainsi va-t-en, et n'attend pas le Diable : car les écus que tu as ramassés ne sont pas des écus, mais des feuilles-de-chêne.

Et voila que la Petitefille fouilla dans sa pochette, et

elle-y-trouva des feuilles-de-chêne, comme quand on les voit tombées l'hiver jaunes et sèches dans les bois. C'est-là la monnaie du Diable ; il donne de grosses sommes, à ce qu'on croit, et on n'a que des feuilles-sèches.

La Petitefille fut-bien-étonnée ! Et elle ne voulait pas s'enaler. Si-bien que le Diable la retrouva. De tout-loin que la Jument le vit, elle dit à sa Filleule :

— S'il veut te toucher, fais le signe-de-la-croix.

Et voilà que le Diable vint bien-en-colère, en-jurant: si bien que la Petitefille se-mourait-de peur. Et il mit la main sur elle : la Petitefille, aulieu de faire le signe-de-la-croix, voulut se-sauver, si-bien qu'il la prit, lui lia les mains, la mit sur la Jument, et il l'emmenait en-enfer, quand la Petitefille songea au signe-de-la-croix, qu'elle fit sur le dos du Diable, avec son pouce. Il fit un grand cri, et la Petitefille se-trouva-à-terre, auprès de la porte de défunte sa Mareine.

Et elle ala-dire tout-ça au Père-Prieur du Couvent des Benedictins, qui la mit chés de bonnes Religieuses, où elle fit profession. Et elle est aujourdhui sainte.

RESTIF DE LA BRETONNE, Les Contemporaines
par gradation.

Bien que le présent recueil soit composé de contes recueillis à notre époque, j'ai cru devoir faire exception en faveur de celui-ci, qui, de même que les quatre qui l'accompagnent dans le livre de Restif, est raconté d'une manière vraiment populaire, et où l'auteur a pratiqué l'art plus difficile qu'on ne croit, de s'effacer pour laisser parler la conteuse. Restif a même eu soin d'indiquer, comme on le fait aujourd'hui, par qui le conte a été dit.

LIV

L'HOMME JUSTE

(CONTE DE LA BASSE-BRETAGNE.)

Il y avait une fois un pauvre homme de qui la femme
venait d'accoucher et de lui donner un fils.

Il voulait que son enfant eût pour parrain un homme
juste, et il se mit en route pour le chercher.

Comme il cheminait, son bâton à la main, il rencontra d'abord un inconnu, qui avait la mine d'un fort
honnête homme, et qui lui demanda :

— Où allez-vous ainsi, mon brave homme ?

— Chercher un parrain à mon fils nouveau-né.

— Eh bien ! voulez-vous de moi ? Je suis à votre dis-
position, si cela vous plaît.

— Oui, mais... je veux un homme juste.

— Eh bien ! vous ne pouviez mieux tomber ; je suis
votre homme.

— Qui donc êtes-vous ?

— Je suis le bon Dieu.

— Vous juste ! Seigneur Dieu !... Non ! non ! Partout j'entends qu'on se plaint de vous sur la terre.

— Pourquoi donc, s'il vous plaît ?

Pourquoi ? Mais pour mille et mille raisons di-

verses.... Les uns parce que vous les avez envoyés
dans ce monde faibles, contrefaits ou maladifs, tandis
que d'autres sont forts et pleins de santé, qui ne l'ont
pas plus mérité que les premiers ; d'autres, et de fort
honnêtes gens, comme j'en connais plus d'un, parce
que, quoique travaillant continuellement et se donnant
un mal de chien, vous les laissez toujours pauvres et
misérables, tandis que leurs voisins, des fainéants, des
hommes sans cœur, des gredins... Non, tenez, vous ne
serez pas le parrain de mon fils ; adieu !...

Et le bonhomme poursuivit sa route en grommelant.

Un peu plus loin, il rencontra un grand vieillard à
longue barbe blanche.

— Où allez-vous ainsi, mon brave homme ? lui demanda le vieillard.

— Chercher un parrain pour mon fils nouveau-né.

— Je veux bien lui servir de parrain, si vous voulez ;
cela vous va-t-il ?

— Oui, mais il faut vous dire avant que je veux que
le parrain de mon fils soit un homme juste.

— Un homme juste ? Eh bien ? je le suis, je pense.

— Qui donc êtes-vous ?

— Saint Pierre.

— Le portier du paradis, celui qui tient les clefs ?

— Oui, celui-là même.

— Eh bien ! alors... vous n'êtes pas juste non plus,
vous.

— Je ne suis pas juste, moi ! reprit saint Pierre avec
un peu d'humeur ; et pourquoi donc, s'il vous plaît,
bonhomme ?

— Pourquoi ? Ah ! je vous le dirai bien : parce que,
pour des peccadilles de rien du tout, pour des misères, vous refusez, m'a-t-on dit, votre porte à de très
honnêtes gens, des hommes de peine, comme moi,

parce que, après avoir travaillé dur toute la semaine, ils boivent peut-être une chopine de cidre de trop le dimanche... et puis, faut-il vous dire encore? Vous êtes le prince des apôtres, le chef de l'Eglise, n'est-ce pas?

Saint Pierre hocha la tête, en signe d'assentiment.

— Eh bien! dans votre église, c'est comme partout ailleurs ; on n'y a rien que pour de l'argent, et le riche y passe encore avant le pauvre... Non, vous ne serez pas aussi, vous, le parrain de mon fils ; adieu!...

Et il poursuivit sa route, toujours grommelant.

Il rencontra alors un homme qui n'avait guère bonne mine, et qui portait une faux sur son épaule, comme un faucheur qui va à son travail.

— Où allez-vous ainsi, mon brave homme? lui demanda aussi celui-ci.

— Chercher un parrain à mon fils nouveau-né.

— Voulez-vous de moi pour parrain?

— Il faut vous dire, avant, que je veux un homme juste.

— Un homme juste! Vous n'en trouverez jamais de plus juste que moi.

— Ils me disent tous cela. Mais qui donc êtes-vous?

— Je suis le Trépas[1].

— Ah! oui, alors, vous êtes vraiment juste, vous ; vous n'avez de préférence pour personne, et vous faites bravement votre besogne. Riche et pauvre, noble et vilain, roi et sujet, jeunes et vieux, faibles et forts.... vous les frappez tous quand leur heure est venue, sans vous laisser attendrir ni fléchir par les larmes, les me-

---

[1] En breton, la mort personnifiée (*ann Ankou*) est du masculin, et c'est pour cela que notre homme la désire pour parrain à son fils, et non pour marraine ; c'est aussi pour la même raison qu'on a cru devoir traduire par le *Trépas* au lieu de la Mort.

naces, les prières ou l'or. Oui, vous êtes véritablement le juste, et vous serez le parrain de mon fils. Venez avec moi.

Et l'homme s'en retourna à sa chaumière, emmenant avec lui le parrain qu'il voulait donner à son fils.

Le Trépas tint l'enfant sur les fonts baptismaux, et il y eut ensuite, dans la chaumière du père, un petit repas où l'on but du cidre et mangea du pain blanc, par extraordinaire.

Avant de s'en aller, le parrain dit à son compère :

— Vous êtes de fort braves gens, votre femme et vous ; mais vous êtes bien pauvres. Comme vous m'avez choisi pour être le parrain de votre fils, je veux vous en témoigner ma reconnaissance en vous révélant un secret qui vous fera gagner beaucoup d'argent. Vous, compère, vous allez vous faire médecin, à présent, et voici comment vous devrez vous comporter : quand vous serez appelé auprès d'un malade, si vous me voyez debout à la tête du lit, vous pourrez affirmer que vous le sauverez, et lui donner comme remède n'importe quoi, de l'eau claire, si vous voulez ; il en réchappera toujours. Si, au contraire, vous me voyez avec ma faux au pied du lit, il n'y aura rien à faire, et le malade mourra sûrement, quoi que vous fassiez pour essayer de le sauver.

Voilà donc notre homme improvisé médecin, mettant en pratique le système de son compère le Trépas, et prédisant, toujours à coup sûr, quand ses malades devaient guérir ou non. Comme il ne se trompait jamais et que, d'ailleurs, les remèdes ne lui coûtaient pas cher, puisqu'il ne donnait que de l'eau claire à ses clients, quelle que fût la maladie, il était recherché et devint riche en peu de temps.

Cependant, le Trépas, quand il avait occasion de passer par là, entrait de temps en temps pour voir son filleul et causer avec son compère.

L'enfant grandissait et venait à merveille, et le médecin, au contraire, vieillissait et s'affaiblissait chaque jour.

Un jour le Trépas lui dit :

— Je viens toujours te voir quand je passe par ici, et toi tu n'es encore jamais venu chez moi ; il faut que tu viennes aussi me rendre visite pour que je te régale à mon tour et te fasse voir ma demeure.

— Je n'irai que trop tôt, répondit le médecin ; car je sais qu'une fois qu'on est chez vous, on n'en revient pas comme on veut.

— Sois tranquille là-dessus, car je ne te retiendrai pas avant que ton heure soit venue ; tu sais que je suis l'homme juste par excellence.

Le médecin partit donc pour faire visite à son compère. Ils allèrent longtemps de compagnie, par monts et par vaux, traversant des plaines arides, des forêts, des fleuves, des rivières et des régions tout à fait inconnues au médecin.

Enfin, le Trépas s'arrêta devant un vieux château entouré de hautes murailles, au milieu d'une sombre forêt, et dit à son compagnon : « C'est ici. »

Ils entrèrent. Le maître du sombre manoir régala d'abord magnifiquement son hôte, puis, au sortir de table, il le conduisit dans une immense salle où brûlaient des millions de cierges de toutes les dimensions, longs, moyens, courts, et dont les lumières étaient plus ou moins nourries, jetaient plus ou moins de clarté. Notre homme resta d'abord tout étonné, ébloui et muet devant ce spectacle. Puis, quand il put parler :

— Que signifient toutes ces lumières, compère ? demanda-t-il.

— Ce sont les lumières de la vie, compère.

— Les lumières de la vie ? Qu'est-ce à dire ?

— Chaque créature humaine qui vit présentement sur la terre a là son cierge, auquel est attachée sa vie.

— Mais il y en a de longs, de moyens, de courts, de brillants, de ternes, de mourants... Pourquoi ?

— Oui, comme les vies des hommes : les unes commencent ; d'autres sont dans leur force et tout leur éclat ; d'autres sont faibles et vacillantes ; d'autres enfin sont près de s'éteindre...

— Comme en voilà un (un cierge) qui est long et haut !

— C'est celui d'un enfant qui vient de naître.

— Et cet autre, que sa lumière est brillante et belle !

— C'est celui d'un homme dans toute la force de l'âge.

— En voilà un qui va s'éteindre, à défaut d'aliment.

— C'est un vieillard qui se meurt.

— Et le mien, où est-il ? Je voudrais bien le voir.

— Le voilà près de vous.

— Celui-là ?... Ah ! mon Dieu, il est presque entièrement consumé ! Il va s'éteindre !...

— Oui, vous n'avez plus que trois jours à vivre !

— Que dites-vous là ? Quoi, trois jours seulement !... Mais puisque je suis votre ami et que vous êtes le maître ici, ne pourriez-vous faire durer mon cierge quelque temps encore... par exemple, en prenant un peu à celui d'à côté, qui est si long, pour l'ajouter au mien ?

— Celui d'à côté, qui est si long, est celui de votre fils, et si j'agissais comme vous me le conseillez, je ne serais plus l'homme juste.

— C'est vrai, répondit le médecin en se résignant et en poussant un profond soupir...

Et il revint alors chez lui, mit ordre à ses affaires, appela le curé de sa paroisse et mourut trois jours après, comme le lui avait prédit son compère le Trépas.

F.-M. Luzel, *Légendes chrétiennes de la Basse-Bretagne.*

IV

RÉCITS COMIQUES

LV

LE VOLEUR HABILE

(CONTE BASQUE.)

Comme bien souvent en ce monde, il y avait une mère qui avait un fils ; tous deux étaient pauvres, et quand le jeune homme fut devenu grand, il eut envie de quitter la maison pour voir s'il ne pourrait pas trouver une meilleure position. Sa mère le laissa partir, mais toutefois avec une grande répugnance.

Il se mit en route, et après avoir traversé une terrible forêt, il arriva à une très belle maison. Il demanda si l'on n'avait pas besoin d'un domestique ; on lui répondit que oui, et lorsqu'il fut entré, on lui dit que ses maîtres avaient l'habitude de sortir la nuit pour voler les gens, et que parfois même ils les tuaient. On lui demanda s'il voulait se joindre à eux et il répondit qu'il le voulait bien. Au milieu de la nuit, il vit arriver le chef des voleurs et tous ses compagnons ; ils étaient chargés d'or et d'argent, et il resta longtemps avec eux.

Un jour le chef lui dit :

— A telle heure, un monsieur à cheval va passer par tel endroit ; il faut aller le voler, et s'il ne se laisse pas faire de bon gré, tu le tueras.

Notre garçon avait assez du métier, mais il répondit au chef qu'il irait à l'endroit désigné. Il s'y rendit pour attendre le voyageur, et à la fin, il le vit arriver. Il se présenta devant lui, et cria : « La bourse ou la vie ! » Le monsieur lui donna sa bourse et tout l'argent qu'elle contenait, et il y en avait une grande quantité.

Alors le garçon lui dit :

— Ce n'est pas assez, il faut que vous me donniez vos beaux habits et votre cheval.

Ils échangèrent leurs vêtements et le monsieur s'en alla bien content d'avoir eu la vie sauve, malgré qu'il fût couvert de vieux habits.

Au lieu de retourner à la maison des voleurs, que fit notre garçon ? Il monta à cheval, et emportant tout son argent, il revint à la maison de sa mère. Chacun fut étonné de le voir revenir après avoir si promptement fait fortune. Il embrassa sa mère, et l'on peut juger de sa joie ! Il lui dit comment il était devenu riche, et comment cela lui était arrivé, loin, bien loin. Mais sa mère ne put s'empêcher d'en parler à ses voisines, et l'aventure finit par arriver jusqu'aux oreilles du maire ; celui-ci envoya son domestique prévenir le jeune garçon de venir à sa maison le lendemain sans faute.

Il partit laissant sa mère en larmes, et elle lui conseilla d'avouer au maire comment il avait fait si promptement fortune. Il avoua au maire le métier qu'il avait fait, mais il lui dit que cela s'était passé dans un pays éloigné, et que jamais il n'avait tué personne. Le maire lui dit :

— Si vous ne volez pas cette nuit le plus beau cheval de mon écurie, je vous tuerai demain.

Le maire était très riche ; il avait beaucoup de domestiques et beaucoup de chevaux, et il y en avait trois qui étaient plus beaux et plus chers que les autres. Le garçon revint à la maison ; il consola sa mère et lui dit de lui donner les vieux vêtements qu'il portait autrefois. Il les mit sur les autres, prit un gros bâton et se mit en route pour la maison du maire, marchant péniblement comme un vieillard. Il frappa à la porte et demanda un asile pour la nuit ; un garçon vint lui dire :

— Nous ne pouvons cette nuit vous donner asile dans cette maison ; allez plus loin.

Mais il le supplia tellement, en disant qu'il ne savait où aller, et demandant par pitié un coin dans l'écurie, qu'on finit par le laisser entrer, et on lui donna une petite botte de paille pour qu'il pût coucher dessus.

Notre garçon entendait tout ce que les autres disaient. Il y avait trois domestiques qui jusqu'à minuit devaient se tenir en selle sur les trois plus beaux chevaux, et à cette heure trois autres domestiques devaient venir les remplacer. Que fit notre garçon? Ils s'étaient endormis sur leur monture, et aussitôt qu'il entendit minuit, il vint toucher l'un d'eux et lui dit :

— Il est minuit, va te coucher.

Le domestique s'en alla à moitié endormi, et les deux autres ronflaient sur leur cheval. Quant à lui, il enfourcha sa monture ; et il avait choisi la plus belle, ouvrit doucement la porte et s'enfuit au grand trot, sans regarder derrière lui. Il ne tarda pas à arriver à la maison, et sa mère eut bien de la joie en le revoyant.

Le lendemain, il alla vendre son cheval au marché. Quand le maire arriva à l'écurie, il vit que son plus beau cheval n'y était pas et que ses domestiques dormaient, les uns sur leur monture, les autres dans leur lit. Il se mit en colère, ne sachant comment tout cela avait pu se faire. Il envoya demander à la bonne femme où était son fils, et elle répondit qu'il était allé vendre un cheval. On lui dit que le maire voulait le voir tout de suite ; elle eut encore beaucoup de chagrin, et lorsque son fils fut de retour, elle lui raconta ce qui s'était passé.

Le garçon alla trouver le maire qui lui dit :

— Quel homme vous êtes ! vous avez gagné votre pari, mais si vous ne parvenez pas à voler cette nuit tout le pain qui est au four, il n'y a que la mort pour vous.

Le maire assembla tout le Conseil municipal et tous ses amis, pensant qu'il s'amuserait avec eux tout en gardant le four. Il installa des danses, de la musique, des jeux, des illuminations ; mais tout cela était devant le four. Que fit notre garçon ? Il prit un petit marteau et se glissa derrière le four : il y fit un trou, enleva tous les pains, les mit dans son panier et s'en alla.

Le lendemain, le maire se réjouissait en pensant que ses pains n'avaient pas été volés, parce que la gueule du four avait été bien gardée ; il envoya sa domestique chercher ses pains frais pour déjeuner ; mais lorsqu'elle ouvrit la gueule du four, elle vit le soleil qui brillait à l'autre bout. Jugez de son étonnement ! Le maire était d'une colère rouge ; il envoya chercher le garçon. Ses domestiques demandèrent à la bonne femme où était son fils : « A vendre du pain ! » répondit-elle.

Sa réponse fut rapportée au maire qui lui envoya dire de recommander à son fils de venir le trouver dès qu'il serait de retour. La pauvre mère eut encore beaucoup de chagrin. Quand son fils revint, elle lui fit la commission et il alla chez le maire.

Celui-ci lui dit : « Hier, vous avez gagné votre pari, mais tout n'est pas fini : il faudra que cette nuit vous enleviez les draps qui sont dans mon lit, ou votre mort est au bout. »

Le garçon revint à la maison et avec ses vieux habits il fit un mannequin qui lui ressemblait, puis à la nuit, il le porta auprès de la maison du maire. Le maire avait placé des gardes armés à toutes les portes et à toutes les fenêtres. Notre garçon mit son mannequin au bout d'un long bâton, et au moyen d'une corde, il le hissa le long de la muraille. Quand les gardes virent un homme grimper le long du mur, auprès d'une fenêtre, ils firent feu, et ils se mirent tous à crier : Hourrah !

A ce bruit le maire sortit de son lit, pensant qu'on avait tué le voleur, et il voulut le voir. Notre garçon profita de ce moment pour entrer dans la maison, et il arriva au lit du maire en disant :

— Qu'il fait froid ! qu'il fait froid ! et il se mit au lit en tirant les draps de son côté ; quand il les eut tous, il dit à la dame :

— Il faut que j'aille le revoir, pour en être bien sûr, et pour savoir comment ils l'ont enterré.

La dame lui dit : « Reste ici, tu reviendras encore mort de froid. »

Mais il sortit et s'échappa du plus vite qu'il put avec les draps.

Cependant les gardes se poussaient l'un l'autre et se battaient presque autour du mannequin. A la fin, ils rentrèrent à la maison presque hors d'haleine ; ils étaient joyeux et contents de ce que leur voleur était enfin par terre.

Quand le maire revint pour se coucher, sa femme lui dit :

— Maintenant j'espère que tu vas rester ici sans aller et venir comme tu l'as fait ; tu m'as rendue toute froide.

— Moi ! je ne suis pas allé et venu.

— Si, si, tu étais justement ici il n'y a qu'un moment.

Il se mit au lit, et se tourna et retourna de tous côtés, mais sans pouvoir retrouver les draps. A la fin, impatienté, il alluma une chandelle, et vit qu'il n'y avait plus de draps dans le lit. Qu'on juge de leur chagrin ! ils ne savaient pas comment cela c'était fait. La dame dit à son mari :

— Tu ferais bien de laisser cet homme tranquille ou il nous arrivera malheur.

Mais il ne voulut rien écouter et sortit. Dès qu'il fut jour, il envoya ses domestiques à la maison du voleur. Ils trouvèrent sa mère et lui demandèrent où était son fils :

— Il est allé vendre des draps de lit, répondit-elle.

— Dès qu'il sera de retour, lui dirent-ils, vous l'enverrez chez le maire.

Cette pauvre femme eut de nouveau un grand trouble parce qu'elle pensait qu'on finirait bien par venir à bout de son fils. Elle l'envoya chez le maire qui lui dit :

— Cette fois, tu ne m'échapperas pas ! Si tu ne voles pas tout l'argent de mon frère le prêtre, il n'y aura que la mort pour toi.

Le frère du maire était recteur de cette ville. Quand vint la nuit, notre garçon se glissa dans l'église et s'habilla dans les plus beaux ornements, ceux dont on se servait seulement pour les plus grandes fêtes. Il alluma tous les cierges et toutes les lampes, et à minuit il se mit à sonner les cloches à toute volée.

dilin don, dilin don don, dilin don. Le recteur vint en toute hâte avec sa domestique pour voir ce qui se passait dans l'église. Ils virent sur le grand autel quelqu'un qui leur dit :

— Prosternez-vous, je suis le bon Dieu et je viens vous chercher. Vous allez mourir, mais auparavant il faut que vous apportiez ici tout l'argent et toutes les richesses qui sont dans votre maison,

Le prêtre sortit et apporta tout ce qu'il possédait. Le garçon le fit ensuite monter au haut de la tour et lui dit :

— Maintenant, vous allez aller au Purgatoire, mais ensuite vous entrerez au Paradis.

Il le mit dans un sac qu'il prit par un bout, et il le faisait descendre le long des escaliers, où il se heurtait à chaque marche. Le prêtre criait : « Aïe ! aïe ! » mais l'autre lui répondait : « Ce n'est rien, bientôt vous serez au ciel. »

Il le porta ainsi jusqu'au poulailler de son frère, où il le laissa. Au matin, la fille de basse-cour vint pour donner à manger à sa volaille : elle vit un sac, et l'ayant touché, le sac remua. La fille courut bien vite dire à sa maîtresse ce qu'elle avait vu. Celle-ci vint, toucha le sac, et le sac remua encore. Elle eut peur et vint dire à son mari :

— Vous voyez que j'avais eu raison de vous dire de laisser cet homme tranquille. Maintenant que va-t-il nous arriver ? Qu'y a-t-il dans ce sac ?

Le monsieur envoya tout de suite quelqu'un chez le voleur. Il se trouvait justement à la maison, et on lui dit que le maire lui ordonnait de venir directement chez lui. On lui commanda d'ouvrir le sac. Il le toucha, et le sac fit un saut ; alors il dit qu'il ne voudrait pas l'ouvrir, même pour dix mille francs.

— Je vous donnerai dix mille francs.

— Non ! je ne le ferais pas même pour vingt mille !

— Je vous les donnerai.

—Non ! non ! non ! Pas même pour quarante mille.

— Je vous donnerai trente mille francs.

— Non ! non ! non ! non ! pas même pour quarante mille.

— Et pour cinquante mille ?

Il consentit alors à ouvrir le sac, et il en retira le prêtre, frère du maire, qu'il avait dépouillé jusqu'au dernier sou. Après avoir reçu ses cinquante mille francs, notre garçon revint chez lui et vécut riche avec sa mère ; et le maire alla demeurer avec son frère le prêtre, plus pauvre qu'il n'était autrefois. Et s'ils ont bien vécu, ils ont eu une bonne mort.

Traduit de W. WEBSTER. *Basque Legends*.

LVI

LA MOUÉTÉ DE QUENE [1]

(CONTE POITEVIN.)

Ol était ine foué in p'tit bounhoumme et ine p'tite
bounne femme, qu'étiant bé si paôres, si paôres que
gn'aviant jamé podju joindre [2] à avouer ine quene tot
entère ; gn'en n'aviant qu'ine mouété, core ne peu-
ziant-eils pas la nôrri, et gle l'envoyiant trecher [3] sa
vie d'in coûté su l'aôtre.

In jou qu'alle était à barboter à la rivère, a trouit
ine boursaye d'argeont ; a se mettit bé vite à crier :
« Can, can, can, qui est-o qui a perdu sa boursaye
d'argeont ? » Ol adounit que, de l'hure [4], o passait au
chemaingn in mossieu et ine madame, dan ine belle
carrosse. Quand le mossieu odjit ontondu [5] ce quo chontait la quene, gle li dissit : « Baille-me quielle argeont,
alle est à ma ; i t'on douré pre la pouaine ». La quene
le credjit [6] et li baillit ; mé quond gl'odgit l'argeont,

---

[1] La Moitié de cane.
[2] Qui étaient si pauvres qu'ils n'avaient jamais pu parvenir.
[3] Chercher.
[4] Il arriva que par hasard.
[5] Eut entendu.
[6] Crut.

gle fasit le partage de Goumerit [1] : la carrosse marchit
et la paôre Mouété de quene réchtit tot ébaillaye.

Quond a sit de retou chez lé [2], a raconti à ses
maîtres tot ce qui li avait arrivé. Le bounhoumme se
mettit bé dan ine si gron promptitude [3] contre lé, que
gle valit la tuay. « Quemont, que gle dissit, te troue
de l'argeont, et o n'est pas ichti que te l'apportes !
Nous aôtres, bounnegens, qui sont si minablles,
qui avons tot netre saôu de pouaine pre vivre [4] !
Ocque quielle argeont, i ariant tretous vivé hérux le
rechte de nos joûs ; et te la bailles, à ma désodjue [5], à
n'in mossieu qui n'on a pouét à besogn, core qu'a
n'était pat à li !.. Si te ne vas pas la queri, si te revins
sons lé, t'es bé sure qu'i te tue. [6] »

La paôre Mouété de quene odjit [7] bé si gron paôu,
qu'a se serait calaye din in creu de grelet [8]. A se disait
en lé-même : « Quemont ferai-z-i pre troure quio
mossieu ! » Mé queme lés pus petits sant tréjou lés
pus fins, o li vindjit on l'idaye qu'on siguant lés
rouans [9] de la carrosse, alle arriverait au logis.

A bougit d'incontinent on criont : « Can, can, can,
rondez-me ma boursaye d'argeont ! » A trouit su son
chemaingn, compére le renart, qui li dissit : « Qu'as-
tu din, ma paôre Mouété de quene, que t'as l'air si
trichte ? — I ai bé sujet d'o-z-étre : à matingn, on bar-
botant à la rivère, i ai troué ine boursaye d'argeont ;

---

[1] Il prit tout pour lui.
[2] Elle.
[3] Colère.
[4] Qui avons tout notre saoul de peine à vivre.
[5] Insu.
[6] Que je tuerai.
[7] Eut.
[8] Qu'elle se serait cachée dans un trou de grillon.
[9] La trace des roues.

i l'ai baillée à n'in mossieu qui m'a dit qu'alle était à li,
et v'lat que mon maître vut qu'i la trouche[1], ou bé gle
me tuerat. — Et où vas-tu de même ? — I vas devant
ma. — Vux-tu qui onge ocque ta[2] ? — D'in grand
tcheur. — Mé quement ferai-z-i pre te sigre ? —
Fourre-te dons mon dare[3] : i te porterai queme
i pourrai. »

A se remettit on route, trejou criont : « Can, can,
can, rondez-me ma boursaye d'argeont ». Compére le
louc, qui passait pre de lai l'accrochtit : — Eh ! qu'as-
tu din que te ramasses si bé tes quatre mécredis[4] :
n'on dirait que t'as pardu in paingn de ta fournaye !
— Ah ! vouey ! i en ai pardu ien, et in bea ! i ai troué
in boursée d'étchus, i ai dounay à ien qu'a n'était pat à
li, et mon maître m'envoye la queri, et, si i ne la troue
pas, o faudra bé qu'i mourche[5]. — A dos foués, in
pétit d'éde fait gron bé : vux-tu qui onge ocque ta ? —
I o vux bé. — Mé quemont ferai-z-i pr'allay si longn ?
— Fourre-te dans mon dare ; i te porterai queme i
pourrai. » Et compére le louc ondgit troure[6] compére
le renart.

A reprit son chemaingn : a n'allait pouét trot à sen
aise, ol avait noillé, et alle était tote enchoutie dans
la gasse[7], mé o ne l'opposait pouét de chontay : « Can,
can, can, i ai pardu ma boursaye d'argeont. » O se
trouit su son passage coumére l'échalle qui li dissit
queme tchieu, sans li demander le portemont[8] : « Jésus !

[1] Veut que je la trouve.
[2] Que j'aille avec toi.
[3] Dans mon derrière.
[4] Que tu es de si mauvaise humeur : locution locale.
[5] Il faudra que je meure.
[6] Alla rejoindre.
[7] Il avait plu et elle était toute couverte de boue.
[8] Qui lui dit comme ça, sans lui demander comment elle se portait.

ma paôre Mouété de quene, t'as l'air bé enniaye. — Ah! i o sé bé itou. — Eh! qu'est o din qu'ol l-y at? — A matingn i ai troué de l'argeont; a m'a été volaye, et mon maître vut qu'i la trouche, o bé gle me tuerat. — Vux-tu qu'i onge ocque ta, ma qui sé bé à men adelésis[1]? — I o vux bé. — Mé quemont ferai-z-i, ma qui marche jà? — Fourre te dons mon dare; i te porterai queme i pourrai ». Et coumére l'échalle gravit ocque les aôtres.

A requemmincit à chontay: « Can, can, can, rondez-me ma boursaye d'argeont ». A ne pardait pouet courage, pasqu'à voisait tréjou les rouans. A rencontrit coumére la rivère, sa gron compagnaye, qui li dissit: « Qu'as-tu din à tont te demaler[2], ma paôre p'tite Mouété de quene, à matingn t'étas si joyuse? — Oh! dompis à matingn[3], i on ai bé vû qui n'ai point mongé! Te sé bé quielle argeont qu'i ai trouée; t'as bé vu quio mossieu qui l'a pris; eh bé! mon maître a dit que gle me tuerait, si i n'allas pas la queri. — A dos foués, in p'tit d'éde fait gron bé, vux-tu qui onge ocque ta? — Ah! vouey bé. — Mé quemont ferai-z-i, ma qui ne saras marchay? — Fourre-te dons mon dare; i te porterai queme i pourrai ». Et coumére la rivère se logit ocque les aôtres.

A se mettit en route sons larguer; tréjou alle argardait devont lé, de paô de pardre la trace. A chontait bé si fort, que la ragane dau cou[4] li en fasait maô. A trouit sur son chemaingn compére le bournay[5], qui velit la jazay[6]. — « I ne sé pouet en train de rire, qu'a

---

[1] Qui suis bien inoccupée.
[2] A tant te lamenter.
[3] Depuis ce matin.
[4] La rigole du cou, c'est-à-dire le gosier.
[5] La ruche, ce mot est masculin en patois.
[6] Plaisanter avec elle.

dissit. — Qu'est o din que t'as pr'être si doulonte [1] ? —
I ai bé dau malhu, bounnegens ; o faut qu'i trouche de
l'argeont qui m'at été volaye, sans quoué i sé morte.
— Et où vas-tu de maîme ? — I n'o sé djère. — Vux-tu
qui onge ocque ta ; à dos foués, in p'tit d'éde fait gron
bé. — Vuis, vuis, i ai bé enrère [2] in grant à besogn de
tot mes amis. — Quémont vas i fariè pre te sigre ? —
Fourre te dons mon dare ; i te porterai queme i pourrai. » Et compére le bournay allit troure les aôtres.

Quond alle odgit marchay encore bé, bé longtoms,
tot en criont : « Can, can, can, rondez-me ma boursaye
d'argeont », a queminçait à délinquay [3], quond a tom-
bit à n'in grond pourteau, lavoure [4] finissiant les
rouans : « Ah ! fit-elle, i sé dinc rondue ! » A n'odgit
pouet besogn de chacottay [5] : quond lés valets l'en-
tendirant chontay, gne saviant pas ce qu'o v'let à dire ;
gléuvrirant, et la Mouété de quene ontrit on s'ébrail-
lant queme de pus belle. Le mossieu et la dame re-
queneugirant [6] bé la quene dau matin. La dame dissit
au mossieu de li rondre sen argeont ; mé le mossieu
n'o velit pouet. Queme o queminçait à s'aneusser [7], gle
dissit à ses valets de pêchay la quene et de la mettre
dons le têt aux poules ocque les aôtres. Gle ponsait en
li même, que lés jaux, lés oyes, et lés prots [8] la tueriant
pendont la neut. Mé sitout qu'a sit ontraye, o s'écriit :
« Compére le renart, si tu ne vins pat à man secou, i
sé pardue ! » Compére le renart sortit et travaillit si bé

[1] Chagrine.
[2] En ce moment.
[3] Tomber de fatigue.
[4] ' ù.
[5] Heurter à la porte.
[6] Reconnaissaient.
[7] A faire nuit.
[8] Les coqs, les oies et les dindons.

de son métay [1], que de totes quies baytes o n'en rechti cheut.

Dé avon jou, la breillon [2] vindjit euvri la porte, et sit bé étounaye de ne vouér sorti que la Mouété de quene, en criont : « Can, can, can, rondez-me ma boursaye d'argeont. » La pâore chombrère n'osit pouet allay o dire à la dame ; mé quond o sit haute hure [3], la dame devallit don la court. A sit bé mortifiaye de vouér tchiés baytes on tchiel état. A dissit à sen houme : « Tchielle quene est sorcère, ronds-li daon sen argeont ; a nous portera malhu. » Le mossieu ne l'écoutit ensrement [4] pas ; gle créyait qu'ol était pr' hazert [5] que le renart avait vindju tchielle neut.

La quene chantit oncore tot le jou. Au ser, le mossieu dissit à ses valets : « Prenez-me moign tchielle pidale [6], et la chetez dons l'étchurie, sos les pés dos mules et dos chevals ; i voirons demoin matingn queme a chontrat. » Les valets la chetirant bay ; mé a dissit bé vite : « Compére le louc, si te ne vins pat à men éde, i sé morte ! » Compére le louc devallit, et tuit tot ce qu'ol y avait de baytes don l'étchurie ; la chevaulaille, la mulasserie ; tot y passit.

Dès l'écllairzie [7], les valets vindjirant trechay les baytes pr'allay à l'araye [8] ; mé gle sirant bé sésis quond gle les voisirant tretotes segnées. O n'y avait que la quene, qui requemincit ses « Can can. »

[1] De son métier.
[2] Fille de basse-cour.
[3] Quand il fut tard.
[4] Seulement.
[5] Par hasard.
[6] Piailleuse.
[7] La pointe du jour.
[8] Pour aller labourer.

Quond le mossieu voguit tot quiau déluge [1], et que de totes ses baytes o n'on rechtait pat in jarret vivont, gle se mettit don ine si grande fontaisie [2] contre ses valets, que gle volit les mettre tretous douhaû. Gle s'élugit [3] contre z'eux, gle leux dissit que gl'étiant dos sans soyn, dos adelésis [4], qui n'aviant ensrement pas l'âme [5] de fremer la porte d'in tèt.

La Mouété de quene se prologuait [6] tot à san large, tote souque, dans quielle gront court, trejou disant : « Rondez-me ma boursaye d'argeont » Gle virit sa colère contre lé : « Jésus ! i sé bé las d'ontondre tchielle doulonte se demaler ; chetez-la dons le poué [7], ou bé fasez chaôffer lé fourc, et qu'i ne l'entenge put. — Laqueu feranz-y le promer ? — Fait pouet chollaire [8], preveu qu'i on sèche débarrassay. » Lés valets ponsant qu'o s'ret putout fait, la pranguirant et la fouéttirant tot au mitan dau poué ; gle comptiant qu'a nigerait [9]. Mé pondont qu'a devallait, a disait : « Coumére l'échalle, vins à mon secou ! » L'échalle vinguit et la quene gravit en chontont : « Can, can, can, rondez-me ma boursée d'argeont. »

Tot le monde sit ben étonné, la dame disait trejou : « Ronds-li sen argeont. » Mé le mossieu dissit : « I ne sé ja si sot, n'on crérait bé qu'i ai paô de lé ; chauffez le fourc tot à bllanc, et chetez-y quiau bagage de bayte ; i se saou crevé de lé. » Lés valéts chauffirant le

---

[1] Cette calamité.
[2] Colère.
[3] Il s'emporta.
[4] Des imbéciles.
[5] L'esprit.
[6] Se promenait.
[7] Puits.
[8] Peu importe.
[9] Se noierait.

fourc ; mé gn'osiant pas cottay [1] à la quene, pasque gle ponsiant qu'ol était le djiaible [2] qui s'était viré on lé. Le pus hardi la prondjit pre le bout de l'ale et la garrochit [3] dans le fourc.

Pré quielle foué, gle créyiant bé tretous qu'o seret fini, et que gle ne troueriant que dos sondres. Mé queme gle la garrochiant, olle avait ogu [4] le toms de dire : « Ah ! rivère, ma gronde amie, vin à ma, i sé morte ! » La rivère sortit et tuit le fut. Quond gle vinguirant euvri [5] la goule dau fourc, gle rechtirant tot ébobés [6] de vouér la Mouété de quene, fraîche queme potet, qui se mettit à chonter : « Can, can, can. » Le mossieu dissit à sés valets « V-z'-êtes tretous des imbéciles qui ne savez pas de ve-z-y prondre ; v'avez asséyé de totes les modes ! rin n'a ruissi ; eh bé, demésis [7] ol est ma qui m'on chorge, et ve peuzez crère que le meillou serat à dare. »

Au ser, quond le mossieu et la dame sirant dans leu chombre, gle dissiront à la chombrère de péchay la quene, que gle mettirant à lau pé de lèt. Me quond gli sirant couchays, et que gle velirant se mettre à l'entou à la maillocher et à l'écapouti [8] à cots de pés, a s'écriit : « Compére le bournay, sors bé vite à mon secou ! » Le bournay vinguit, me les abayes ne sortirant pat à cha ine [9], a s'éparirant tretotes à la foué dans le lét, et fasirant si bé de leuz état, que le mossieu et la dame

---

[1] Toucher.
[2] Le diable.
[3] Précipita.
[4] Eu.
[5] Quand ils vinrent ouvrir.
[6] Étonnés.
[7] Désormais.
[8] L'écrabouir, l'écraser.
[9] Mais les abeilles ne sortirent point une à une.

on étiant agruzelés [1]. Gle sautirant bé vite au bas, fallait les vouér fenétrer pre quielle pllace [2]. Glétiant queme dos onrageays. « I t'au disas bé qu'ol était le djiaibile ! doune-li sen argeont. » Le mossieu courit à sen armoise, gle prondjit la boursaye, que gle garrochit [3] dons la place. La quene ne sit pouet grèpe à la prondre [4] ; alle était bé si joyuze, qu'o n'attandit pouet qu'o sit jou : alle hobit dés mainet [5] en chontant : « Can, can, can, i ai troué ma boursaye d'argeont. » A mettit ses amis tretous chaquin lavoure alle lés avait pris, on leux disant à chaquin bé grond marci, et dés l'aubette [6] a sit à la turgne [7] de ses maîtres, qui sirant bé contons de la revouer. Gle vivirant encore bé, bé longtoms, pasque glétiant hérux et à leuz ése. Et ma, quond i lés visit tretous contons, i les lechis, et on m'en revenont, passant près d'in moulaingn, i marchis sus la quoue d'ine souris :

Trit, trit, trit,
Men p'tit conte est dit.

Clémentine POEY-DAVANT.

Ce conte, en patois de Fontenay, a été publié d'abord dans la *Revue des provinces de l'Ouest*. Nantes, 1858, puis dans la préface du *Glossaire poitevin* de L. Favre.

[1] Criblés de piqûres.
[2] Bondir dans la place.
[3] Jeta violemment.
[4] Engourdi, ne se fit pas prier pour la prendre.
[5] Sortit dès minuit.
[6] Dès le petit jour.
[7] Hutte.

LVII

LES JAGUENS A LA COUR[1]

(CONTE DE LA HAUTE-BRETAGNE.)

Un jour les Jaguens pêchaient sur le banc de la Horaine : ils prirent un turbot si beau, si beau que les plus vieux pêcheurs n'en avaient point vu de pareil.

— *Dieu me gagne, mon fu*, dirent-ils, *queu biau païsson ! i' serait présentable au Ré, fau'ra le li porter.*

Les quatre matelots qui montaient le bateau enveloppèrent avec soin le turbot et se mirent en route pour Paris ; le petit mousse les accompagna, un peu malgré eux, et il disait qu'il voulait, lui aussi, voir le Roi, dût-il pour cela cheminer jusqu'à la fin de ses jours.

Ils partirent en sabots, après avoir demandé conseil aux anciens sur la manière de se conduire à la Cour : — Vous ferez comme vous verrez faire aux autres, répondirent avec sagesse les vieux Jaguens.

---

[1] Les Jaguens sont les habitants du village maritime de Saint-Jacut de la Mer ; ce sont eux qui, en Haute-Bretagne, sont généralement les héros des histoires comiques.

Au bout de quelques jours, les voilà arrivés devant
le palais et ils y voulurent entrer. La sentinelle les
en empêcha, mais voyant qu'ils n'avaient point la
mine d'insurgés, elle consentit à ce qu'on avertit le
roi que des pêcheurs étaient venus de Bretagne tout
exprès pour lui offrir un turbot.

— Introduisez ces braves gens dans le château, dit
le roi.

Ils entrèrent tous ensemble dans l'appartement du
roi ; mais le parquet était si bien ciré que les sabots
du patron glissèrent dessus comme sur une mare gla-
cée, et il s'allongea tout de son long sur le dos. Ses
matelots qui se rappelaient le conseil de leurs anciens,
l'imitèrent aussitôt, pensant que c'était là une cérémonie obligatoire à la Cour, et ils s'étendirent par terre
tous les cinq.

Le roi se mit à rire de bon cœur et il dit à ses
domestiques :

— Faites relever ces braves gens.

Quand les Jaguens se retrouvèrent debout sur leurs
sabots, ils présentèrent au roi leur turbot qui était
vraiment de grande taille ; mais, bien qu'on fût en
hiver, il commençait à avoir un peu d'odeur, à cause
de la longueur de la route. Toutefois le roi fut content,
et il dit à son cuisinier :

— Ayez soin de préparer un bon déjeuner pour
réchauffer les pêcheurs, car il fait grand froid.

Et il s'en alla, leur assurant que leur peine méritait
un salaire et qu'il leur en donnerait un dont ils seraient
satisfaits.

Les Jaguens furent conduits à la cuisine où on leur
servit un repas copieux. Ils le mangèrent tout à leur
aise et quand ils eurent fini de déjeûner, comme ils se
trouvaient seuls, ils se mirent à regarder autour d'eux,

et ils virent un énorme pain de suif suspendu au plafond.

— *Par ma fa, mon fu,* s'écrièrent-ils, *le biau pain
de sieu ! il est escarab'e* [1] *: n'en pourrait sieufer
otout* (avec) *not' batiau tout entier, qu'en a grand
besoin. Fau'ra le demander au Ré, Dieu me gagne.*

— *Vère ; mais s'il n' veut point l' donner ?*

— *Faut l' prenre, de précaution.*

Ils dépendirent le pain de suif, le coupèrent en
morceaux, et les mirent dans le fond de leurs chapeaux qu'ils placèrent sur leur tête du mieux qu'ils
purent.

Cependant le roi vint pour leur apporter de l'argent, et il s'aperçut que le grand pain de suif n'était
plus à sa place. Comme les pêcheurs étaient seuls
dans la cuisine, il les soupçonna de l'avoir pris, et il
remarqua que leurs chapeaux n'étaient pas bien en-
foncés sur leurs têtes. Il dit au cuisinier qui rentrait
en ce moment :

— Voilà de pauvres gens qui n'ont pas chaud, il
faut allumer un bon feu pour les réchauffer.

— *Par ma fa, mon fu,* répondit le patron, *i' n'en
n'est point besoin, j'arons le temps de nous échauffer
sur la route.*

— Non, non, dit le roi, il faut bien vous chauffer
avant de partir ; quand on a chaud, on marche mieux.

Le cuisinier alluma un grand poêle qui se trouvait
derrière eux, et il fit flamber dans la cheminée une
fouée à rôtir un bœuf. Les Jaguens étaient ainsi pris
entre deux feux et ils n'osaient bouger : le suif ne
tarda pas à fondre, et il coulait en ruisseaux gras sur
leur figure et sur leurs habits.

____

[1] Énorme.

Le roi leur dit :

— Vous avez volé mon suif, vous êtes de mauvaises gens ; pour cette fois je vous tiens quittes, mais allez-vous-en.

Les Jaguens revinrent chez eux assez penauds, et quand on leur parlait de leur voyage, ils répondaient :

— *Dieu me gagne, mon fu, j'avons kervé de honte ; c'est une quénaille, le Ré-là ! Nous qu'avions zu tant de deu* (mal) *à li porter un si biau turbot ! et cor i' nous a fait des crasses ; jamais je n'revoterons p'us pour li !*

Paul Sébillot, *Contes des marins*, n° XXXII.

LVIII

LE COMPAGNON TAILLEUR EN VOYAGE

(CONTE ALSACIEN.)

Un compagnon tailleur voyageait un jour, par un hiver froid et rigoureux. Il avait bien froid, car il n'avait pas de bas aux jambes. Et voilà que, vers le soir, il passe près d'une potence et il voit qu'il y a un pendu avec une belle paire de bas.

— Ceux-là feraient bien mon affaire, pensa-t-il, je vais les lui ôter.

Il tire de sa valise sa plus grande paire de ciseaux, coupe les bas avec les jambes du pendu, les enroule dans son mouchoir et le voilà parti.

Quand il arrive au prochain village, il s'arrête à l'auberge et demande s'il peut y passer la nuit. — Oui, répond l'aubergiste, mais nous n'avons plus de lit pour vous, il vous faudra coucher sur la banquette du poêle.

Et il fourre encore un fagot dans le poêle pour qu'il reste plus longtemps chaud.

Quand tout le monde fut au lit, le tailleur sort de son mouchoir la paire de jambes avec les bas et les place sous le poêle pour les faire dégeler. Quand ils furent dégelés, il mit les bas, et avant qu'il fût matin, il fourra les deux jambes sous le poêle et sauta par la fenêtre dehors.

Et voilà que le chat, qui était dans la chambre, s'empare de ces jambes et les traîne et se démène avec comme un enragé. Là-dessus la servante vient, qui le voit et appelle son maître.

— Venez donc vite, le chat a mangé le tailleur. Il ne reste plus que les deux jambes.

— Chut! dit le maître, pas un mot de cela : personne ne doit le savoir.

Puis, le maître prend le pic et la pelle, et enterre les deux jambes dans le jardin.

Quelques jours après, arrive de nouveau un compagnon qui demande à passer la nuit.

— Quel est votre métier? demande l'aubergiste.

— Je suis tailleur, dit le compagnon.

— Que Dieu me garde d'un tailleur ! s'écrie l'aubergiste. Le chat vient juste, il y a quelques jours, de m'en manger un.

Traduit de A. STŒBER, *Alsatia*, 1875-76, p. 205.

Le conte est en dialecte alsacien de Haguenau.

LIX

CADET CRUCHON

(CONTE DE LA BOURGOGNE.)

Il y avait autrefois une veuve infirme avec son fils qui, lui, était gros, fort et bien portant, mais qui n'avait pas trop d'esprit ; on peut bien le deviner au sobriquet que lui avaient donné ses camarades ; ils ne l'appelaient jamais que Cadet Cruchon. Il était niais et borné, mais ça ne l'empêchait pas d'amender, si bien qu'il arriva à l'âge de se marier. Voilà qu'un jour sa mère lui dit :

— Cadet, mon garçon, tu as bientôt vingt-cinq ans ; il faut voire songer à me trouver une bru, qui fera l'ouvrage de la maison ; car toi, tu n'en es guère capable, et moi, je deviens tous les jours de plus en plus infirme.

— Mais comment que je ferais pour avoir une femme ?

— Ecoute un peu ici : il y a des couturières aujourd'hui chez le voisin. On va rire avec elles, on leur foule sur le pied, on les pince, on les chiffonne pour s'en faire bien venir.

Voilà mon Cadet qui se présente chez le voisin.

— Bonjour, toute la compagnie.

— Bonjour, Cadet, bonjour, viens donc t'asseoir près de nous.

Car il faut savoir que les filles aimaient à se gausser de Cadet Cruchon ; elles ne se faisaient pas faute de le taquiner, de le turlupiner, et ne craignaient pas de badiner avec lui : il n'y avait pas grand danger, je crois bien, et personne n'y voyait malice !

Cadet va se placer près de la plus jolie : il la pince, il la serre, et se démène des pieds et des mains, tout en poussant de grands éclats de rire ; mais la pauvre fille n'avait guère envie de rire, elle, et elle n'était pas trop fière d'avoir invité le butor ; car il lui pesait sur le pied de manière à lui écraser les orteils ; il la pinçait si fort qu'elle en avait les bras tout bleus et tout bouclés.

— Mais tiens-toi donc, Cadet ; tiens-toi donc, butor ; ne vas-tu pas me laisser, brutal !

Et lui de recommencer de plus belle et de faire des quihihihi. Mais l'autre lui donna une grosse tape sur la joue, et comme elle ne pouvait pas toujours se débarrasser de lui, elle se mit à l'égratigner de la belle manière.

Cadet sentit bien que ce n'était pas pour rire ; il s'en alla, tout penaud, conter sa mésaventure à sa mère.

— Ah ! je vois bien que tu ne t'y es pas pris comme il fallait, toi ! Tu n'as pas les doigts assez mignons, ni le pied assez léger pour caresser une fillette, et tu n'y vas pas de main morte, tu aurais dû te borner à lancer des œillades.

— Des œillades ! et quoi que c'est que ça ?

— Nigaud, va ; c'est avec des coups d'œil, vois-tu bien, qu'on séduit les jeunes filles ; mais tu es si simple, qu'on ne peut causer avec toi ; tu ne mérites pas qu'on te donne des explications !

Et elle le renvoya brusquement, parce qu'elle était fâchée de lui voir si peu d'intelligence. Mais Cadet avait pris goût à la jolie couturière, et il ruminait comment il fallait faire pour lancer des œillades, pour se faire aimer par des coups d'œil. Or, c'était le moment d'aller lâcher les moutons, et il se dirigeait vers la bergerie, car c'était lui qui gardait les *catales* : il n'était pas capable de faire autre chose !

— Mais, j'y songe, qu'il se dit, il faut que j'arrache les yeux à mes agneaux et j'irai les lancer à ma couturière ; c'est bien là jeter des œillades ; je la séduirai certainement avec ces coups d'œil-là.

Ce qui fut dit fut fait. Cadet Cruchon tue six agneaux, met des yeux plein ses deux poches, va tout doucement pousser la porte du voisin et passe le nez par l'ouverture ; mais on ne lui dit pas d'entrer.

— Bonjour, toute la compagnie, bonjour donc.

On ne répond rien.

— Ah ! c'est ça, mes belles, vous faites les fières ; mais j'aurai bientôt fait de vous rendre plus douces ; alors vous me courrez après, et moi je ne vous regarderai pas, si ce n'est peut-être ma petite couturière.

Les autres le regardaient avec de grands yeux ébahis ; le voilà qui tire de sa poche une espèce de boulette rouge, blanche et jaune, qu'il leur lance à la figure.

— Tu vas bien te tenir, chien d'imbécile, et ne pas tacher les chemises que nous cousons !

Il continuait, continuait comme à plaisir, si bien que les filles allèrent se cacher derrière l'armoire. Mais le maître de la maison finit par se fâcher, et il saisit le manche à balai, avec lequel il caressa rudement l'échine de Cadet Cruchon.

Celui-ci, tout mortifié, retourna se plaindre vers sa mère.

— Vous ne faites que me dire ce qui n'est pas vrai, vous, là ! J'ai beau pincer les filles, beau leur jeter des yeux d'agneaux, elles ne paraissent pas m'aimer davantage !

Quand la vieille eut appris ce qui s'était passé, elle saisit une forte trique et donna une bonne daubée à son Jean Bête, en guise de consolation.

— Tiens, attrape-moi ça pour ta récompense ; ça t'apprendra, malheureux ! à tuer nos agneaux.

Cadet se sauva dans le fenil et bouda toute la journée ; mais quand il eut faim, il fallut bien qu'il revînt trouver sa mère ; celle-ci lui pardonna et le reprit avec elle ; car ils avaient besoin l'un de l'autre pour s'entr'-aider à gagner leur vie.

— Ta bêtise nous cause bien des désagréments, mon garçon ; mais ce qui est fait est fait ; n'en parlons plus, essayons seulement de tirer le meilleur parti possible de la chair de nos pauvres agneaux. Tu vas les mener vendre à la ville, sur la charrette à bras, et tu met-tras bien soigneusement, dans la bourse que voici, l'ar-gent que tu en tireras, ce sera pour acheter un autre troupeau ; il n'y faut donc pas toucher. Mais comme j'ai besoin d'un pot et d'un quarteron d'épingles, tu vendras aussi cette poularde pour m'en avoir. Main-tenant, retiens bien ceci : tu ne donneras pas les agneaux à moins d'un écu par tête, ni la pite à moins de douze sous.

— Oh ! pardié oui, que je m'en souviendrai bien.

Et pour ne pas oublier, il répétait tout le long du chemin : « Un écu l'agneau, douze sous la poularde. » Mais la route était coupée par un petit ruisseau, et il s'interrompit un instant pour reprendre haleine, et se disposer à mieux pousser sa charrette à travers le gué. Il en était resté aux mots : « Un écu », et quand il fut de l'autre côté, il continua : « L'agneau, douze sous, la poularde un écu, » et ainsi de suite. Arrivé à la ville, il fut abordé par un maquignon qui lui demanda :

— Que marmottes-tu donc là, mon ami ?

— L'agneau, douze sous, la pite un écu.

— Je prends les six agneaux ; quant à la poularde, vois-tu, ce n'est pas mon affaire ; tu la vendras à quelque vivandier.

Il compta six fois douze sous, et Cadet-Cruchon les serra soigneusement dans son escarcelle de cuir. Mais il avait beau crier : « Un écu la pite ! » personne n'en voulait à ce prix : on ne lui en offrait que quatorze, quinze sous. Il balançait donc à s'en défaire, car il se rappelait trop bien les recommandations de sa mère. Mais à la fin, il vint à réfléchir que ce devait être le prix courant, puisque personne ne lui en donnait davantage.

— Je suis, ma foi, bien simple, se dit-il, de m'en tenir aux paroles de la vieille : tout le monde sait qu'une poularde vaut moins qu'un agneau ; on veut pourtant bien m'en offrir un prix plus élevé ; quinze sous valent mieux que douze ! Et je manquerais l'affaire ! Pas si bête !

Il accepta donc quinze sous de la poularde, et alla acheter un quarteron d'épingles qu'il fourra dans son gousset, et un pot qu'il plaça sur sa charrette. Mais le vase roulait de côté et d'autre, si bien que Cadet avait peur qu'il ne se cassât. Et, en effet, la charrette étant tombée dans une ornière, le cahot fut si fort que la queue du pot porta contre les brancards et fut brisée.

— Tu ne veux donc pas rester tranquille, toi ! s'é-
cria-t-il, tout en colère. Eh bien, puisque tu es si remuant, je vais te donner l'occasion de te demener.
Tu as trois pieds ; moi, je n'en ai que deux, tu mar-
cheras si bien et mieux que moi.

Et il le posa au milieu de la route et continua son
chemin. Bientôt vint une voiture de foin dont une roue
passa sur le pot et l'écrasa en mille morceaux. Quand
elle eut rattrapé Cadet Cruchon, il se mit à la suivre
par derrière, afin de ne pas être dérangé par les autres
voitures qu'il rencontrait. Pendant qu'il cheminait
ainsi, il sentit les épingles qui le piquaient à travers
la doublure de son gilet ; il patienta une fois, il patienta deux fois, mais la troisième fois que les pointes
d'épingles lui entrèrent dans la chair, il prit le quarteron et le jeta par dessus les bottes de foin, sauf à
le reprendre quand on déchargerait la voiture. On
pense bien qu'il ne retrouva pas un si petit paquet
dans un si grand tas de fourrage. Il rentra donc les
mains vides à la maison.

Sa mère ne fut pas trop joyeuse quand il lui rendit
ses comptes. Mais qu'y faire ? le plus sage c'était de
patienter et de tâcher de réparer les sottises de Cruchon.

— Avec ce que tu nous rapportes du marché, il y a
tout au plus de quoi acheter un mouton ; pour compléter la somme nécessaire à remonter notre troupeau,
il faut encore aller vendre ma grande pièce de toile,
que je te réservais pour faire des draps et t'aider à te
mettre en ménage... Seulement comme tu t'es déjà fait
embabouiner par les bonnes langues, garde-toi de
faire du commerce avec ceux qui causeront trop. Mais
pour que ma pauvre toile soit de meilleure défaite, il
faut la blanchir, et tu profiteras de l'occasion pour

lessiver tout ce que nous avons de sale. Moi, je ne puis t'aider, je suis trop malade, mais passe en revue toute la maison, et tout ce que tu verras de noir et de crasseux, ne manque pas de le mettre dans la *buc*.

Oui, Cadet-Cruchon promit de ne rien oublier. Il commença par mettre au cuvier les chaudières et les marmites qui étaient noires comme de la suie, puis il alla examiner si les draps du lit de sa mère étaient propres.

— Oui, ma foi, ils sont encore tout blancs ; mais la pauvre vieille ne l'est pas trop, elle ! il faut voire que je la passe un peu en lessive, ça lui donnera peut-être l'air plus jeune.

Il prit la bonne femme qui était endormie, et se disposait à la porter au cuvier. Mais elle se réveilla, se débattit et força l'imbécile à lâcher prise.

— Qu'est-ce que tu fais donc là, grand nigue-douille ?

— C'est que je me suis dit : « Ma mère paraît avoir bon besoin de passer un peu en lessive. »

— Ah ! malheureux ! Tu veux donc me brûler et me noyer ! Laisse-là cette besogne que tu n'es pas capable de faire non plus qu'autre chose ; tu es plus propre à me nuire qu'à m'aider : prends-moi la porte et va te coucher, va !

Il ne se le fit pas dire deux fois, mais se sauva au plus vite et tira si fort la porte, qu'elle lui resta sur les bras. Il la garda, comme il croyait en avoir reçu l'ordre, et l'emporta avec lui dans son fenil où il se coucha et s'endormit.

Deux voleurs, qui revenaient de vendre à la ville le produit de leurs vols, vinrent à passer là pendant la nuit. Voyant une maison sans porte, ils crurent que c'était l'occasion de faire un bon coup. Ils y entrèrent donc, sous prétexte d'allumer leurs pipes ; mais ne trouvant qu'une vieille femme infirme, ils déposèrent leur sac d'argent pour être plus à l'aise, et se mirent aussitôt à dévaliser la maison, commençant par le linge que Cadet avait jeté pêle-mêle au milieu de la chambre.

L'un se tenait sur le seuil de la porte et faisait le paquet, tandis que l'autre cherchait et ramassait les nippes. Mais celui-ci vint à se trébucher dans les marmites et s'étendit tout de son long sur le sol, ce qui produisit un certain vacarme. Il fut quelque temps à se reconnaître. Cependant l'autre s'impatientait de ne plus rien recevoir, et disait à son camarade : « Jette, apporte, jette ! »

Cadet-Cruchon fut éveillé par le bruit des marmites qui s'entre-choquaient ; il mit donc le nez à la lucarne de son fenil pour voir ce qui se passait, et comme il était encore à moitié assoupi, il ne distingua pas bien les paroles du voleur et crut lui entendre dire : Jette la porte, jette la porte ! »

— Tiens, la voilà la porte, puisque tu la demandes avec tant d'insistance !

Et il la précipita du haut en bas. Le tintamarre qu'elle fit en tombant effraya si fort les voleurs, qu'ils s'enfuirent à toutes jambes, sans se donner le temps de prendre leur sac d'argent et encore moins de lier le paquet de linge volé.

Cadet Cruchon descendit, ramassa le tout qu'il cacha dans le fenil, et partit vendre la toile à la ville, sans que sa mère lui adressât la parole, car la pauvre femme, qui était tapie sous ses draps, croyait que c'était encore un des voleurs et n'osait piper, de peur d'être assassinée.

Cadet trouva beaucoup de chalands, car la toile était fine, et chacun voulait l'acheter. Mais chaque fois qu'on lui demandait le prix, il répondait :

— Qu'est-ce que ça te fait ? Elle n'est pas pour toi, tu jases trop !

De sorte qu'il avait beau marcher, il ne pouvait trouver à se défaire de sa marchandise, puisqu'il ne voulait la céder qu'à ceux qui ne la marchandaient point.

A force d'aller, il finit par être fatigué, et il entra dans une église pour faire sa prière et un peu pour se reposer. Voyant que le saint, devant lequel il était agenouillé, n'avait pas une seule fois ouvert la bouche, pendant tout le temps qu'il était resté là, il se prit à dire :

— Tu ne causes guère, toi, aussi je veux que tu aies ma toile.

Il la déposa donc dans la niche et attendit un instant le paiement. Mais la statue de plâtre ne faisait pas mine de chercher dans sa poche.

— Tu ne te dépêches guère ; mais moi je suis pressé : je n'ai pas encore déjeûné et voilà qu'il est tout à l'heure midi, s'écrie Cadet Cruchon ; je te donne encore cinq minutes, et si tu laisses passer ce délai sans me payer, nous verrons alors !

Cinq minutes s'écoulèrent et une sixième par-dessus le marché ; la septième commençait, lorsque le vendeur, à bout de patience, empoigne une chaise et met le saint en mille morceaux. Mais un trésor se trouvait justement caché dans le vide du socle. Cadet Cruchon entendant sonner les louis, se mit à les ramasser et en bourra ses deux poches, puis il s'en retourna tranquillement chez sa mère. Arrivé à la maison, il dressa sur la table le sac d'écus des voleurs, et mit tout autour de jolies petites piles de *jaunots*.

— Ma mère, voilà de quoi remplacer nos agneaux.

— Et aussi de quoi trouver une femme jeune et jolie. C'est bien vrai, mon cher garçon, que tu n'es pas des plus heureusement doués, mais, après tout, tu t'en tires tout de même ! Dieu soit loué, nous avons maintenant de quoi nous mettre du pain sous la dent.

E. BEAUVOIS, *Contes populaires de la Norwège, de la Finlande et de la Bourgogne.*

LX

LE GROS POISSON

(CONTE PROVENÇAL.)

Un Martegau venait tous les jours [1] à Marseille pour les affaires qu'il avait ; et tous les soirs, quand il était de retour aux Martigues, ses voisins venaient :

— Eh bien ! Genèsi, qu'y a-t-il de neuf à Marseille ?

Et le bon Genèsi racontait, de fil en aiguille, tout ce qui était arrivé de neuf dans la capitale du midi.

Un jour surtout, le bon Genèsi n'ayant rien à dire de neuf à ses finauds compatriotes, et s'attendant cependant, comme toujours, à la question ordinaire, se dit en lui-même : « Oh ! pour cette fois, il faut que je leur en fasse une, à ces farceurs, une, ma foi de Dieu, qui éclate. »

Voilà qui va bien.

Il arrive sur le tard aux Martigues et du plus loin qu'ils le voient :

— Eh bien ! Genèsi, qu'y a-t-il de neuf à Marseille ? lui crient les Martegaux.

— Ah ! mes pauvres, fait Genèsi, je vous en vais dire une aujourd'hui qui peut compter pour deux. Ah !

---

[1] Habitant des Martigues (Bouches-du-Rhône).

mes bons, vé, si je ne l'avais vu, l'ase me quille, si je
l'aurais cru.

Et tout d'un temps, comme si le trompetteur avait
passé par la ville, tous, femmes et hommes, enfants et
vieillards, viennent autour de lui et le conteur entame
le plan qu'il avait tiré :

— « Vous saurez, dit-il, Martegaux, que ce matin
est arrivé en rade de Marseille, un poisson, mais un
poisson si gros, si gaillard et si long, que sa tête est
amarrée dans le port et que la queue va toucher le
château d'If. Oh! croyez-le ou ne le croyez pas, ce
poisson prodigieux s'est embarrassé la tête entre le fort
Saint-Jean et le fort Saint-Nicolas et tout Marseille est
monté en haut de Notre-Dame-de-la-Garde pour voir
comment les pêcheurs feront pour le retirer de là.

Les Martegaux, pécaire! avalèrent ça comme miel
et, ni que vaut ni que coûte [1] : « Allons! zou! partons! » Et sans songer qu'il allait être nuit, femme,
homme, fille, vieux, enfant, tout part pour Marseille
comme s'ils allaient à la noce.

Genèsi, lui, le fin tireur de bourdes, était sur une
hauteur pour les voir passer, et se crevait de rire...
Pas moins, en voyant que tout le monde partait (sauf
les malades) :

— Oh! tron de nom d'un laire! se dit-il, tout ébaubi,
voilà tous les Martegaux qui filent ; faut que ce soit
vrai.

Là dessus, il noue les cordons de ses souliers et se
met à courir de toutes ses forces pour rattraper les
autres, et marche avec eux pour Marseille.

Traduit de Lou CASCARELET (Mistral).
Armana prouvençau, an 1856.

---

[1] Sans se demander ce que vaut le récit.

LXI

LE TEMPS LONG

(CONTE DU QUERCY.)

Il y avait une fois un homme qui n'était pas riche ; mais à force de travail il avait économisé un petit magot. Tous les jours en allant à l'ouvrage, il disait à sa femme : « Garde bien cet argent. C'est pour le *temps long*. » La femme, dès qu'il était parti, se donnait la joie de compter et recompter les sous et les écus. Un jour qu'elle était seule au logis et comptait l'argent à son ordinaire, passe un mendiant qui lui demande la charité.

— Hélas ! pauvre homme, dit-elle, nous sommes très misérables, je ne puis rien vous donner.

— Comment ! dit-il, et ces sous et ces beaux écus que vous avez-là, ne pouvez-vous m'en faire aumône ?

— Je le voudrais, dit la femme, mais nous les gardons pour *le temps long*.

— Le temps long ? fit le mendiant. C'est moi qui suis le temps long.

— Ah ! si vous êtes *le temps long*, c'est une autre affaire. Prenez, prenez.

Le mendiant peu vergogneux empoche la somme

sans en laisser un liard ni un denier, et s'en va satisfait de l'aubaine, comme on peut penser.

Le mari rentre. « *Le temps long* est venu, dit la femme, et je lui ai donné l'argent que nous gardions pour lui.

— Le temps long ? vilaine nippe.

— Oui, un pauvre qui m'a dit qu'il était *le temps long*. Je lui ai tout donné.

— Ah ! pauvre bête, tu t'es laissé voler le magot. Allons, il ne nous reste plus qu'à charger la besace pour aller nous aussi mendier de village en village. Prends tes hardes et déménageons. »

Le mari ne possédait rien au monde que ce qu'il avait sur le corps, la femme guère davantage. Il passe devant, elle le suit.

— Ferme toujours la porte, dit le mari.

— Que je la porte ?

— Que tu la fermes.

— Que je la porte ?

— Porte-la au diable.

La femme obéissante décroche la porte de ses gonds, la charge sur ses épaules et suit le mari à travers le bois voisin. La nuit approchait. Ils entendent le bruit d'une troupe de brigands qui venait dans leur direction.

— Montons sur un arbre pour nous cacher, dit le mari.

— Que ferai-je de la porte ? demande la femme.

— La porte ? laisse-la par là.

— Que je l'emporte ?

— Que tu la laisses.

— Que je l'emporte ?

— Porte-la au diable.

Elle grimpe à la suite de son mari sur un vieux grand

chêne branchu, tirant la porte après elle. A peine ils étaient installés dans les branches que les brigands arrivent justement au pied de cet arbre, font halte, sortent des provisions, allument du feu, préparent leur souper, comptent le butin qu'ils ont fait dans la journée, et puis se mettent à boire et à manger.

La femme, au haut des branches, dit tout bas au mari :

— La porte m'échappe.

— Tiens-la, vilaine nippe! ou nous sommes perdus.

— Que je la laisse aller ?

— Que tu la tiennes.

— Que je la laisse aller ?

— Laisse-la aller au diable.

La femme lâche la porte qui, avec un grand fracas, dégringole de branche en branche, tombe au milieu des voleurs et leur cause un tel effroi qu'ils décampent au plus vite, oubliant leurs effets et sans tourner la tête. Le mari et la femme descendent, ramassent les bijoux, les pièces d'or, tout le butin laissé par les voleurs, et rentrent chez eux, riches pour le restant de leur vie.

Marcel DEVIC, dans *Mélusine*, col. 89.

LXII

TROP GRATTER CUIT, TROP PARLER NUIT

(CONTE PICARD.)

I gn'y avoait eine foës ein curé qu'étoait voëzin d'ein maricheu [1] et pis ch' maricheu il avoait ein coq qui randichoait [2] dins le courtil d'ech' prébyterre, et pis i dégrattoait chés leguemes, du matin au vèpe. Ch' curé i menanchoait ch' maricheu ed li tuer sin gratteu de coq : ch' maricheu n'ein besoait que rire.

Ein jour, ch' curé en colère, il o tué che coq, tout d' boein. Cakaine, s' mékaine [3], al l'o pleumé et pis al l'o mis dins sin pot au fu pour foaire d'ol soupe. Ch' curé s'ein vo dire ess' mess. Ch' maricheu il l'o reincontré, i li demandit :

— Quoé qu'o dit de nouvieu, monsieu le curé ?

— O dit, qui dit che curé, que *trop gratter cuit...* tachez ed comprendre si oz avez du comprendoëre [4].

Che maricheu qui ne voyoait pus sin coq, il l'o charché ed tout coin, ed tout bord, pour el trouvoèr. Il o comprins à la fin que sin coq il avoait le co copé, et pis

---

[1] Maréchal.
[2] Passait en dommage.
[3] Catherine, sa servante.
[4] De l'entendement.

qui cuisoait. I vo trouver el mékaine d'ech' curé dins ch' prébyterre.

— Cakaine, qui li disit, monsieu le curé i n'o poent de vin pour dire s'messe, allez n'y ein porter dins ch' l'église.

Pendant qu' Cakeine al vo porter du vin à sin moette [1], ch' maricheu i preind ch' pot au fu ocché qu'sin coq y cuisoait et pis i l' porte dins s'moezon. S'ein r'nant d'ol messe, monsieu l'curé i dit à ch' maricheu.

— Maricheu, quoé qu'o dit de nouvieu ?

— O dit que *trop parler nuit*, monsieu le curé, tachez à vo tour ed compreindre.

Ch' maricheu, il o mingé sin coq à part li comme ein goinffre et pis i n' n'o ieu enne indigession. Comme il étoait malade, monsieu le curé il l'o venu vir.

— Quoé qu'ch'est qu'oz avez donc, ch' maricheu ?

— J'ai, qu'i dit, monsieu le curé, que *trop manger incommode*.

Et pis vlo c'ment qu'oz o foait ch' proverbe : Trop gratter cuit, trop parler nuit, trop minger incommode.

Jacques CROEDUR (Clément PAILLARD).

(Journal l'*Abbevillois*. — Patois du Ponthieu).

[1] Son maître.

LXIII

JEAN BOUT-D'HOMME

(CONTE DU PAYS MESSIN.)

Une femme, un jour, cuisait son pain, lorsque tout-
à-coup elle péta un tout petit, tout petit garçon ; revenue de sa surprise, elle le considéra, lui donna le
nom de Jean Bout-d'homme à cause de sa taille, et sans
perdre de temps lui remit une galette entre les mains
en lui disant :

— Va porter cela à ton père qui travaille là-bas dans
les champs, et quand tu seras arrivé auprès de lui, tu
lui diras : tenez, père, voilà de la galette.

— J'y vais, ma mère, dit Jean Bout-d'homme. Et tout
le long de son chemin il répéta pour ne pas l'oublier
cette phrase : « Tenez, père, voilà de la galette ; tenez,
père, voilà de la galette. » Arrivé près de son père qui
était occupé à relever des fossés, il reprit son refrain :
« Tenez, père, voilà de la galette. » Notre homme entendant parler, regarda de tous côtés, mais il ne vit
rien ; à la fin cependant il aperçut à ses pieds notre
petit commissionnaire.

— Qui es-tu ? que veux-tu ? lui dit-il.

— Je suis votre fils Jean Bout-d'homme, je vous apporte de la galette.

— Tu es bien gentil, mon enfant, de m'apporter cette bonne galette.

Et l'ayant prise de ses mains, il la mangea tout entière, sans lui en offrir seulement une miette.

— Le goinfre, il ne m'en donne pas ! le goinfre, il ne m'en donne pas ! gémit Jean Bout-d'homme.

A quelque temps de là, un seigneur vint à passer. Il interpella l'ouvrier :

— Tu as là un beau petit garçon, veux-tu me le vendre ?

— Je veux bien.

— Combien ?

— Cent écus.

— Cent écus tu auras.

Le marché conclu, le seigneur mit Jean Bout-d'homme dans sa poche et continua sa route. Au bout d'une heure, l'enfant mit la tête hors de la poche et pria son maître de le poser à terre, parce qu'il avait beoin de s'arrêter ; le seigneur eut le tort de l'écouter ; Jean Bout-d'homme, sans perdre un instant, se glissa sous un tas de feuilles où il fut impossible à son propriétaire de le retrouver. Jean Bout-d'homme, rendu à la liberté, alla rejoindre son père.

A quelques jours de là, le seigneur repassa auprès de l'ouvrier toujours occupé à relever des fossés.

— Tu as là, lui dit-il, un beau petit garçon ; veux-tu me le vendre ?

— Je veux bien.

— Combien ?

— Cent écus.

— Cent écus tu auras.

Arrivé à son château, il sortit Jean Bout-d'homme

de sa poche, le mit dans un panier qu'il suspendit au plafond de la cuisine, et lui recommanda de bien observer tout ce qui se passerait et de lui rapporter fidèlement tout ce qu'il verrait.

Jean Bout-d'homme accepta la mission et chaque jour il racontait à son maître ce qu'il voyait et ce qu'il entendait. Or, un jour que notre héros penchait sa tête par dessus le bord du panier pour observer, il fut aperçu par un domestique qui lui dit :

— C'est donc toi, scélérat, qui espionnes si bien ! c'est toi, qui informes le maître de tout ce qui se passe ; eh bien ! tu vas être puni.

Aux applaudissements de ses camarades, le domestique détacha le panier, saisit le pauvre petit par les cheveux et alla le jeter dans l'auge des bestiaux. Le jour même, un bœuf en allant y boire, l'avala *tout round* [1].

A la fin de la semaine, le seigneur fit tuer ce bœuf pour un grand festin qu'il donnait ; les tripes furent jetées sur le grand chemin. Une vieille femme passant par là, vit ces tripes : « Oh ! quelles belles tripes ! ce serait dommage de les laisser perdre » ; et ce disant elle les fourra dans sa hotte. Elle n'avait pas fait dix pas qu'elle entendit une voix qui sortait de sa hotte et qui disait :

Toc ! toc !
Le diable est dans ta hotte !
Toc ! toc !
Le diable est dans ta hotte !

La vieille jeta là sa hotte et s'enfuit épouvantée. Survint un loup affamé qui se jeta avec avidité sur

[1] C'est-à-dire sans le mâcher,

les tripes et Jean Bout-d'homme fut encore une fois avalé *tout rond*.

Comme le loup traversait la plaine, il entendit sortir des profondeurs de son corps, une voix qui criait :

— Sauve, berger, voilà le loup qui va dévorer tes moutons! sauve, berger, voilà le loup qui va dévorer tes moutons.

— Tais-toi, maudit ventre! tais-toi, maudit ventre! dit le loup désespéré.

— Je ne me tairai pas, tant que tu n'auras pas été me déposer sous la porte de mon père, répliqua Jean Bout-d'homme.

— Eh ! bien ! je vais y aller, dit le loup.

Quand ils arrivèrent, Jean Bout-d'homme sortit du ventre du loup, se glissa rapidement dans la maison en passant par la chatière et, au même instant, saisissant le loup par la queue, il cria : « Venez, venez, père, je tiens le loup par la queue. » Le père accourut, tua d'un coup de hache le loup dont il vendit la peau.

Rentré chez ses parents, Jean Bout-d'homme vécut désormais heureux et tranquille.

Nérée QUÉPAT (Réné PAQUET) dans *Mélusine*, col. 41.

XLIV

TURLENDU

(CONTE DE LA LOZÈRE.)

Turlendu, pour toute fortune, n'avait qu'un pou. Il alla à une maison demander si on ne lui garderait pas ce pou. On lui répondit :

— Laissez-le sur la table.

Il revint au bout de quelques jours pour le prendre.

— Mon cher, lui dit-on, la poule l'a mangé.

— Tant je me plaindrai, tant je crierai, que cette poule j'aurai.

— Ne vous plaignez pas, ne criez pas, prenez la poule et allez-vous-en.

Il prit la poule et alla à une autre maison :

— Bonjour, Turlendu ; venez donc vous chauffer !

— Je n'ai pas froid ; je viens demander si vous ne garderiez pas cette poule ?

— Certainement ; mettez-la au poulailler.

Il revint au bout de quelques jours pour la prendre.

— Mon cher, lui dit-on, l'autre jour elle tomba dans l'étable aux cochons, et les cochons la mangèrent.

— Tant je me plaindrai, tant je crierai, que ce cochon j'aurai.

— Ne vous plaignez pas, ne criez pas, prenez le cochon et allez-vous-en.

Il prit le cochon et alla à une autre maison.

— Bonjour, Turlendu ; venez donc vous chauffer !

— Je n'ai pas froid ; je viens vous demander si vous ne me garderiez pas ce cochon ?

— Certainement, mettez-le à l'étable avec les autres.

Il revint au bout de quelques jours pour le prendre.

— Mon cher, lui dit-on, l'autre jour il s'approcha de la mule et la mule le tua d'un coup de pied.

— Tant je me plaindrai, tant je crierai, que cette mule j'aurai.

— Ne vous plaignez pas, ne criez pas, prenez la mule et allez-vous-en.

Il prit la mule et alla à une autre maison.

— Bonjour, Turlendu ; venez donc vous chauffer !

— Je n'ai pas froid : je viens demander si vous ne garderiez pas cette mule.

— Certainement ; laissez-la là.

Il revint au bout de quelques jours pour la prendre.

— Mon cher, lui dit-on, l'autre jour la chambrière, la menant à l'abreuvoir, l'a laissée tomber dans le puits.

— Tant je me plaindrai, tant je crierai, que cette chambrière j'aurai.

— Ne vous plaignez pas, ne criez pas, prenez la chambrière et allez-vous-en.

Il prit la chambrière, la mit dans un sac et alla à une autre maison.

— Bonjour, Turlendu ; venez donc vous chauffer !

— Je n'ai pas froid ; je viens demander si vous ne garderiez pas ce sac.

— Certainement ; laissez-le là derrière la porte.

Et Turlendu s'en alla. A peine fut-il dehors que l'on

sortit la jeune fille du sac et que l'on mit à sa place un gros chien.

Il revint prendre son sac. Après l'avoir porté un instant :

— Marche un peu, dit-il, je me lasse de te porter.

Mais, en ouvrant le sac, le chien lui sauta au visage et lui emporta le nez.

Et il disait :

— D'un petit pou à une petite poule — d'une petite poule à un petit porc — d'un petit porc à une petite mule — d'une petite mule à une jeune fille — d'une jeune fille à un gros chien — qui m'a emporté le nez.

MONTEL et LAMBERT, *Revue des langues romanes*,
t. III, p. 208.

Dans le texte languedocien qui précède, p. 208, la traduction ci-dessus, une partie du dialogue rime par assonnance.

LXV

LE RENARD DE BASSIEU ET LE LOUP D'HOTONNES

(CONTE DE LA BRESSE.)

Inédit.

Le renard de Bassieu était le plus fin de tous les renards.

Quand il avait trop de puces, il allait vers la rivière du Seran ; il se mettait un tortillon de mousse au museau ; il se trempait le derrière dans l'eau ; les puces montaient aux reins ; il s'enfonçait davantage ; elles allaient à la tête, alors, il la mouillait. Elles se sauvaient à la mousse qu'il laissait aller dans le Seran par le courant et toutes les puces se noyaient.

Le gourmand mangeait toutes les poules de Bassieu. Les femmes les gardaient fermées au poulailler. Un jour qu'il avait bien faim, il se promena par le village en criant aux femmes : « Lâchez donc vos poules ! Elles vont avoir faim ! »

Mais comme il parlait pour lui, les commères ne l'écoutèrent pas.

Ne sachant que faire pour vivre, il s'associa avec le loup d'Hotonnes et ils allèrent voler un grand pot de beurre.

Ils le cachèrent dans une haie et ils se mirent après

à se bâtir une petite cabane, disant qu'ils ne mange-
raient le beurre que quand la cabane serait faite.

Aussitôt qu'ils eurent commencé à travailler, le renard leva la tête en criant : « Plaît-il ? » Il partit. Un
moment après, il revint. Le loup lui demanda d'où il
venait ? il dit qu'on l'avait appelé pour faire un baptême
et qu'il avait donné à son filleul le nom de : ENTAMÉ.

Il repartit pour faire un second baptême ; il dit, en
revenant, qu'il avait donné à l'enfant le nom de MOITIÉ.

Un grand moment après, il leva encore la tête et
répondit : « Plaît-il ? » Il partit et, en revenant, il dit
que, pour son troisième baptême, il avait donné le
nom de : FIN.

Quand la cabane fut faite, mes deux compères allèrent vers la haie pour manger le beurre, mais le pot
fut trouvé vide.

Le loup disait au renard que c'était lui qui l'avait
mangé en allant faire son baptême. Le renard soutenait
que ce n'était pas lui, et il dit qu'il fallait faire un somme et quand ils se réveilleraient, celui qui aurait la
cuisse mouillée serait celui qui avait mangé le beurre.

Pendant que le loup dormait, le renard lui pissa sur
la cuisse et quand ils se réveillèrent, le loup n'accusa
plus son compère.

Le renard dit qu'on faisait une noce le lendemain à
Songieu ; que tout le fricot était à la cave, qu'on
pouvait y aller en passant par un petit trou et qu'ils y
prendraient une bonne pansée, plein leur ventre. Ils
se fourrèrent par ce petit trou et se mirent à dévorer,
Le renard allait essayer, de temps en temps, s'il pouvait repasser par le petit trou, et aussitôt qu'il fut juste
avec l'ouverture, il se sauva. Mais le loup, ayant dé-
voré comme un glouton, ne put pas ressortir.

Il resta enfermé jusqu'au lendemain que l'épousée

venant ouvrir la cave, il se sauva en lui passant entre les jambes et en la renversant.

Un jour après, il retrouva le renard qui lui raconta qu'il s'était couché sur la route, faisant le mort, et qu'un marchand de beurre l'avait mis sur son char, disant qu'il vendrait sa peau à Nantua ; mais qu'il avait bien mangé du beurre et s'était sauvé. Le loup courut sur la route, se coucha et fit le mort. Mais le marchand qui avait vu la farce que le renard lui avait faite, donna de grands coups de fouet au loup, en disant : « Tu voudrais faire comme le renard qui vient de manger mon beurre. »

Le loup se sauva tout moulu de coups, en colère contre son compère le renard, et il menaçait de l'étrangler.

Celui-ci lui dit pour l'apaiser, qu'ils iraient prendre du poisson dans le Seran. La rivière était gelée. Le renard fit un trou dans la glace et dit au loup de s'asseoir et de fourrer sa queue dans le trou.

Un moment après, le renard cria : « Il y a un, deux, trois poissons qui tiennent ta queue. Quand il y en aura douze, tu tireras. » Le compère ayant fait signe au loup de tirer sa queue, celui-ci donna une grande secousse. L'eau ayant regelé, sa queue se cassa et resta dans la rivière, sous la glace. Notre pauvre loup était bien ennuyé d'être sans queue ; il était en colère contre son compère le renard et il le menaçait.

Mais, pour le consoler, il lui fit voir des bergers de moutons qui tillaient du chanvre et faisaient du feu et qui se sauvèrent en voyant nos deux compères. Le renard prit le chanvre des bergers, et en fit une belle queue au loup ; il lui dit ensuite que pour se réchauffer il fallait franchir le feu. Mais le feu brûla la queue du loup et lui roussit tout le derrière.

Étant bien en colère, il voulait étrangler le renard ; mais celui-ci lui promit que s'il ne lui faisait point de mal, il lui ferait voir de belles demoiselles.

Il le mena au bord d'un grand puits ; il lui dit de bien regarder.

Le renard cracha dans l'eau pour la faire bouger, en disant que les demoiselles allaient sortir de l'eau.

Le loup s'étant bien approché, le renard le poussa dedans et ce pauvre loup se noya.

Ce conte a été recueilli par M. A. VINTRINIER.

LXVI

JEANNE LA DIOTE [1]

(CONTE DE LA HAUTE-BRETAGNE.)

Il était une fois un bonhomme et une bonne femme qui n'avaient qu'une fille : elle avait envie de se marier, mais elle était toute diote.

Un dimanche que son galant devait venir après la grand'messe pour la demander à ses parents, sa mère lui dit :

— Jeanne, puisque ton bon ami doit venir dîner ici, il faut lui faire de la bonne soupe; voilà un beau morceau de lard : tu le mettras dans la marmite avec un peu de tout et tout dedans et tu graisseras les choux.

La fille resta seule à la maison, où il y avait un petit chien qui s'appelait Tout-et-Tout : elle le prit et le fourra dans la marmite.

Quand sa mère revint, elle lui demanda si elle avait fait de bonne soupe :

— Oui, répondit la fille : j'ai mis Tout-et-Tout dedans comme vous m'aviez dit.

La bonne femme souleva le couvercle pour goûter la soupe :

[1] La simple, l'innocente.

— Comment, dit-elle, ma pauvre Jeanne, tu as mis le chien dans la marmite ?

— Ne m'aviez-vous pas recommandé d'y mettre Tout-et-Tout ?

— Es-tu diote ? si ton galant savait que tu es si adlézi [1], sûrement il ne voudrait pas de toi. Mais laisse la marmite, et mets des *peux* [2] sur le feu pendant que je vais aller chercher de l'eau. Tu les démêleras dans le bassin, et tu feras attention à ce qu'ils soit bien liants.

La fille avait beau remuer, ses peux n'étaient point liants comme elle aurait voulu ; aussi pour mieux les lier, elle mit dedans un écheveau de fil de chanvre.

— Tes peux sont-ils bien liants ? demanda sa mère.

— Oui, oui, regardez plutôt.

Quand la bonne femme vit le chanvre dans le bassin aux peux, elle leva les bras en s'écriant :

— Ciel adorable ! que tu es donc diote, ma pauvre Jeanne ! mais la messe va finir et ils vont arriver ; mets bien vite du pain et du beurre sur la table.

Quand le bonhomme revint de la grand'messe avec le galant et ses parents, la bonne femme leur dit :

— Nous n'avons pas eu le temps de préparer un grand fricot; la fille a été occupée toute la matinée après sa vache qui moûchait [3] : une autre fois nous ferons mieux. Jeanne, ajouta-t-elle, va-t-en au cellier tirer une *briquée* de cidre.

La jeune fille posa le pichet sous la chantepleure, elle l'ouvrit, puis elle se mit à penser :

— Je vais me marier; mais ce n'est pas tout : si j'ai des garçailles, quel nom pourrai-je leur donner : tous les noms qui sont pris.

[1] Facile à tromper, sotte.
[2] Bouillie de blé noir.
[3] Était tourmentée par les mouches.

Elle avait beau se creuser la tête, elle ne trouvait point le moyen de résoudre cette question, et elle restait au cellier, assise sur un talon, et le cidre, après avoir rempli le pichet, courait par la place.

La bonne femme, inquiète de ne pas la voir revenir, arriva au cellier :

— Que fais-tu là, ma pauvre diote, assise tranquillement, pendant que le cidre court partout?

— Ah ! ma mère, ce n'est pas le tout de me marier : si j'ai des garçailles, quel nom leur donnerai-je : tous les noms qui sont pris !

La bonne femme était aussi embarrassée que sa fille : elle se mit aussi à penser, et le cidre continuait de couler.

Le bonhomme vint à son tour au cellier, et voyant les deux femmes qui avaient l'air de méditer, il leur dit :

— Que faites-vous donc là, mes pauvres diotes? ne voyez-vous pas que le cidre court partout.

— Tu dis bien, toi, répondit la bonne femme; ce n'est pas le tout de marier notre fille : si elle a des garçailles, quel nom leur donnera-t-elle ? tous les noms qui sont pris !

Le bonhomme se mit aussitôt à penser, sans songer à fermer la chantepleure et le cidre continuait de couler.

Quand le garçon vit, au bout de quelque temps, que personne ne revenait du cellier, il y alla pour voir ce qui était arrivé et trouva le bonhomme, la bonne femme et la fille qui étaient en train de réfléchir.

— Que faites-vous? s'écria-t-il, pendant que vous restez là, la goule sous le nez [1], tout votre cidre court dans la place.

[1] L'air sot et niais.

— Tu dis bien, garçon, répondit le père ; mais si tu te maries, quel nom donneras-tu à tes garçailles : tous les noms qui sont pris !

— Ma foi, dit le garçon, quand j'aurai trouvé trois personnes aussi bêtes que vous, je reviendrai.

Il se mit en route, et après avoir cheminé quelque temps, il rencontra des gens qui étaient à faire la moisson : ils coupaient un épi de blé, allaient le porter chez eux, puis revenaient en couper un second, et ils continuaient toujours ainsi.

— A quelle sorte de jeu vous amusez-vous ? leur demanda-t-il.

— Ce n'est point un jeu, dirent-ils; nous scions notre blé, et nous y avons bien du mal.

Le garçon, qui avait trouvé une faucille, coupa devant eux une javelle, puis il leur donna la faucille et leur dit :

— Voici avec quoi scier votre blé, et si vous savez vous y prendre, ce ne sera pas bien long.

— Qu'est-ce que cette bête-là ? dit un des moissonneurs.

Il la prit dans sa main, mais au lieu de la tenir par le manche, il la saisit par la lame, et il se coupa.

— Ah! la vilaine bête, s'écria-t-il, elle m'a mordu !

Il la jeta par terre et se mit à la frapper.

— Ma foi, dit le garçon, si je trouve encore deux personnes comme vous, je retournerai voir Jeanne.

Un peu plus loin, il rencontra une bonne femme qui voulait emmener chez elle une brouette pleine de soleil; dès que la brouette passait à l'ombre, la lumière disparaissait, mais elle ne cessait de recommencer.

— Qu'êtes-vous à faire là, bonne femme? demanda-t-il.

— Je voudrais rapporter du soleil chez moi, plein

ma brouette, mais c'est difficile; car dès que j'arrive dans l'ombre, il s'en va.

— Pourquoi voulez-vous une brouettée de soleil?

— C'est pour réchauffer mon petit garçon qui est à la maison, à moitié mort de froid.

— Vous feriez mieux, bonne femme, de le prendre dans votre brouette et de le mener au soleil.

— C'est vrai, répondit-elle, je n'y avais pas pensé!

— Et de deux, dit le garçon; si je puis trouver encore une personne aussi bête que celle-ci, je retourne voir Jeanne.

Il se remit en route, et en arrivant devant un beau château, il vit trois hommes qui essayaient de le soulever avec des barres de fer.

— Pourquoi vous donnez-vous tant de mal? demanda-t-il.

— C'est, répondit un des hommes, pour changer le château de place : un loup est venu faire une crotte à côté et le roi est gêné par l'odeur.

— Vous auriez bien plus d'aise, mes bonnes gens, à prendre la crotte du loup et à la porter loin du château.

— C'est, ma foi, vrai, répondirent-ils, vous êtes encore plus malin que nous, qui n'y avions pas pensé.

Ils prirent la crotte dans un panier, et ils allèrent la porter à plus de dix lieues loin.

— Maintenant, dit le garçon, j'ai trouvé trois personnes plus diotes que ma future, son père et sa mère : je vais retourner voir Jeanne.

Et quand Jeanne vit son galant revenir, elle s'écria :

— Je savais bien qu'il n'était pas parti pour toujours !

Paul Sébillot, *Contes des paysans*, n° XLIII.

TABLE

I

LES AVENTURES MERVEILLEUSES[1]

[1] Les contes marqués de deux ** sont inédits, ceux précédés d'un * sont traduits en français pour la première fois.

II

LÉGENDES CHRÉTIENNES

III

CONTES SURNATURELS

IV

RÉCITS COMIQUES

VERSAILLES, IMPRIMERIE CERF ET FILS, RUE DUPLESSIS, 59.

www.ingramcontent.com/pod-product-compliance
Lightning Source LLC
LaVergne TN
LVHW021227170726
843501LV00003B/688

9 782329 327228